Elina transforma la PNL en herramientas prácticas y accesibles para todos. Su historia motivadora, desde una niña que no podía caminar hasta convertirse en una gran autora, que inspira y transforma vidas a través de sus libros y conferencias. Su mensaje de transformación y compromiso con uno mismo es una inspiración constante en mi vida diaria como madre, esposa y empresaria. Su enfoque motivador y cercano nos guía a descubrir nuestro potencial y vivir con propósito. ¡Un libro imprescindible para quienes desean crecer a nivel personal y transformar sus vidas!

MICHELLE POSADA

INFLUENCIADORA Y EMPRESARIA.

IG @MICHELLEPOSADA @MORETHANMAMIS

Este libro debería ser lectura obligatoria para todos. Aprender a Decir No es, sin duda alguna, la base de muchos sueños cumplidos.

LUZ MARÍA DORIA

PERIODISTA Y AUTORA

IG @LUZMARIADORIA

Con una claridad y profundidad excepcionales, Elina nos guía a través de técnicas y estrategias prácticas que pueden cambiar la forma en que pensamos, sentimos y actuamos. Tengo un antes y un después desde que soy Mente Reseteada (grupo n.º 2, año 2018).

La sabiduría y experiencia de Elina como mi life coach brillan en cada página, haciendo de este libro un recurso invaluable. Su capacidad para entender y transformar vidas se refleja en cada capítulo, ofreciendo a los lectores, que buscan una manera efectiva de potenciar su vida, una guía práctica y profunda para mejorar su existencia. Es una lectura esencial para coaches, líderes, emprendedores y cualquier persona comprometida con su desarrollo personal y profesional. ¡Que sigan los éxitos, Elina!

LAURA HIDALGO
EMPRESARIA, TE AYUDA A SALIR DE DEUDAS
MENTORA DE MUJERES LÍDERES
IG @LAURAHIDALGO58

Este libro es una joya transformadora que nos invita a explorar y sanar las profundidades de nuestra mente. A través de historias conmovedoras y honestas, nos ofrece una guía clara y compasiva para aprender a decir «no» de manera amable y afirmativa, mostrándonos cómo superar las limitaciones autoimpuestas y abrazar la autenticidad y el amor propio. Este nuevo libro del programa Resetéate® no solo inspira, sino que también proporciona los recursos necesarios para llevar a cabo un cambio positivo en nuestras vidas y en la de quienes nos rodean. Mil gracias, Elina, por esta maravillosa lectura para quienes buscamos evolucionar y vivir plenamente.

MARIÁN BELLO
FUNDADORA DE MAYAM ORGANIZER
CONFERENCISTA Y COFUNDADORA DE LA PRIMERA COMUNIDAD DE
PROFESIONALES DE LA ORGANIZACIÓN DE HABLA HISPANA DE USA
IG @MAYAMORGANIZER

Acompañar a Elina en el proceso de edición de sus libros ha sido una experiencia increíblemente enriquecedora por la claridad en su tema, pero también por una impecable ejecución. En ella se cumple lo que siempre recomiendo a mis autores: aprender a escribir se aprende haciéndolo. Son muchísimas las personas que sienten el deseo de publicar un libro y son pocos los que lo logran, pues no cuentan con la determinación, disciplina y enfoque de Elina y su equipo.

YESMÍN SÁNCHEZ
MENTORA DE ESCRITURA
IG @MENTORAYES

75 HERRAMIENTAS PARA DECIR NO AMABLEMENTE

APRENDE A DECIR NO

PARA DECIRTE SÍ A TI

Sistema Integral
ElinaRees

APRENDE A DECIR NO PARA DECIRTE SÍ A TI
Elina A. Rees y varios autores

Edición Yesmín Sánchez ceo@retoescritor.com
Corrección ortotipográfica Solange Giner
sol.giner.consultoria@gmail.com

Primera edición. Octubre 2024

Contenido

Dedicatoria y agradecimientos

Este libro va a dedicado todas las personas que **No** saben decir no a otros y algunas veces a **Sí** mismos. Con el pasar de los años, he logrado hacer consciente que si no aprendemos a establecer este límite propio y con otros, estaremos atropellándonos a nosotros mismos y exponiéndonos a situaciones de aprendizaje inevitable.

Dedico este nuevo libro a mi niña interna, a la cual no le enseñaron a decir **No**. Al contrario, aprendió a complacer a otros, aunque hoy en día eso es diferente y tomó años en sanarlo.

A mis estudiantes de la escuela Resetéate®, donde todos han aportado a mis propios aprendizajes.

A mi maestro, Julio Bevione, que desde que llegó a mi vida solo ha sumado.

A toda persona que de alguna manera me ha acercado para aprender mutuamente.

A mi hijo Michael, que ahora vivirá independiente porque se va a la universidad. Él ha sido un gran acompañante en mi carrera profesional y un maestro amoroso. A él, desde muy pequeño le fortalecí su voz y le enseñé que decir **No** a otros está bien y que a veces necesita decirse **No** a él mismo, en sus pensamientos y acciones, para no autolimitarse. ¡Te amo!

A mis cinco hermanos que los amo con locura, aunque les diga un **No**, en algunas ocasiones.

Agradezco a Dios, por ser mi guía y mostrarme que confiar en lo que siento es una de las tantas maneras que él se manifiesta en mí.

Gracias, Dios, por hacer su obra por medio de este libro y así llegar a sus hijos que lo necesiten.

Gracias a mi esposo, David, por esperarme largas jornadas de trabajo con la cena lista. ¡Te amo, mi amor!

Gracias a mi amigo Oscarluis Alcalá que, sin ni siquiera haber tenido a los coautores de este libro completos, se puso a la orden para aportar desde su propia experiencia como coautor del libro anterior, *Elígete a ti: 75 Herramientas para priorizarte*, y así hacer los ajustes necesarios para mejorar la obra.

Gracias a todo el equipo de trabajo: Yesmín, Pablo, Marisol, Mariángel, en especial a Gaby Alarcón, que tiene a la paciencia como virtud divina.

Con mucho orgullo y amor, gracias a todos los coautores que se dijeron sí para ser parte en esta obra y dejar un legado de vida:

* Mario Andino
* Celsa Vélez Lamus
* Danitza Perdomo
* Estefani Sante
* Erika Cervantes
* Ruben García Amezquita
* Esmeralda Villarreal
* Gaby Alarcón
* María Bracho
* Richard Vargas
* Nataliz Salcedo
* Betty Mahecha

* Luis Lucena
* María Fernanda Arrazola - Jabs
* Verónica Villatoro
* Rossy J. Arias
* María Eugenia French
* Ana Guerrero de Vargas
* Mariela Ramirez
* Joanna Bustamante Rodríguez
* Adalgiza Cabral
* Jennifer J. Dietsch
* Liliana Beverido
* Keicha Negrón

¡Gracias ti que nos lees y que a partir de ahora te estás dando un gran Sí!

Prólogo

Inevitablemente, todos tenemos un destino marcado por el alma.

No se trata de lo que vamos a hacer, eso depende de nosotros, de nuestras elecciones humanas, sino de quiénes vamos a SER una vez encarnamos en este planeta. Eso está marcado por una elección del alma que nunca nada podrá cambiar. Es una verdad que podremos esconder, por momentos ignorar y hasta demorarla, pero como una lanza que viene de lo más profundo del universo, en un momento se clava en nuestra vida y, a partir de allí, se convierte en el eje de cada una de nuestras acciones.

Pero hay un «mientras tanto» que puede durar muchos años y hasta varias décadas. En ese tiempo experimentamos lo que no somos y por eso nuestra vida suele mostrar dificultades que sentimos mayores a nuestra voluntad de superarlas, límites que creemos verdaderos y dolores que dejan una marca en nuestra personalidad. Es en este espacio interno donde se debe realizar el trabajo más importante.

No tenemos ningún problema espiritual, sino humano. Es en nuestra mente donde nos hemos desconectado de esta verdad. Un solo pensamiento que negó nuestro SER y de él, una serie de creencias que, como una cárcel, nos mantuvieron alejados de nuestra verdadera identidad.

Este libro es una pieza clave para este tiempo de reconectar con esta verdad.

En sus libros y en su trabajo, Elina Rees nos ha ido abriendo puertas para ver de cerca nuestras creencias, cuestionarlas y volver a decidir. En esta nueva obra, acompañada de historias tan reales como profundas, nos invita a decidir cómo usar con consciencia dos palabras que, cada una por su lado, van definiendo nuestra vida: **Sí** y **No**.

Tengo la certeza de que ese «entretanto» del que suele costarnos salir, será no solo más fácil, sino también más rápido vivirlo atravesando estas páginas. Porque cuando la verdad aparece, las demoras, las excusas y el desorden pierden fuerzas.

JULIO BEVIONE

Biografía de Julio Bevione

Julio Bevione es un peregrino del camino espiritual. Desde hace más de 25 años está comprometido con comunicar de una manera sencilla la espiritualidad, sin dejar de lado la profundidad que este aprendizaje requiere.

Ha escrito 15 libros sobre el tema, múltiples publicaciones y presentaciones en otros medios. Desde sus inicios, recorre ciudades desde Canadá hasta Argentina trabajando con grupos en retiros conocidos como Spiritual boot camp y ofreciendo conferencias sobre diversos temas, siempre con el enfoque espiritual.

El fruto de esta experiencia es la base de su Escuela de Inteligencia Espiritual, dirigida a otros buscadores que quieren hacer su propio camino.

🌐 juliobevione.com

🌐 escueladeinteligenciaespiritual.com

📷 @bevione

Introducción

Los NO, son tus nuevos Sí a un gran futuro.

ELINA A. REES

Mientras lees estas líneas yo no termino de admirarme de lo similar que son las experiencias que experimentamos los humanos, sin importar el género, la raza, país de origen de origen, y menos el idioma que hablamos. Si bien es cierto, una parte de ti es única por tu ADN, nuestras experiencias son parecidas, dado que, venimos a este mundo a vivir en comunidad. Por lo tanto, los aprendizajes los recibimos de la convivencia interhumana.

Ahora, dentro de tantas cosas en común que compartimos tú y yo, todos los seres humanos, es la mente. Ella ha registrado todo tu pasado en el subconsciente. Lo realizó por medio de los cinco (5) sentidos: visual, auditivo, kinésico, olfativo y gustativo. Y lo hizo con total precisión desde que estabas en el vientre materno, hasta este momento que lees este libro.

La mente subconsciente no sabe si esas experiencias que registró son buenas o no tan buenas, si te traumatizó o no, si te hizo sentir felicidad, miedo, vergüenza, culpa, incertidumbre, duda, alegría, si te empoderó o te limitó.

Te preguntarás:

¿Qué parte de la mente puede saber si esa experiencia que registró fue neutra, me limitó o empoderó? ¡Es el consciente!

¿Cómo está relacionada la mente con este libro?

¡Mucho!, pues gran parte de la población no sabe **decir No**, y es debido a las experiencias vividas en el pasado, y el significado registrado por ti, en tu mente (que no necesariamente fue así, o es la verdad absoluta). Fue tu interpretación.

Este tema de no saber **decir No** es uno de los temas más frecuentes tratados con los estudiantes en la formación de diecisiete clases en la escuela Resetéate® (donde aprenden a resetear su mente de experiencias limitantes) y también es regular que salga en la conversación con mis clientes en mi práctica privada como terapeuta en Programación Neurolingüística, PNL.

Estuve buscando en Internet los porcentajes de estudios realizados acerca de este tema y no pude encontrar estadísticas de la cantidad de personas que no saben decir no, pero de seguro que si existieran estaría sobre un 60 % la cantidad de personas, a nivel mundial, que no sabe decir: no.

¿Y en qué me baso para decirte eso?, en mis doce años trabajando con seres humanos, en los cientos de aspirantes que llegan mensualmente a la escuela Resetéate® y en mi práctica privada. De alguna manera, todos tienen una tendencia a no saber «cómo decir no», dado que piensan que pueden dañar, ofender, romper una relación, atacar, disminuir a una persona y esa no es la intención. Obvio es una creencia limitante colectiva.

Todos en algún momento buscamos de manera inconsciente o consciente, la aprobación de otro, el pertenecer, deseamos fervientemente ser aceptados, amados, reconocidos, aprobados, complacemos a la familia y por ello hemos traicionado en alguna ocasión los valores que poseemos, e incluso en algunos casos, no sabemos qué valores traicionamos, por desconocerlos.

Esta última, una de las causas del por qué no sabemos **decir No**, seguido del desconocimiento de uno mismo, y la falta de educación para adquirir herramientas que nos ayuden a navegar por las situaciones de vida, que influyen en nuestras emociones y comportamientos.

Nosotros como seres humanos, por medio de las relaciones con otras personas, es que crecemos, aprendemos y evolucionamos. Desde pequeños vamos percibiendo y aprendiendo de las personas más cercanas, de los que nos criaron como punto de referencia. Y así vamos registrando en el subconsciente, lo que nos enseñó papá y mamá, y las personas que fueron interviniendo en nuestra crianza.

Por lo tanto, cuando crecemos ¿adivina qué sucede? Repetimos lo que vimos, sin saber si es bueno, o no. A veces incluso, tomamos lo opuesto a repetir el patrón de conducta, te colocas en modo de defensa pues algo dentro de ti te dice que algo no estuvo bien en ese momento, y esto también te conduce a tener conductas extremas, como por ejemplo el sobreproteger a otros. En ambos casos, te pierdes de las cosas maravillosas que la vida tiene para ti, hasta que seas fiel a ti y a tu autenticidad.

Pasa el tiempo, crecemos y nos hemos creado una imagen del mundo de acuerdo con esa interacción, a las interpretaciones de las cosas que nos sucedieron y a nuestro propio criterio, con base en lo que escuchamos, y a lo que nos dijimos nosotros mismos acerca de eso. Por lo tanto, tu mundo, construido por ti, tal vez está lleno de juicios buenos y no tan buenos.

Algunos de esos juicios te dan rigidez mental y encierro emocional para protegerte y no sufrir. Sin saber que ya estás sufriendo.

Este libro lo creé con la intención de compartir herramientas que te aporten, y te ayuden a **decir no, para decirte sí a ti**.

A lo largo de mi propia vida me di cuenta de que:

Yo no me conocía, desconocía mis valores, no tenía claro qué quería y qué no, y eso me llevó a una gran crisis de identidad, que te la relato en mi primer libro *Resetéate®, Reinicia tu mente y transforma tu vida*. Disponible en inglés y español, en Amazon.

Mientras más me autoconocía, con mayor frecuencia decía no a otros para **decirme sí** a mí y algo que me sucedió aún mejor, fue:

Aprendí a tolerar los No que me decían, aprendí a reconocerlos como áreas de oportunidad de ver hacia dentro de mí.

Lo anterior me tomó años así que, por favor, sé paciente y compasivo contigo.

Te comenté al inicio lo admirada que estaba de lo que nos parecemos los seres humanos en cuanto a las experiencias que vivimos, te cuento un poco más. Al comenzar este proyecto, tenía claro que deseaba ir más profundo en las historias de sus protagonistas. Incluso, aún más que en el libro anterior: *Elígete a ti: 75 herramientas para priorizarte ¿Qué te atreverías a hacer sino te dejas de último en tu lista?* Y para ello, colocamos requerimientos adicionales a sus participantes, ya no era suficiente ser egresado de mi escuela Resetéate®.

Ahora, cada autor debía completar una cantidad de palabras en su capítulo, también tenía que mostrarse vulnerable y estar dispuesto a abrir su corazón para empatizar con los lectores, ser aún más auténtico, claro, directo y amoroso en su comunicación. Entregar tres (3) herramientas que le ayudaron a **decir No** a otro, **para decirse Sí** a sí mismo y tener un impacto positivo en su vida.

Adicional, contratamos los servicios de una persona que nos apoyó en verificar que esto se cumpliera en cada historia. Y el ingrediente mágico, elegí invertir más horas que en el pasado en el proyecto, revisando, supervisando cada historia compartida, realizando preguntas y desafiando a los autores para que ellos mismos escucharan la respuesta y así escribir con intencionalidad cada palabra aquí plasmada. La combinación anterior creó una conexión con todo el equipo de trabajo y dio como resultado esta joya que tienes en tus manos.

Veinticinco historias de la vida real, setenta y cinco herramientas para decir no amablemente, veinticinco frases que te servirán de recordatorio, como un anclaje. Todo esto te llevará a la reflexión y acción inmediata de cuestionarte:

¿Me siento a gusto y plena de cómo estoy llevando mi vida presente?

¿Estoy repitiendo patrones de conductas pasadas?

¿Te has perdonado a ti y a tus padres, o expareja, o alguna otra persona importante para ti?

¿Qué experiencia del pasado no has sanado aún y eso te limita hoy?

¿Qué tan dispuesta estás para hacer las cosas diferentes de tu linaje familiar?

¿Tienes las herramientas que necesitas para sacar a tus hijos adelante en evolución? (Herramientas manejo de emociones)

Si bien es cierto estas historias fueron escritas por adultos, la mayoría de las experiencias aquí plasmadas del porqué no sabían **decir No** fueron creadas en la niñez. Estoy segura de que te vas a identificar con una o varias de ellas.

La invitación es a que tomes una acción, no bastará con que solo te veas reflejado. Dado que el mundo está esperando por tu aporte, para que nos lo compartas y juntos seguir sumando. Evolucionar y hacer un mundo más sano emocionalmente.

Después de trabajar por más de seis meses juntos en este libro, te lo entregamos con amor. Por favor lee a cada historia con un corazón abierto, receptivo y compasivo. La mayoría de las historias aquí compartidas ya fueron sanadas por sus autores, algunos aún siguen trabajándolas, especialmente las secuelas que dejaron, de cualquier manera, eligieron compartirlas para continuar su evolución. Todos fuimos valientes, y hemos elegido hacerlo diferente y sanar por nosotros, por nuestros hijos y por un universo mejor. Nos dijimos sí a la vida, sí al cambio, sí a liderizar con el ejemplo, sí al amor propio.

Algunos de los **No** que se dijeron los autores para decirse **Sí** a ellos:

1. Mario: no a silenciar tu voz por el qué dirán, sí a la expresión.
2. Celsa: no a complacer a otros, sí a validarme.
3. Danitza: no a no ser auténtica, sí a mi ser.
4. Estefi: no al rencor hacia los padres, sí al perdón.
5. Erika: no al duelo eterno, sí a mi evolución humana.
6. Ruben: no al conformismo, sí a la disciplina y fe.
7. Esmeralda: no a los fantasmas mentales, sí a mi liberación.
8. Gaby: no a la mente prejuiciosa, sí a la mente receptiva.
9. María: no a la obediente, sí a mí y mi intuición.
10. Richard: no a la vida desenfrenada, sí a Dios como guía.

11. Nataliz: no a la comunicación limitada con adolescentes, sí a la comunicación de temas tabú.
12. Betty: no a ser víctima, sí al sanarme emocionalmente.
13. Luis: no a la crianza de varones sin expresión, sí a expresarme libremente.
14. Mafe: no a estar para todos en todo, sí a priorizarme.
15. Verónica: no al abuso de niños, sí al respeto.
16. Rossy: no al esconderme, sí a aceptar mi don y compartirlo.
17. Maru: no al juzgar a mi linaje familiar, sí acepto a mi historia.
18. Ana: no al desamor, sí a mi amor propio.
19. Mariela: no a mi hija, sí a mí.
20. Joanna: no al perfeccionismo, sí a vivir plena.
21. Adalgiza: no al no reconocimiento, sí al auto conocerme.
22. Jennifer: no a la vida perfecta, sí a lo que es.
23. Liliana: no al abuso, sí a mi voz.
24. Keicha: no a vivir por vivir, sí al propósito.
25. Elina: no al abandono, sí a mí misma.

Gracias por leernos y permitirnos llegar a ti, con vulnerabilidad, amor y ganas de aportarte. Por medio de este libro hemos elegido dejar una huella inspiradora y sanadora. **Deseamos que aprendas a decir no amorosamente para decirte sí a ti**. Más adelante conseguirás una lista de todos los beneficios que te generará decir no.

¿Nos ayudas a regar la voz?, déjanos una reseña en Amazon.com

¿Estás listo para **aprender a decir No, para decirte Sí a ti**?

El talento gana partidos, pero el trabajo en equipo y la inteligencia ganan campeonatos.

MICHAEL JORDAN

———————————————

Michael Jordan nació el 17 febrero de 1963. Americano, exjugador de básquetbol y empresario. Considerado como el mejor jugador de la disciplina en la historia de la liga nacional de los Estados Unidos.

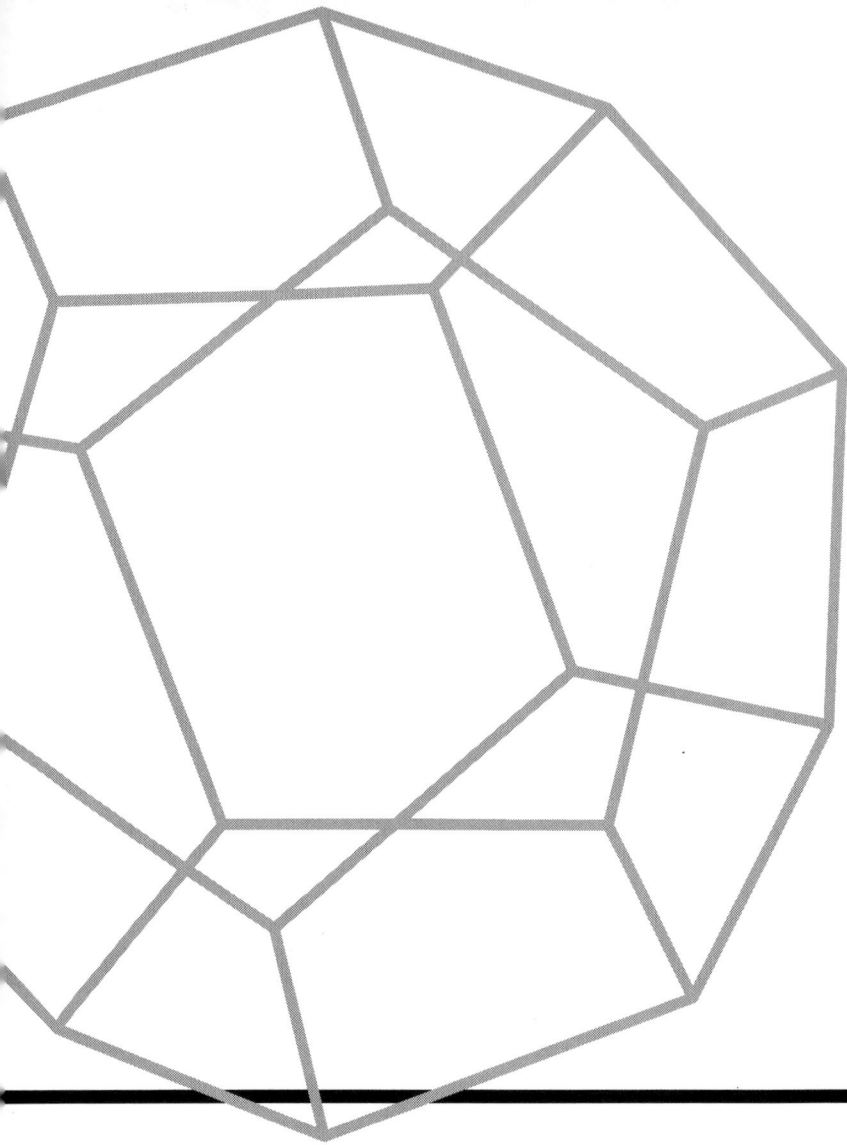

MARIO
ANDINO

Líder visionario en el ámbito financiero y empresarial con más de una década de experiencia en el *trading* de mercados financieros. Desde el 2012, ha demostrado una habilidad excepcional como *master trader* e inversionista en portafolios financieros. Su espíritu emprendedor lo llevó a fundar el *broker* FXWB Prime en 2020, una plataforma que ha revolucionado el acceso a los mercados financieros.

No solo se destaca en el mundo financiero, sino también como *coach practitioner* certificado en Programación Neurolingüística (PNL), donde ha ayudado a innumerables individuos a alcanzar su máximo potencial. Su influencia y liderazgo han contribuido a la creación de oportunidades laborales para la comunidad hispanohablante.

Como empresario, Mario Andino es el fundador de Up Future, una compañía de *network marketing* que ha empoderado a muchos emprendedores. Además, está en proceso de fundar una de las empresas más prometedoras en el campo de la *tokenización* de bienes raíces, marcando el futuro del sector inmobiliario.

Su compromiso con la comunidad es igualmente impresionante. A través de la fundación Manos de Esperanza, que cofundó, ha brindado apoyo vital a niños en situación de calle, mujeres de la tercera edad y personas con enfermedades crónico-degenerativas.

Actualmente, Mario Andino está trabajando en su segundo libro, *El poder de la visión objetiva dentro del túnel*, programado para publicarse en 2025 y que promete ofrecer una perspectiva profunda y esclarecedora sobre cómo mantener una visión clara y objetiva en tiempos de incertidumbre.

La historia de Mario Andino es inspiradora, demostrando cómo la determinación, la visión y el compromiso pueden transformar vidas y comunidades enteras.

Miedo a perder, sin saber que ya había perdido

En esta historia te revelaré cómo yo, un hombre líder, empresario y visionario, permití que ciertas cosas sucedieran en mi vida porque no las tenía sanas y cómo eso afectó mi vida.

Mi nombre es Mario Andino. Tengo 37 años, soy de nacionalidad hondureña. Tuve la oportunidad de llegar a este hermoso país Estados Unidos, hace más de dieciocho años.

Si me conoces en persona jamás te pudieses imaginar lo que estoy a punto de revelarte y ¿sabes por qué lo hago?

Porque tengo un motor que son mis cinco hijos (cuatro hembras y un varón) y porque deseo que este mensaje llegue a muchas personas sin importar el género. Es parte de mi legado de vida.

Antes de llegar aquí a Estados Unidos, soñaba con poder ser profesional, tener negocios, ayudar a mis padres y tener mi propia familia.

Desde pequeño me gustaron los emprendimientos y te cuento algunos de los que realicé: Recogí latas en las calles de Honduras para venderlas. También usé mi bicicleta para promover la diversidad en mi emprendimiento. Montaba en bicicleta para comprar y llevar hielo a casa porque en el lugar donde vivíamos, no había electricidad. Adicionalmente, aprovechaba y lo vendía en la aldea. También, vendía y repartía comida para las personas que trabajaban en las empresas y me pagaban semanalmente. Siempre me gustó ser emprendedor, a pesar de los miedos y limitaciones en su momento.

Ahora te voy a contar cómo llegué a Estados Unidos. Mis padres llegaron a este país primero y yo me quedé con mi hermano en Honduras. A esa corta edad, asumí el rol de hermano mayor hasta que llegó el momento en el que mis padres decidieron traernos como inmigrantes a Estados Unidos, recorriendo dos países, Guatemala y México.

Fueron tres (3) intentos para poder cruzar la frontera de Guatemala a México,y de allí a Estados Unidos.

Imagínate, fue una gran aventura para un adolescente de catorce o quince años. Dormíamos en la calle, en la montaña, donde nos tocara. Viviendo las inclemencias del tiempo como lluvias, calor, humedad, mosquitos. También estuvimos expuestos a ser asaltados, aunque te soy honesto, no había mucho que nos pudieran robar. Solo comíamos una vez al día.

¿Cómo cruzamos esas dos fronteras?

Nos subimos a un camión y éramos como cien personas. Una de las veces, estuvimos parados como dieciséis horas a la intemperie porque se dañó el camión, el calor era sofocante. Toda una aventura el cruzar esas dos fronteras donde, en dos ocasiones, me regresaron a mi país, a Honduras.

Mis sueños eran más grandes, como te lo conté al inicio de esta historia.

¿Crees que me conformé y me quedé así nomás?

¡Pues, no! Lo intenté por tercera vez y logré llegar. Gracias a Dios que me trajo con bien hasta mi destino: Estados Unidos, donde mis padres nos esperaban.

Esa experiencia me enseñó a valorar todo a muy temprana edad, especialmente a mi familia, así como el hecho de tener un plato de comida en la mesa diariamente.

Te preguntarás que si valió la pena todo ese esfuerzo. Te sigo contando: Yo elegí venirme porque quería reunirme con mis padres, poder conocer y ejecutar el mencionado sueño americano, del que tanto había escuchado y anhelaba hacerlo realidad.

Cuando llegué me di cuenta de que Estados Unidos: **no es lo que me contaron**. Era mejor aún, aunque hay que echarle muchas ganas, esfuerzo, compromiso, enfoque. Este es un país cargado de oportunidades. Yo creé y encontré mis propias oportunidades para crecer, lograr mis metas y planes.

Me reuní con mis padres y dejé atrás a mi país, Honduras, a mis amigos. Los sueños que tenía allá, de ser emprendedor, se expandieron para algo más grande. Hoy, al escribir este libro, pienso que he alcanzado cosas que nunca imaginé pero que hoy las estoy logrando. Una de ellas era llegar a ser un emprendedor visionario.

Todos los trabajos que he realizado en mi vida me han aportado para ser la persona que soy.

Llegué a Estados Unidos y trabajé en construcción, aprendí la responsabilidad y disciplina, salía de casa a las 6:00 a. m y regresaba a las 7:00 p. m. Hacía un trabajo duro cansado, bajo el sol, el frío, pero eso forjó mi carácter para aprender y tomar responsabilidades.

Trabajé en limpieza de oficinas. Allí aprendí la humildad, que no importa el trabajo que hagas, todo te deja un gran aprendizaje y que puedes aspirar a cosas más grandes.

Trabajé en una empresa de pintura y soldadura, donde aprendí la organización, estructura y cómo realizar inventarios de materiales en un negocio. En todos mis trabajos siempre escalé posiciones. Recuerda que siempre hay algo mejor para ti, si muestras desempeño, honestidad y ganas de aprender.

Todo lo anterior ya estaba entrenando mi mente para lo que yo tenía pensado crear. Todas esas habilidades las iba a necesitar en mi futuro. Yo quería locamente, ser un empresario. Tenía ganas de marcar una diferencia.

Hoy en día, me dedico al mercado financiero como inversionista y *trader*, logré crear mi propia *bróker* agencia en el mercado de valores hace más de cuatro años. Hoy es una de mis empresas que está en un crecimiento por encima de las siete cifras.

Para poder llegar allí tuve que pagar varios precios: perdí dinero y tiempo. Gracias a eso obtuve aprendizajes y conocimientos. Hoy en día, mi empresa está presente en veinte países y tendremos próximas aperturas en otras localidades. También tengo una financiera en México y una empresa dedicada a la consultoría, otra enfocada al *marketing* y estamos trabajando en un *holding* empresarial.

Ser empresario no es fácil, hay altas bajas, pero tengo claro que quiero estar donde estoy y sé hacia dónde quiero llegar. Nunca me rindo y lo intentaré las veces que sean necesarias hasta lograr lo que me he propuesto.

Pero sobre todo teniendo paz y más adelante me entenderás el por qué te digo esto.

Ya sabes gran parte de mí, ahora te revelaré algo crucial, que tal vez te sorprenda. El miedo siempre ha tenido un lugar en mi vida y ese miedo que vivió en mí constantemente me llevó a permitir cosas en mi vida personal que no es normal aceptar. Las cosas que permití iban en contra de mis valores como persona. También, en contra de los valores que me enseñaron mis padres.

El miedo y yo

Desde pequeño tuve miedo a ser rechazado por mis amigos, miedo por los regaños de mis padres y a los golpes. Esos miedos fueron creando uno mayor o más grande: miedo de decir las cosas y a expresar «el cómo me sentía». Por lo tanto, prefería callarme.

Al tiempo me casé con la pareja que yo creía que era mi pareja de vida. Una compañera con la cual construir un futuro, amarnos, respetarnos, crecer juntos. Ese era mi sueño o mi ideal de pareja. Era muy diferente a mi realidad.

Todo se tornó de otra manera, de una forma negativa pues esto me dominaba y por él permití cosas que pisotearon mis valores. Algunos de mis miedos fueron:

1. No tener el valor de **decir No**, para no dañar y/o perder.
2. Pensaba en: ¿qué van a pensar las otras personas?
3. A mis padres, podrían decir que si la relación terminaba sería por mi culpa.
4. A la iglesia, donde era un líder y estaba con esos miedos.
5. Y uno importante: miedo a terminar un matrimonio de más de trece años con una familia y tantos hijos.

Yo no me daba cuenta de que ya todo estaba perdido en esa relación, por no saber poner límites.

Sucedieron cosas que ya sabía que estaban pasando en la relación de pareja porque no compartíamos valores, y me dañaba mucho, pero por miedo a las consecuencias que pensaba que generaría si yo decía no, las continuaba permitiendo, por lo tanto, me seguían dañando. Yo guardaba silencio.

Permití la no valoración y la falta de comunicación asertiva, ofensas, engaños, manipulaciones, amenazas, miedo a estar solo, prejuicios del que dirán los otros. Permití cosas que se ocultaban, llamadas, mensajes borrados, redes ocultas, secretos. Yo sabía en mi interior, que existía la mentira y que estaban pasando sobre mis límites, mis valores y no me atrevía a **decir No** y menos a priorizarme a mí mismo. Por miedo me silencié.

Hoy en día sé que cuando pasan esas cosas, no es culpa de la otra persona, es responsabilidad propia por permitirlo. Ahora sé cuáles son mis valores, mis límites y sé dejarlos claro en cada situación o con cada persona que llegue a mi vida.

Ya sé, lo anterior suena como una película de terror, sí eso fue, ya no es. Un día desperté de esa pesadilla, pensaba en mis hijos, en lo que yo deseaba aportar al mundo y en mi coherencia y me dije: ¿hacia dónde voy con esta falsa vida?

Obviamente la respuesta no fue nada agradable. Me tomó años en aceptarla:

¿Hacia dónde voy? Si ya he llegado al destino llamado infelicidad, por lo tanto, me dije: «Mario, has algo diferente, atrévete».

Tomé la decisión de que necesitaba hacer algo diferente, lo hice y pude salir de ese lugar donde me había permitido estar.

¿Que hice para salir de ese lugar de infelicidad?

Busqué ayuda psicológica, al mismo tiempo compré varios libros que leí, escuché varios audios, compré cursos *online*, tomé varios talleres presenciales, hice pláticas con un pastor sobre la situación, y llegué a una conclusión:

Debía tomar una decisión sin que me importara lo que pensaran las otras personas. Deseaba que prevaleciera lo que yo pensaba, y sentía que deseaba hacer lo que estuviera bien para mí. Ya no quería guardar más silencio. Ya no me importaban ni la iglesia ni mis padres.

Ya estaba listo para darle un sentido mayor a mi relación conmigo mismo. Deseaba **poner mis límites y decir No.** ¡Elegí separarme de mi esposa!, unos años después me divorcié y fue la mejor decisión de mi vida.

Ahora he aprendido la lección. Ya sé cómo expresarme. Literal, tengo una antena que se activa y me manda la señal cuando siento que es hora de **decir No y decirme sí.**

Gracias a ese gran miedo superé el aprender a **decir No**, también a establecer límites sanos a nivel personal, profesional y como empresario. Por lo tanto, les doy unas gracias firmes a todo ese miedo y a las personas que estuvieron involucradas en las situaciones no tan agradables, dado que me enseñaron a valorarme.

Agradezco a todas las personas y situaciones que han llegado a mi vida porque me han enseñado a vivir mis valores y límites.

Hoy en día sigo trabajando en mí, es algo constante el **decir No** a lo que va en contra de mis valores y **decirme Sí** a mí, si está en mi corazón.

Me doy gracias porque ahora me digo **Sí** a mí y no hago nada que esté en contra de mis valores. Cuando una persona llega a mi vida, lo primero que le dejo saber son mis valores y límites, sobre todo los no negociables.

Me elijo a mí y digo **No** en cualquier circunstancia.

Hoy yo puedo amar y sentirme amado, no por el miedo a perder, sino porque yo me amo y me valoro.

Gracias a Elina Rees y a Resetéate® porque en el año 2022 me ayudaron a tomar mejores decisiones, a poner límites sanos y a aprender a **decir No, para decirme S**í a mí.

Gracias a ti, que has llegado a leer estas páginas y permitirme aportar. Gracias a mí por decirme **sí**, para escribir este capítulo, ser valiente y compartirlo contigo.

Aquí te comparto mis tres herramientas que me llevan a diario a ser un mejor papá y líder:

1. **Me valoro**
2. **Me amo**
3. **Me respeto**

Mi frase

Te regalo esta frase que me recuerda a diario lo que deseo:

El que se rinde nunca gana y los que ganan nunca se rinden.

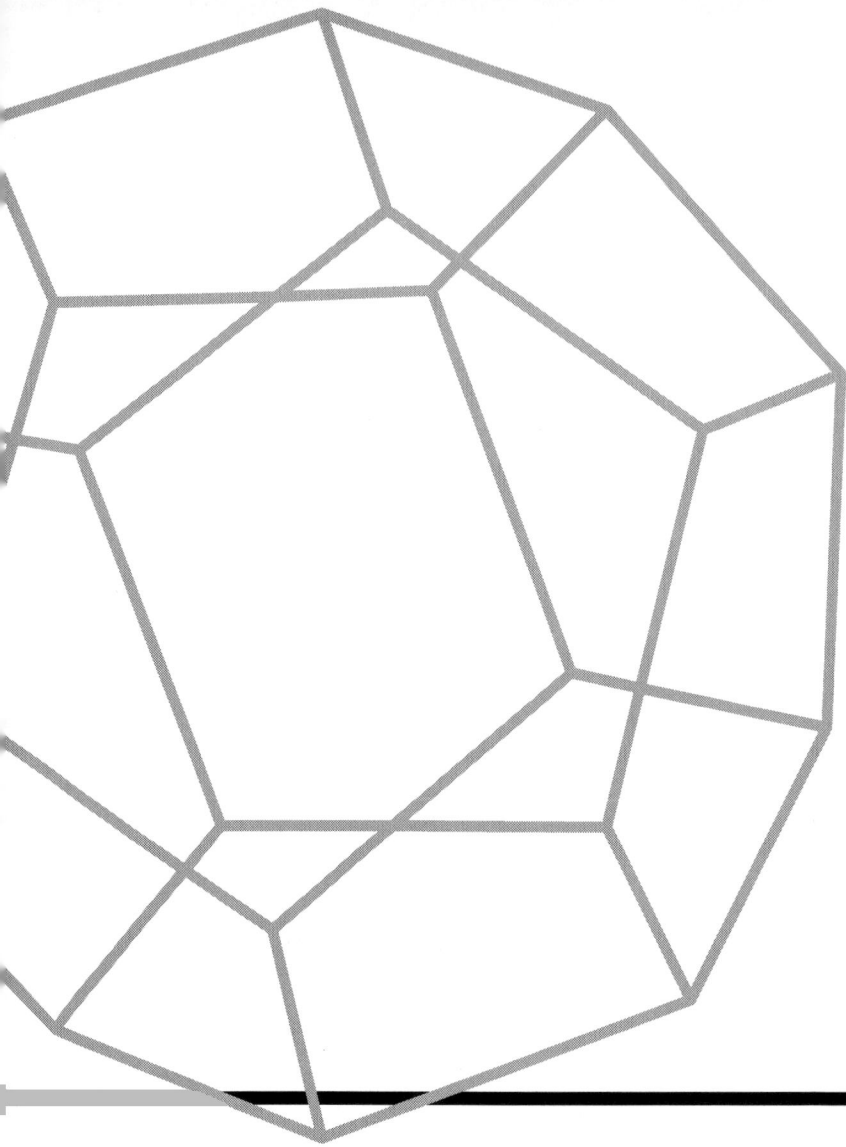

CELSA
VÉLEZ
LAMUS

@velezcelsa
@velezcelsa

Venezolana, nació en la ciudad de Caracas, administradora, abogada de profesión, certificada como entrenadora personal. Con más de veinticinco años de experiencia en el área de seguro de personas. Desde hace tres años vive en la ciudad de New Orleans, donde le ha tocado reinventarse. Casada y con un hijo.

Católica, cree firmemente en Dios y la Virgen. Apasionada a las actividades físicas, entrenamiento funcional y correr. Le gusta estudiar y prepararse constantemente para su desarrollo mental y personal. Es egresada del Sistema Integral Elina Rees como PNL *Practitioner*. En formación de *coach* para el *Team Resetéate*®.

Es colaboradora del programa *Volunteer Income Tax Assistance* (VITA), en la ciudad de New Orleans - Estados Unidos, que ayuda a los contribuyentes en la preparación de sus impuestos. Preparadora física para las personas que buscan sentirse mejor física y mentalmente. Considera que el cuerpo es para moverlo por el bienestar de la salud personal, además el espacio del tiempo dedicado a ejercitarse es un tiempo muy propio, para dedicárselo a uno mismo. Le agrada ver a sus alumnas animadas, con más energía, agilidad y destrezas.

Actualmente desarrolla su programa de entrenamiento personalizado de forma presencial en la ciudad de New Orleans, dirigido a todas las mujeres que quieren iniciar o retomar los ejercicios físicos con una orientación y guía para su ejecución. Está convencida de que el ejercicio físico es salud.

Los seres humanos merecemos vivir una vida que nos haga feliz

Aquí estoy, tratando de recordar y escribir alguna situación vivida por no saber decir un No a tiempo y de cómo plasmar las emociones vividas y sentidas, por no haberlo hecho. Deseo compartirte cómo fue que pude reconocer la situación anterior, lo que hice para salir de ella, integrar lo aprendiendo y cómo sigo practicándolo. **Decir No, para decirme Sí a mí.**

Soy venezolana, emigré a este país hace tres años, vivo en la ciudad de New Orleans junto a seres especiales e importantes en mi vida. Mi hijo, una de las mejores decisiones que he tomado y mi esposo, quien llegó a mi vida a agregar muchas cosas, pero dentro de las más importantes para mí: su serenidad y equilibrio. Soy algo como un torbellino: permanentemente estoy inventando algo. También me acompaña mi madre, siempre al pendiente y a mi lado y mis hermanos quienes son mi apoyo en este nuevo camino de vida en Estados Unidos.

En este capítulo te comparto mi historia y si te identificas con ella, por favor, ve corriendo a hacer las acciones que te permitan **Decirte Sí a ti.**

Te pongo en contexto, a lo largo de mi vida he priorizado a otras personas y situaciones antes que a mí. He querido complacerlos pensando y asumiendo de que no quiero que se molesten conmigo y también deseo, hacerlos sentir a gusto, aunque esto implique traicionarme. Gracias a lo anterior, esto me ha mantenido en una zona de incomodidad conmigo misma.

Te doy ejemplos de situaciones comunes donde me silencio y permito que el otro elija por mí:

* el tipo de películas para ver en el cine,
* escoger un sitio para comer y otras algo más complejas,
* tal como el carro a comprar o
* la decisión de emigrar.

En todas las anteriores he tenido que pagar las consecuencias de mi respuesta positiva para complacer a otros. En muchas ocasiones:

Me he quedado con una sensación amarga, de disgusto, decepción y autocastigo al decirme No, para decirle Sí a otra persona.

Considero que me he autocastigado al no comunicarme o expresar mis sentimientos y emociones. Por no poner los límites sanos necesarios en cada relación o situación, el ser infiel a mí y no respetar mi ser por el simple hecho de hacer sentir bien a otro.

Como la mayoría de los emigrantes, yo no me escapo de vivir una gran cantidad de emociones, sentimientos y los he sentido como batallas internas, de miedos e incertidumbres vividas y por vivir.

Empezando, salí de Venezuela el 03 de marzo del 2021, a visitar a mi familia en Estados Unidos, con un: hasta pronto, vuelvo en un mes; y por voluntad de Dios, se presentó una oportunidad para los venezolanos que hubiesen llegado al país antes del 08 de marzo del 2021 de poder optar por un beneficio migratorio llamado TPS.

Toda mi familia de una vez expresó su opinión: que era el momento de quedarme para aprovechar esta propuesta. Situación difícil para mí, inmediatamente entré en conflicto conmigo y me preguntaba:

* ¿Me quedo o me voy?
* ¿Yo solo vine por vacaciones?
* ¿Y mi pareja? ¿Qué va a pasar con la relación?

Tengo mucha familia aquí. Pero mi compañero de vida, el hombre que había pedido con tanta fe a Dios para que me acompañara, que estuviese a mi lado en los momentos buenos y no tan buenos, se estaba quedando en mi país y yo aquí.

No hubo preparación mental, ni planes y mucho menos despedida. Dejé a mis amigos, la familia extendida, el gimnasio que tanto disfrutaba, a mi emprendimiento en expansión, a mis alumnas y lo material, lo que había logrado en esos años.

En mi cabeza empezó el diálogo interno, surgieron una serie de inquietudes y preguntas, era una decisión importante para mí. Se lo comenté a mi pareja y como siempre me dio palabras de apoyo: «no te preocupes, piensa bien y si te quieres quedar, hazlo, yo espero mi aprobación de la visa». Sinceramente tenía mucho miedo a lo desconocido, me encontraba en un dilema: mi visa se vencería pronto, si me regresaba, y que por la situación de mi país la renovación era algo complicado, corría el riesgo de no volver a ver a mi hijo que ya vivía aquí hace años, a mi madre, que también vivía aquí, y a mis hermanos. Por otro lado, en Venezuela estaba mi pareja y la vida que tenía para ese momento.

Para tomar la decisión de quedarme pasó tiempo, siendo muy sincera le di más valor a las opiniones y sentimientos de mis familiares. Me dejé llevar por el amor de madre y no pensé en lo que realmente quería para mí, en ese momento. Una vez más: di un **Sí** para no afectar a los demás. Esto no tiene nada que ver con mi familia, todo es conmigo y mi tema de complacer a otros.

Pasaron los meses y mi esposo logra llegar a este país, ahora ya no tenía excusa, pensé, entonces voy a empezar una nueva vida.

Una vez consciente de mi decisión de quedarme en Estados Unidos, conseguí trabajo con una señora, a quien le estoy agradecida por la oportunidad laboral. Que, a pesar de mi situación migratoria, para ese momento, y de mi poca o nula experiencia en este tipo de trabajo, ella confió en mí y me empleó. La tarea que realizaría era de limpieza de construcción en casas, edificios, hospitales entre otros, algo nuevo y difícil para mí, a lo que no estaba acostumbrada.

Comencé a compararme en dos etapas diferentes en mi vida. Aquí, y ahora a los cuarenta y nueve años, era casi inevitable no hacer la comparación, pues ya tenía puntos de referencia. Yo estaba empezando a esa edad, en otro país, con otro idioma, dejando atrás mi estabilidad y viviendo nuevas experiencias, muy duras, por cierto, y a mis sueños los congelé.

Me comparé con cuando era más joven –tenía veinte años–, que comencé desde cero a trabajar como oficinista ejecutiva, en una compañía de seguros. A esa corta edad, tenía muchos sueños, planes y objetivos por cumplir y, sobre todo, no tenía punto de comparación en mi vida.

Así fue como empecé a limpiar ventanas, puertas, baños, muebles, *baseboard*, conocido por mí como rodapiés, y muchos pisos. Vivía días, nada fáciles ni cómodos, adaptándome a un nuevo país, cultura, idioma, a la gente y por supuesto al trabajo desempeñado. Eso sí, siempre como mi mejor actitud. Pensaba y me repetía a diario:

Toda experiencia tiene su lado positivo ¿Para qué y porque estoy viviendo esto?

Encontré mis respuestas:
* Conocer nuevas personas, culturas, vidas diferentes.
* Ver realidades y situaciones existentes y desconocidas para mí.
* Reconocer mis niveles de aceptación, humildad, empatía, tolerancia, mi ego herido, autoestima. Autoevaluarme en esta nueva experiencia y qué iba hacer con mi vida.

Pasó el tiempo en el mismo trabajo, entre pisos, ventanas y muebles, con comentarios como: que era floja y mala trabajadora, porque no laboraba largas jornadas como el resto de las compañeras o no necesitaba el trabajo. Esto me causaba mucha molestia. Ellos no entendían mis razones, ni tampoco se las explicaba, a veces me sentía frustrada porque estaba en un mundo donde no encajaba, me sentía paralizada.

Seguían las preguntas en mí:

* ¿Qué estoy haciendo con mi vida?
* ¿Cuánto tiempo más voy a seguir con esta tristeza, inconformidad y desasosiego?

En ningún momento recibí maltrato o abuso de parte la persona que era mi jefa, ella fue muy receptiva y respetuosa ante mis peticiones, pero igual no era lo que quería para mi vida.

Empecé a estudiar inglés, pensé que era la excusa perfecta para solo asistir a trabajar tres días a la semana. Era un trabajo que no me agradaba, sentía que no podía desarrollarme, pero ponía mil pretextos y no lo dejaba, aparecía mi diálogo interno saboteador:

* ¿Cómo te vas a ir, si no tienes otro trabajo?
* ¿En qué otro empleo te van a dar la oportunidad de que asistas a tus clases de inglés?
* ¿Si ella se queda sin personal?
* ¿Cómo la voy a dejar en estos momentos?

Allí estaba otra vez yo, pensando en cómo podía sentirse la dueña de la empresa. Y en las molestias que le causaría, si yo me iba del empleo. Me volví a dejar de lado.

El tiempo transcurría y seguían mis excusas, crecía mi frustración y la tristeza por realizar un trabajo que no me gustaba y yo sin decir ni una palabra. Todo, por no saber **decir No** a la circunstancia. Allí seguía viviendo estancada, pero eso sí, con mi mejor actitud de hacer bien mi trabajo y a veces hasta sonreía de mentira.

Suena a lamento ¿Te ha pasado?

Te cuento algunas de las consecuencias que eso originó en mi:

* Vivía en automático,
* me desgasté,
* caminaba sin un rumbo o plan de vida,
* estaba haciéndole daño a la persona más importante, **yo.**

Mientras tanto, mi mente, con el diálogo interno y corazón tenían una discusión constante entre lo que hago y quiero hacer. Era un trabajo agotador, física y mentalmente, por lo tanto, no tenía muchas ganas o energía de hacer algo más por mí. Ni siquiera de pensar mucho en mis sueños, planes o proyectos de vida, los tenía «congelados».

Por fin un día, decido hacer algo, no podía seguir ese letargo, mi mente, cuerpo y corazón me lo estaban pidiendo a gritos:

...que tomara las riendas de mis emociones para retomar mis planes.

Asimismo, en el 2023 elegí tomar las clases de Resetéate®. Religiosamente asistía a las clases vía Zoom, era mi tiempo para encaminarme, organizar, desactivar patrones mentales, y activar nuevos programas en mí. Elegí planificar mis pensamientos, emociones y vida. El estudiar y conocer de PNL Programación Neurolingüística Resetéate®, me hizo consciente de lo que quiero en mi vida y mi posibilidad de que sí lo puedo hacer. Solté el lamento y lo cambié por acción.

Es así, como un día me ocurrió una situación, que considero que fue el punto de quiebre y te la cuento:

Trabajando en un hospital, realizando la limpieza final de la obra, postconstrucción con todos los acabados para su ocupación y ser entregada a la constructora, me asignaron fregar los pisos, tal cual cenicienta, literal de rodillas desmanchando con un trapo en la mano y todo.

En ese momento pasaron a mi lado un grupo de personas, entre ellos médicos a ver sus futuros consultorios, ¿cómo explicar la sensación que sentí? Me expreso mejor, en mi país, Venezuela, yo era la que recorría las instalaciones de nuevos hospitales o consultorios médicos, para su aprobación e incorporación a los listados de los clientes en las compañías de seguros que yo representaba para ese momento. En ese instante sentí que yo misma me había puesto a ese nivel y que sabía que podía dar algo mejor.

Lo que sentía era frustración, pena, vergüenza, humillación, enfado conmigo misma. Me sentí poquita persona. Me embargó tanta tristeza, quizás hizo presencia mi ego herido, de saber que yo sabía que podía aportar más a este país maravilloso. Recordé que en tiempos del pasado, más de una vez me crucé con una señora de limpieza en Venezuela, en algún hospital, y ella estaba feliz, sonriente y yo allí, ocupando el espacio de una señora que limpia, pero miserable, avergonzada de mí misma. Eso me dolió en el corazón.

Me impactó tanto lo sucedido, que reflexionaba y pensaba ¿es esto lo que quiero?, ¿voy a estar toda la vida limpiando, desmanchando, recogiendo basura, escombros, tragando polvo y viendo pasar a la gente por encima de mí? ¿Voy a vivir y a morir callada sin expresar lo que de verdad deseo para mí?

¿Voy a dejar pasar más el tiempo? ¿Hasta cuándo sigo postergando?

Ese día llegué a casa, lloré de tristeza y enojo, conmigo misma. No por tener que estar limpiando, porque hay personas que lo hacen de manera feliz y lo disfrutan, pero yo no.

Le pedí perdón a Dios por mi falta de humildad y mi falta de toma de decisiones por mí misma. Era una gran prueba.

Le comenté lo ocurrido a mi compañero de vida y él me dijo:

«¿Qué vas a hacer? ¡Tú tienes la respuesta!»

Nuevamente tenía la razón, era yo quien debería tomar la decisión, y así volvía a parecer mi diálogo interno saboteador. Pero esta vez no lo dejé actuar, lo silencié y con mucha consciencia *tomé la decisión de hablar con mi jefa.*

El día que lo hice, mi jefa nos había invitado a almorzar para festejar la Navidad, allí mismo nos comentó los planes para el nuevo año, donde por supuesto yo estaba incluida, en la distribución de su trabajo. Mientras ella hablaba, esperaba el momento oportuno para manifestarle mi decisión. Así que de manera amorosa y respetuosa le agradecí, por la oportunidad de trabajo brindada, su confianza y amistad, pero que yo había decidido, retirarme. Le dejé saber que yo tenía otros planes.

En ese instante mientras renunciaba, dejé de pensar en ella, en mi compañera embarazada, en las nuevas trabajadoras, en lo que me dirían en casa «¿cómo vas a dejar el trabajo fijo si aún no tienes otro empleo?». Fue el momento de **No** las acompaño más, ya basta de pensar en cómo se van a sentir los demás. Me dije **Sí** a mí y fue un salto cuántico en mi comunicación asertiva.

Así como lo reseña la *coach* **Elina Rees** en su libro *Reseteáte: reinicia tu mente y transforma tu vida:*

Ser fiel a ti mismo, es decir NO cuando así lo sientas.

Ese fue el momento en que sentí la necesidad de honrar mi paz mental, espiritual y física. Tuve la sensación de haber perdido un gran peso. ¡Oh, qué alivio, calma, paz en mi mente, en corazón y cuerpo!, no sé cómo explicarla, fue una plenitud total. Me sentí libre, sin compromiso con alguien más.

Ahora es el tiempo para mí, de activar mi mente para ponerla a trabajar, proyectar, organizar y ejecutar mis nuevos planes de mi vida.

Al **decir No** comprendí, que estaba siendo y haciendo consciente de que yo tenía una parte de mí, que había abandonado, en un rincón: mi auténtico yo. Esto implicó comenzar a mimarme, analizar con calma y sin juicio, los mensajes que mi cuerpo y mi mente estaban tratando de materializar y hacer. Me ha permitido ser congruente con lo que pienso, siento, digo y hago.

Mis acciones ahora son:

* No seguiré haciendo lo que no me gusta, elijo **darme un Sí,** a mí y,
* mejorar como ser humano, para poder aportar a otras personas.

El **decir No** me ha permitido:

* manejar el recurso más valioso que tenemos: el tiempo,
* retomar las riendas de mi vida, por lo tanto, lo he podido invertir en terapias, formación y preparación personal.
* Acercarme a personas que están en la misma sintonía de vida de crecimiento y evolución personal.

No es fácil **decir que No a otros**, pero priorizar a los demás, antes que a ti, así sean a los seres más queridos como: padres, hijos, esposo (a), amigos, familiares, conocidos, te traerá consecuencias, así como me las trajo a mí. Aprendí a que:

Jamás podremos mantener felices a todos, con todo, todo el tiempo.

Hoy en día voy caminando por el terreno de mi proyecto de vida, haciendo lo que me gusta y disfruto. Me siento tranquila, en paz con el ser más importante, después de Dios, es decir conmigo y con muchas ganas de seguir adelante.

Actualmente trabajo en mi propósito de vida, invirtiendo en aprendizaje, sanando mi historia de vida a fin de poder compartir con el mundo mis dones y talentos. Con el firme propósito de apoyar, acompañar y guiar a las mujeres a realizar actividades físicas para mejorar la salud, movilidad, fuerza, resistencia, autoestima y mente.

Desempolvé mi sueño para convertirlo en mi meta y ahora camino para llegar a ella y ella cada día se acerca más a mí.

Te comparto mis herramientas utilizadas:

1. **Reconocer la situación que nos afecta e incómoda.** Aceptarla y buscar la ayuda o apoyo con profesionales en salud mental, es necesario para afrontarla.

2. **Accionar con las herramientas adquiridas,** sanación de autoestima, de establecer prioridades, elegirse uno mismo.

3. **Dar la respuesta que te haga sentir bien a ti mismo,** aquella que sale del corazón y no te causa alguna perturbación.

Mi frase

Dios, creo fielmente que me trajiste a este país para sanar y con un firme propósito. Aún sigo trabajando.

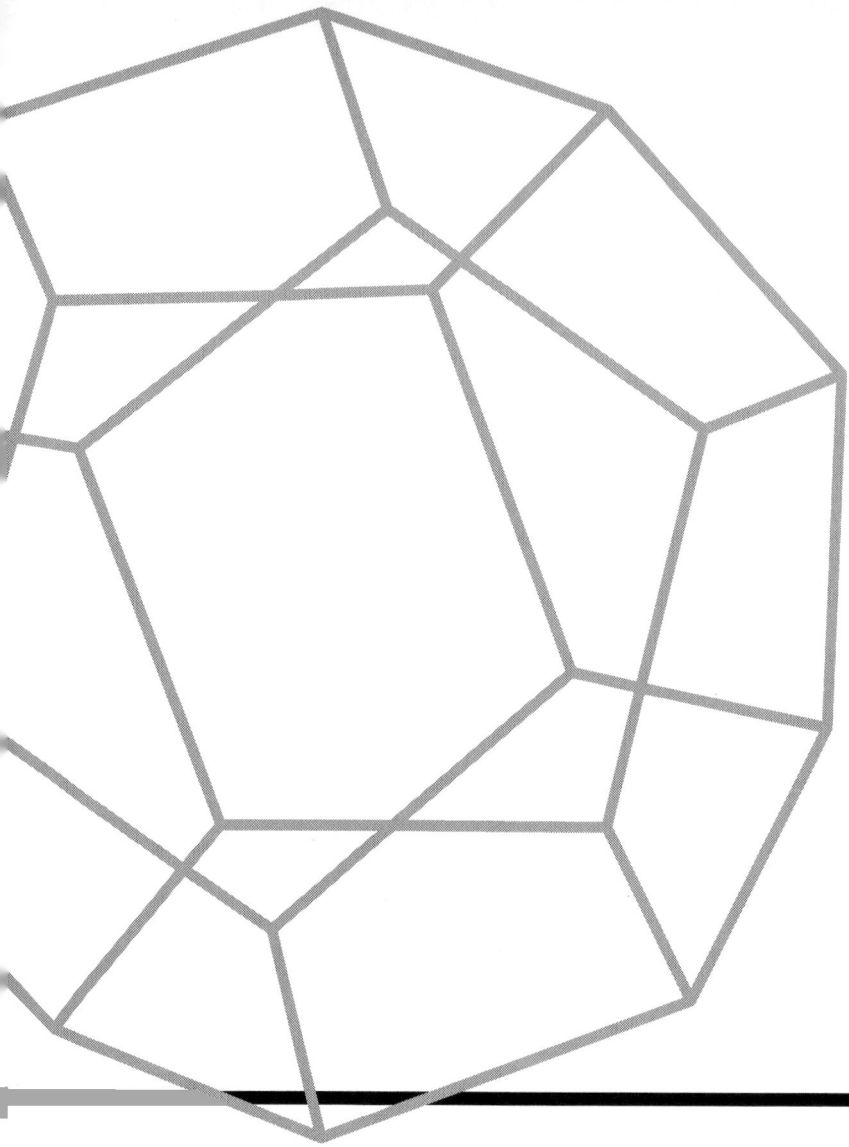

DANITZA
PERDOMO

@danitza.coach
Danitza Perdomo
Danitza Perdomo

Una gran mujer que nació en una linda y hermosa ciudad llamada Guayaquil (Ecuador). Ahí cursó su primaria y secundaria, además también obtuvo sus estudios superiores y se graduó como Lic. en Comunicación Visual y Diseño Gráfico. También logró trabajar como diseñadora gráfica y fue directora de Arte, en unas de las mejores empresas de publicidad del Ecuador como Rivas Herrera y Norlop Thompson.

En el 2017 se le presentó la oportunidad de poder cumplir unos de sus sueños: lograr salir adelante en otro país por ella misma. Tomó la decisión de emigrar a los Estados Unidos, para buscar nuevos rumbos y oportunidades, donde le tocó volver a empezar muchas veces y en muchos ámbitos, ya sea en su profesión como diseñadora gráfica en imprentas, y luego buscar otras mejores oportunidades en otras profesiones como *waitress* y/o *bartender* en hoteles o restaurantes y *retails*.

A mediados del 2016 comenzó su aventura en el maravilloso mundo del desarrollo personal y espiritual, donde tuvo la oportunidad de asistir al evento de Tony Robbins: Unleash the Power Within, y obtuvo un gran cambió de rumbo de su vida y fue el primero de muchos eventos que a los que ha asistido. Además, ha sacado varios certificados como Reiki y *Crystal Healing Practitioner*.

En el 2021 emprendió su estudio de la certificación de PNL, Programación Neurolingüística, en la escuela de Elina Rees llamada Resetéate®, luego Elina le propone si desea ser parte en la creación del *Team Resetéate*® hasta el día de hoy. A finales de ese mismo año, obtiene la certificación como *coach* de vida, en ILC Academy y Liderazgo en Voces Vitales.

En el 2023, tomó la aventura de estudiar en la escuela de Inteligencia espiritual de Julio Bevione, donde aprendió la gran importancia y compromiso de siempre mirar hacia dentro de nosotros, tomar conciencia en el presente y de alrededor, y lograr construir lo que deseamos en nuestra búsqueda espiritual.

Actualmente es madre de un maravilloso niño llamado Nicolás, que es su gran motivación de vida. Trabaja en una gran compañía de *retail* llamada Home Depot, donde tiene el cargo de *customer manager experience*. En esa compañía tiene muchas aspiraciones para continuar y seguir creciendo en su carrera en el mundo del *retail* y con la finalidad de crear conciencia sobre el ambiente corporativo y la salud mental.

Danitza es súper valiente, comprometida, apasionada por seguir aprendiendo lograr transmitir sus conocimientos sobre la búsqueda de oportunidades en el crecimiento del desarrollo personal y espiritual para el bienestar de ella y de los demás.

Una de sus grandes pasiones es querer ayudar a otros a sanar y tomar conciencia en la salud mental para crear una diferencia positiva. Es una persona agradecida con todas las oportunidades positivas y negativas que se le han presentado en la vida, consciente de transitar lecciones importantes que llevará siempre consigo para nutrir a la gran mujer que es y aproximándose a ser su mejor versión, llegando así al gran descubrimiento y conseguir vivir su propósito para desde allí inspirar a otros.

A nadie le importo: desmontando mentiras y reconectando con tu esencia

Hoy me dirijo a ti, con esta historia, a fin de poder inspirarte y ayudar a la persona que resuene con ella. Antes de seguir, me gustaría compartir algo contigo:

Mientras escribo este capítulo (junio 2024), me han diagnosticado cáncer de mama y al momento en el que tú estés leyendo este libro declaro: **¡yo estoy sana!**

Por muchos años me silencié y ahora es una de las razones por la cual escribo en este libro: Ya no deseo silenciarme, deseo comunicarme desde mi esencia.

Te comparto que en el pasado yo no sabía **decir No** y a veces decía: no sé, para no asumir mi responsabilidad, dado que buscaba el agrado de otros. Al no saber **decir No** lo único que hacía era alejarme de mi propia esencia, de mi propósito y mi ser. La pregunta es, ¿por qué nunca aprendí a **decir No**? Ven aquí, te cuento mi historia.

Nací en mi hermosa ciudad de Guayaquil, Ecuador. Mis padres siempre nos dieron todo lo material y cuidaban de que no nos faltara nada. Vengo de una familia pequeña de cuatro: mi padre, madre, mi hermano, que me lleva seis años, y yo. Mi padre, siempre se la pasó trabajando, trayendo el ingreso a la casa y mi madre, una bella mujer que todo el tiempo se ha preocupado por mi papá, de sus hijos para que estemos bien atendidos, alimentados y pendiente de que no nos falte nada material. Ella es muy atenta y sumisa con nosotros y con cualquier persona que nos llega a visitar en la casa.

Desde pequeña, me enseñaron a priorizar «el deber de» ayudar y atender a los demás antes que a mí misma. Como resultado, no encontraba la oportunidad de anteponerme a muchas cosas y necesidades, en las que debía estar de primera. Con esta enseñanza, creé un marco muy fuerte en mí, porque debido a esto, formé muchos estándares de mi personalidad que nunca fueron reales, ni parte de mi esencia.

De pequeña siempre fui una niña muy dulce, cariñosa, miedosa, tímida, insegura, solitaria, callada, consentida, introvertida, con un corazón noble y humilde.

Siempre buscaba el amor y cariño de la gente. Una de las primeras personas donde yo buscaba ese amor, cariño y atención, era de mi propio hermano mayor. Solo trataba de estar a su lado, y de su parte, sin embargo, encontraba rechazo e insultos. Esto muchas veces me hacía sentir triste, pisoteada y burlada. Además, a veces lo hacía enfrente de los demás, y al tratar de defenderme, le favorecían a él, en lugar de a mí.

También hubo otros eventos que marcaron mucho mi personalidad. A mi padre y hermano siempre les gustaba hacer bromas o poner sobrenombres a las personas como una forma de ser agradable y socializar con el resto de las personas. Y cuando se dirigían hacia mí, lo hacían en base de mis equivocaciones, miedos y cosas que hacía o decía, pero ellos nunca se dieron cuenta de que iba tener algún efecto en mi interior. Me hacían sentir siempre juzgada y defectuosa ante la sociedad.

Todo lo anterior, lo absorbí muy dentro de mí, me lo creí y empecé a refugiarme de manera silenciosa e inofensiva, con mucho temor, sin poder defenderme frente a la sociedad. Cuando la pequeña niña (yo) pedía auxilio, ayuda o buscaba apoyo para que me defendieran, siempre me ignoraron. Cada vez que trataba de hacerlo yo, me callaban, haciéndome creer que las situaciones que pasaban eran mi culpa o porque yo reaccionaba mal.

Unas de esas cosas que callé fueron los abusos que sufrí de pequeña. Por temor a hablar y que no me creyeran. Tuve miedo, siempre lo silencié y lo bloqueé en mi ser.

Al llegar a mi juventud desarrollé una personalidad muy tímida, miedosa, vergonzosa, temía de hacer algo y ser juzgada o con el temor del qué dirán, de no pertenecer. Sentía que no tenía voz, ni voto. Sin poder crear límites de lo que me gustaba o deseaba en mi vida, solo buscaba aprobación y aceptación de los demás. Por todo esto se me hacía muy difícil socializar con el resto. Siempre busqué complacer a los demás, con el fin de obtener algo a cambio:

¡Sentirme tomada en cuenta por alguien y tener su amistad!

Pero muchas veces me junté con varias personas equivocadas, porque creí que tenía su verdadera amistad, pero siempre había algo por interés. Jamás les decía **No**, ni les ponía límites cuando querían o necesitaban algo.

Estos eventos fueron muy tormentosos para mí, me hacían sentir defectuosa y que no servía para nadie. Deseaba empezar de nuevo, al otro lado del mundo. Ese es el por qué siempre unos de mis sueños fue triunfar y salir adelante en otro país. Se me presentó la oportunidad, así que decidí agarrar mis cosas y me mudé a Estados Unidos para empezar una vida nueva. Empezar de cero, en un lugar y estilo de vida, sin que nadie me conozca. También de poder salir adelante y cumplir mis metas.

Me vine con una persona que yo creí que era mi gran amiga. A ella le brindé y le abrí las puertas de mi casa como una gran hermana. El resultado de nuestra amistad terminó ser otra cosa, donde al parecer ella estaba enamorada de mí, pero jamás se me insinuó. Ella me limitó con el mundo, que la gente no se me acercara, hasta que llegó el momento en que me enamoré de un buen hombre.

Fue una relación muy bonita. Hubo mucho amor, fue una relación donde aprendí cosas importantes, el compartir con otra persona. Nosotros nos compenetramos y nos adaptamos el uno al otro. Lastimosamente, por cosas de la vida, no fue así y cada uno tomó su camino.

Lo anterior coincidió con varias pérdidas, entre ellas, trabajo, casa y amigos que con el tiempo me di cuenta de que no eran verdaderos, solo por interés. Pero a la vez, fue otra oportunidad de volver a empezar. Me fui a vivir sola (anteriormente vivía con *roommates*), encontré trabajo en un hotel como mesera, tenía lo necesario, no me faltaba nada.

Aprendí a no depender de los demás y empecé a convertirme, inconscientemente, en una persona independiente. Pero a medida que pasaba el tiempo, me empecé a sentir sola y la verdad es que era muy solitaria. Los pocos amigos que tenía eran para ir al bar a tomar y todo era superficial. Gracias a Dios jamás fui una persona de vicios y siempre tuve conciencia de qué pasaría si me metía en ellos, así que jamás me importó.

Con esta rutina y viviendo en un piloto automático diario, me empecé a dar cuenta de que esta no era la vida que quería y caí en una depresión donde lloraba y me autosaboteaba todos los días. Me decía:

* ¿por qué no puedo, tener una vida normal?,
* ¿por qué no puedo, tener una relación de amor o amistad y poder cumplir mis sueños?

Con esto quiero agregar que cada vez que veía en la calle una pareja, mamás con sus hijos, familia o grupos de amigos, se me salían las lágrimas por pensar ¿por qué no tengo eso en mi vida?

Creció dentro de mí el miedo a la soledad y ella jugó un papel muy importante. A lo largo de mi vida cometí varios errores con amigos y relaciones, por el temor de no estar sola y siempre tener algo con quien compartir. Sentía que la historia de sentirme no ser aceptada o encajar, se estaba repitiendo de nuevo, pero en otro país y con otros protagonistas. Y de nuevo tuve muchas ganas de querer regresar a mi país, Ecuador, y de cuestionarme el por qué me vine para acá a los Estados Unidos.

Busqué algo que donde pudiera tener ingresos inmediatos y poder así dejar el trabajo en los bares y restaurantes, así me metí a estudiar *real estate*. Pero, no me sentía a gusto con esa carrera, me trajo mucha decepción porque el mercado de la Florida es muy denigrado.

El único regalo que me dejó esto fue que gracias a ellos conocí el famoso evento de Tony Robins, donde dijeron: «anda, Danitza, que te lo recomiendo muchísimo. Si no te gusta, yo te devuelvo el dinero que invertiste». Y así fui al evento: *Unleash the power within* de Anthony Robbins, en el 2016, lo realizaron en West Palm Beach, en el Convention Center.

Gracias a este evento logré la apertura de muchas cosas en mí, fue el inicio de mi despertar de conciencia y espiritual, el inicio de empezar a ocuparme y autoconocerme. Comencé a desafiar muchos de mis miedos, empecé a romper esquemas de salir sola sin limitarme, a ir a un lugar que quiero y no dejar de hacerlo porque no tengo con quién ir.

También destapé una montaña rusa de muchas emociones, las identifiqué y empecé hacer mucho trabajo interno, espiritual, con reiki y *coaching*. Sentí mi vibración espiritual bien alta, que las cosas iban fluyendo bien. Sentí que estaba haciendo las paces conmigo misma. Una de las cosas más maravillosas, e importante, fue que hice las paces con mi soledad.

Después de esto conocí al padre de mi hijo. Una persona de la que me enamoré a primera vista, los dos sentíamos que nos complementamos energética y espiritualmente. Teníamos las mismas ideas espirituales y estábamos en la búsqueda de la llama violeta y/o alma gemela. Solo con esa información y sin conocerlo empezamos una relación. Al mes, decidimos irnos a vivir juntos y de manera inmediata quisimos formar una familia, donde nuestro hijo fue concebido por decisión nuestra.

Te cuento, con el tiempo no fue como lo planeamos. Salieron a relucir nuestras diferencias de manera de ser y estilo de vida. Fue el inicio de una relación viciosa, tóxica y destructiva. Estuvimos así durante mi embarazo hasta los cuatro meses de vida de mi hijo. Un 14 de febrero decidimos separarnos.

Esta relación fue una lección y gran prueba de mi vida, un momento en el que me sentí tan agotada, atormentada, confundida, victimizada, lastimada, que no hacía nada bien, con muchas ganas de no seguir en este mundo y que, en realidad, toqué fondo. Un día, alguien me preguntó:

«¿Quién es Danitza?» Y la verdad no supe qué responder.

Esa pregunta me llamó mucho la atención, el no saber responder y me di cuenta de que yo había perdido mi identidad, no sabía quién era. Me sentía nadie y que lo único que tenía bien en esta vida era, mi hijo, ser «la mamá de Nicolás».

En ese momento empecé a darme cuenta del hueco en el que estaba y que solo lloraba de saber que estaba tan perdida y abandonada por mí misma, sin tener algún rumbo fijo. Sin trabajo e ingresos. No sabía qué hacer, me sentía inútil en todo y que no servía para nadie.

Lo único que tenía era mi hijo. Pensaba ¿ahora cómo hago para subsistir?, no solamente por *mí, sino* por otra personita más y poder darle la misma o mejor calidad de vida de la que me dieron a mí. Y hago referencia a esto porque como padres siempre querremos darles una mejor vida a nuestros hijos.

Me preguntaba ¿y, ahora cómo voy a trabajar con un hijo en brazos? A la vez, no quería depender de mis padres. ¡Necesitaba salir adelante!, *más aún en la situación* en que me encontraba. Fue ahí donde empecé a buscar en Internet trabajos que apoyan a madres, ayudándoles con el *daycare*. La que me salió dentro del listado fue Home Depot, de una vez apliqué y conseguí un puesto de trabajo en ese lugar.

Esta empresa tiene un lugar muy importante en mi vida, porque me ayudó a abrir muchas puertas y a recuperar muchas cosas que había perdido. Una de ellas, a recuperar mi identidad.

Ellos creyeron en mí y en mis habilidades. En tan solo seis meses había crecido dentro la compañía, me convertí en supervisora de departamento.

Con el pasar del tiempo, he seguido creciendo y cumplo las metas que me establezco. He manejado tres departamentos, cada uno ha sido un reto en los que he aprendido mucho. Hoy en día soy CXM (*Customer Manager Experience*), sigo esforzándome y desarrollando las habilidades que necesite para dar lo mejor de mí y continuar al siguiente paso.

En esta empresa, gracias a que me sentía más segura, me di la oportunidad de aplicar los aprendizajes de situaciones retadoras del pasado. Aunque te confieso que no sabía que esto iba a suceder cuando entré.

No solamente recuperé mi identidad, sino que volví a encontrarme a mí misma. Allí, en este lugar de trabajo, se activaron nuevamente, todas las experiencias limitantes vividas en el pasado. Solo que ahora había una gran diferencia: ¡tuve el valor de enfrentarme a cada una de ellas, de manera diferente! Ya no me silencié. Sabía que estaba en juego mi posición laboral, junto con la seguridad y lo que esto representaba para mi hijo y para mí. A toda costa deseaba aprender y ser una líder de equipo para seguir escalando posiciones dentro de la organización.

Desperté conscientemente y me di cuenta de que tenía que continuar ocupándome de mí, de mis miedos, temores y lo más importante: lograr el amor propio. Empecé a estudiar PNL (Programación Neurolingüística Resetéate®), y una clase me fue llevando a otro entrenamiento. Estudié para mí misma y mi crecimiento *life coach* e hice varios cursos de desarrollo personal.

Una de las clases que marcaron mi vida fue la Escuela Espiritual de Julio Bevione, allí logré descubrir mi gran mentira personal. Esa que manejaba mi vida y me enseñó a no poder **decir No** *a lo demás*, que me llevó a olvidarme de *mí misma*, la que no me permitió poner límites y a no tener compromiso conmigo. Mi gran mentira era: **a nadie le importo.**

¡Cómo esa frase de mentira personal de «*a* nadie le importo» influyó y manejó mi vida por años! *A raíz de eso entendí el* porqué de las cosas de mi niñez, de mi pasado, el buscar la aprobación de lo demás, el querer encajar en algo. El porqué de mis miedos, el para qué me victimizaba ante los demás. Yo no me hacía responsable de mis situaciones, ni podía **decir No** al resto, para poder darme prioridad.

Hoy soy una persona con un antes y un después. Busco y genero oportunidades para conectarme con mi gran esencia y alinear mi propósito de vida con mis dones, talentos y cumplir mis sueños. Todavía siento que me falta mucho por recorrer, aún me falta sanar la rigidez mental que existe en mí. Esta es unas de las razones por las que decidí participar en este proyecto de escribir este capítulo. Deseo ser flexible y lograr objetivos con compromiso propio, ocupándome de mí.

Aquí y ahora, estoy con una prueba de vida. Tengo fe y amor de que Dios y el universo se interpusieron en este momento de padecer una enfermedad, como el cáncer de mama, y que yo sé que la voy a vencer. No les voy a mentir que al momento que me enteré fue como un balde de agua fría y claro me cuestioné en todo sentido, las emociones salieron a flote, películas, situaciones y miedos llegaron a mi cabeza y se apoderaron de mí, hasta que logré aceptar que ese diagnóstico **no me define** y, con todo lo aprendido y aplicado en mi vida, es el mejor momento para seguir accionando y **decirme sí a mí,** para conectar mi esencia y mi ser. Porque soy una gran mujer que ha sobrellevado retos, para salir adelante con mi hijo. Él es mi mayor propósito, ha llenado mi vida de mucha alegría y fuerza de una forma inimaginable.

Mis herramientas son:
1. **La mentira personal:** Cada vez que estoy pasando por una situación difícil, ya sea desde mi interior y/o exterior, recurro a analizar si esas emociones o pensamientos que estoy viviendo en el momento, provienen de mi mentira personal y poder así buscar la mejor manera de reconectar con mi esencia.

2. **El darse cuenta:** Me ayuda a darme un tiempo conmigo misma por unos minutos y a poner mucha atención a las sensaciones que estoy presentando con respecto al ego. Esto me sirve para regularme y poder así tomar decisiones desde el aquí, el ahora y desde la conciencia.

3. **Aceptación:** Al aceptar quién soy, y a través de la resiliencia, logro superar con éxito situaciones complicadas, avanzando en mi propio crecimiento personal y reconociendo que merezco lo mejor desde mi propia esencia.

Mi frase
Que me repito y me sostiene es:

Yo tengo el poder de llegar a mi verdad y no lo que dicen o creen los demás.

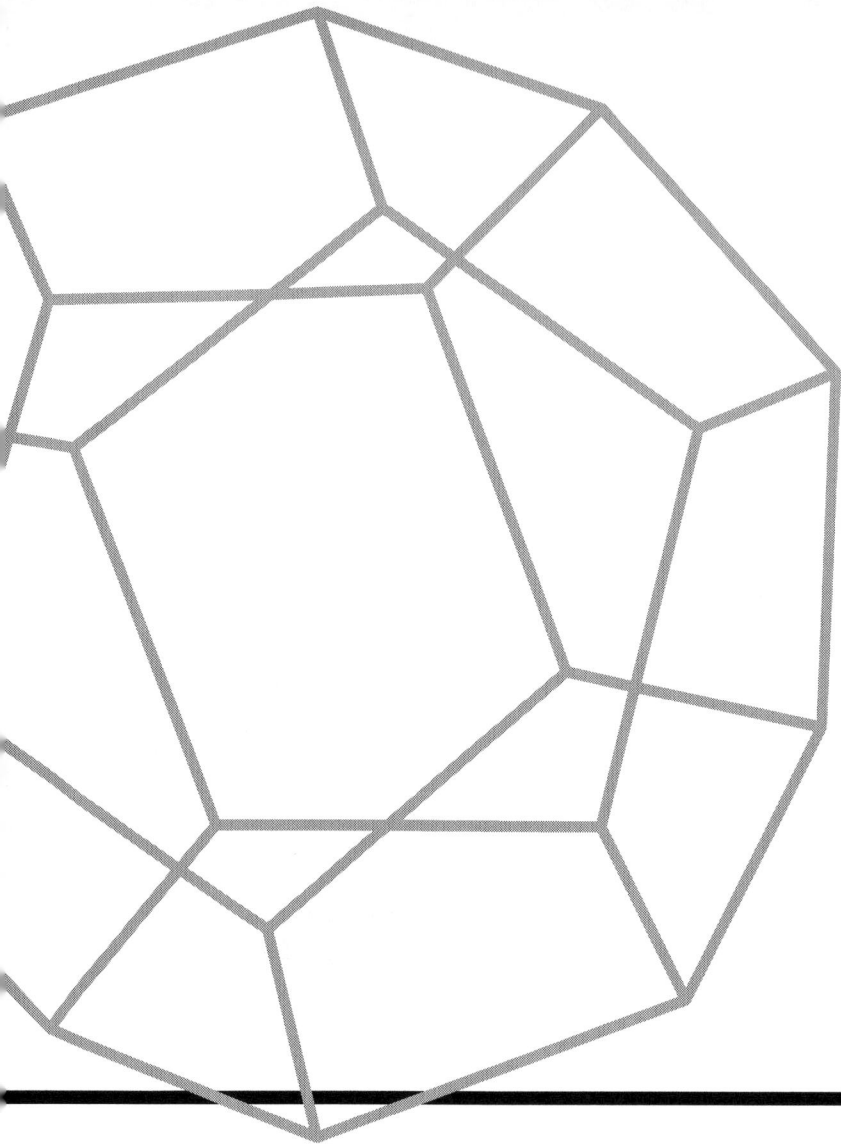

ESTEFANI
SANTE

Nació en Ecuador en 1992. Actualmente, reside en Estados Unidos, donde ha vivido más de la mitad de su vida. Es madre de un bello niño de nueve años y esperando la llegada de mellizos. En el 2023, obtuvo la certificación como *practioner* de Programación Neurolingüística.

Estefani es actualmente fundadora y presidenta de su propia fundación sin fines de lucro, Regala una Sonrisa. Allí realiza eventos como talleres, charlas motivacionales y ofrece mensajes para la familia en lugares de bajos recursos. Su mayor meta es llegar a rincones alrededor del mundo donde puedan ayudar a muchas más personas.

Su sueño de niña era viajar por todo el mundo como misionera con visión y propósito.

Hoy en día, su visión sigue en pie y el ayudar a su comunidad sigue siendo su norte. Su mayor objetivo es poder dejar una huella de felicidad en familias abandonadas, madres solteras, hijos desamparados. Compartir un tiempo de calidad y escuchar cada historia de estas familias la motivan a que vale la pena ayudar a los demás con amor y compromiso.

La magia del perdón

¿Es difícil perdonar?

¡Absolutamente!, pero la recompensa vale la pena. Vacié mi mochila y esto fue lo que sucedió:

Soy la hija menor de cinco hermanos. Nací en mi tierra hermosa, en una provincia de mi país Ecuador, llamada Santo Domingo de los Tsáchilas.

Recuerdo una infancia muy sana y protegida por mi madre y mis hermanos. Cualquier lugar al que yo llegaba era muy amada y consentida. Mis hermanos mayores me enseñaron a ser fuerte de carácter y muy cuidadosa de mi alrededor.

Quiero compartir mi historia contigo, que a lo mejor te encuentras en plenitud o estás en la búsqueda del «cómo perdonar» a aquella persona que lastimó tu corazón.

Mi padre salió de casa cuando yo tenía un añito de edad, su meta era darnos un futuro mejor y sacar a su familia adelante. Así que mi mamá quedó completamente cargo de sus cinco hijos, en Ecuador. Mi papá viajó a los Estados Unidos, con mucho sacrificio, estuvo casi una década lejos de su hogar. Recuerdo que había pasado mucho tiempo cuando conocí a mi papá, yo tenía ya diez años. ¡Imagínate, después de nueve años!

Él regresó a Ecuador por unas vacaciones y fue allí donde comenzó esta historia. Te cuento que no fue nada fácil establecer una relación con mi papá, aunque siempre estuvo en contacto con nosotros por medio de cartas y llamadas. Yo sabía que tenía un padre a distancia, pero mi realidad llegó cuando papá regresó. Yo, ya no era una niña de un año, ahora me encontraba entrando en la adolescencia. Tenía muchas preguntas en mi cabeza, pensaba:

* ¿Nos extrañaste durante todo este tiempo?
* ¿Te quedarás con nosotros?
* ¿Por qué te fuiste?

Yo no entendía cómo alguien tan importante en nuestras vidas, o por lo menos en la mía, había permitido pasar tantos años fuera de casa.

Cada oportunidad que tenía, le recordaba el vacío que había dejado. Le decía cuánto lo extrañé en cada evento de la escuela, navidades, festejos familiares, entre otros. No lograba entender, y mucho menos quería ponerme en sus zapatos, porque sentía que todo lo que él hacía por nosotros no había valido la pena.

Al final, mis padres se divorciaron y mi papá regresó a vivir a Ecuador. Todos los planes que tenía se habían ido al piso. Quedó en una crisis financiera y fue allí donde mis padres decidieron que era mi tiempo de salir del país y venir a los Estados Unidos por un futuro mejor. En ese país, viviría con mi hermana mayor, que desde hace mucho estaba allí instalada.

No lograba entender, ¿cómo sería capaz de alejarme ahora de mi casa, de mis hermanos y principalmente de mi mamá? Cuando menos lo imaginé, yo ya estaba viviendo acá, en Houston (2009).

Te ilustro el escenario: Llegué a mis quince años a Estados Unidos, no por elección propia, con un nuevo idioma, un colegio y culturas diferentes, para hacer nuevos amigos y asumir responsabilidades. Así fue como la *Estefani de joven* pasó a ser un adulto, a muy temprana edad.

La vida avanzaba, yo aún con mis heridas emocionales, y cargando mi mochila de vacíos. Busqué mucho a Dios, serví en algunas iglesias. Quise llevar mi vida lo más tranquila posible, sentía que al ayudar a los demás me olvidaba un poco de todo mi dolor y mis vacíos.

Iba a mi país cada dos años a visitar a mi familia, y al regresar lo hacía con más angustia y muchas ganas de quedarme en casa. Pero, sabía que ya no pertenecía allá. Así que empecé a tomar decisiones que me ayudarían a crecer: Estudié *Early Chilhood Educator*, con la meta de llegar a crear una escuela de educación temprana. Mi pasión ha sido enseñar a niños desde muy joven. Tengo la certeza de que Dios me sorprenderá con su gran amor para alcanzar este gran sueño en el momento preciso.

En el proceso de mis estudios, conocí al padre de mi bello hijo. Relación que solo duró menos de dos años. Mi mayor miedo al formar una familia era ser madre soltera y eso fue justamente lo que pasó. Nuevamente se empezó a revolver todo el pasado, le preguntaba a Dios de rodillas:

¿Por qué permitía los abandonos en mi vida? ¿Que había hecho para merecer tan dura situación?

Mi hijo tenía tan solo cinco meses de vida y yo me encontraba en medio de una separación. No tenía miedo de quedarme sola, pero quería evitar que mi hijo pasara el mismo dolor de criarse con padres separados. Así que empecé a culpar a mi padre, sin que él supiera mi dolor. Sentía que por su culpa me habían pasado tantas cosas a muy temprana edad.

En mi proceso, Dios puso en mi camino a una pareja muy linda, quienes oraban mucho por mí y de quienes recibía consejería. Con el tiempo fui soltando, trabajé mucho en el perdón, pero sentía que no completamente. Los años seguían pasando, cada vez me daba menos tiempo para mi sanación, las responsabilidades de ser madre soltera no me daban chance ni de llorar. Mi prioridad siempre fue sacar a mi hijo adelante. No sentía, ni el cansancio interno, y mucho menos lo exteriorizaba. Siempre fui elogiada, me decían que cómo hacía para salir adelante con un niño tan pequeño y me veían feliz. Trataba de no quejarme y solo continuar.

Recuerdo tener varias mamitas y padres solteros pidiendo un consejo. O simplemente se descargaban platicándome su situación.

Entendí que no era la única que pasaba por una situación así. Fui madre soltera desde los veintidós años, sentía que era demasiado joven, pero que Dios me había premiado con la compañía más tierna y dulce que es un hijo.

Durante los primeros años de crianza fue muy difícil comprender y aceptar mi situación. Intenté de varias maneras sanar esa etapa. Quería transmitir a mi hijo que sus padres siempre estarán allí para él.

Quería evitar el mismo patrón de vida.

El tiempo iba pasando así que quería darme una segunda oportunidad en el amor, pero los intentos eran fallidos. No sé cómo pero cada vez que yo decía: «este es...» tenía que salir corriendo de esa pareja. Siempre mantuve mi barrera, cualquier detalle que no me parecía, para mí era fácil alejarme y terminar con la relación. Pero se repetían patrones. Siento que exigía mucho o esperaba demasiado de la persona, queriendo llenar vacíos de infancia que nadie podía llenar. Sí, así de equivocada estaba.

Yo tenía mucha lastima de mí misma, la «pobrecita, la víctima, la madre soltera», y muchos términos más. Eran la burbuja que me rodeó por mucho tiempo.

Un día en camino a mi trabajo, iba conduciendo y era mi tiempo para hablar con Dios. Recuerdo esa oración como si fuera ayer. Le dije:

Papito Dios, si tanto amor tienes para la humanidad y todo te pertenece, ¿Por qué no me dejas experimentar el amor propio...?

...Quiero saber la importancia de darme un tiempo para priorizarme, siento que hago mucho por todos, pero no sé lo que es consentirme yo misma.

Así que empecé a tomar decisiones sin poner a Dios en medio, quería experimentar todo lo que por muchos años me perdí, las fiestas, los amigos, hábitos no saludables, mis valores y, sobre todo, el desamor. Pero al día siguiente de cada mala decisión despertaba peor de lo que ya estaba. Duré algunos meses así, hasta que no aguanté más y dije:

Yo no pertenezco a este círculo. Esta no soy yo.

Había caído en una depresión; mi mochila estaba rebosando de dolor, angustia, no lograba dormir, tenía muy poca energía. Y me di cuenta de que necesitaba salir de ese hoyo lo más pronto posible.

Fue en medio del dolor y la desesperación que tomé la decisión de darme el regalo de conocerme y experimentar el amor propio por medio de Programación Neurolingüística Reseteáte®. El día de hoy puedo decir que cada lección y práctica fue la herramienta más saludable que logré encontrar.

¿Pero cómo fue que encontré perdonar a mi papá? ¿Y al pasado?

Unas semanas antes de obtener mi certificación, de la graduación, en medio de una técnica, fui a mi pasado y me encontré al sentimiento de abandono, autoestima baja; al miedo a confiar, a mis inseguridades, desajustes emocionales, entre otros.

Así que dije para mí misma: **no te voy a arrullar el sentimiento de abandono, inseguridades y dolor.** Y dulcemente, en voz baja, me dije: **¡te perdono!**

Desde ese día aprendí a **decir No para decirme Sí a mí,** a mi presente y futuro de manera sana, con paz y sin prejuicios. En ese momento corté el lazo del rencor. Entonces, ¡la magia empezó!

Hoy puedo darme cuenta de que cambié mis cuestionamientos de **¿por qué? por ¿para qué?** Amando mi historia de vida, puedo ver el pasado de una manera diferente.

Perdoné a mis padres; con amor desde lo más profundo de mi ser. Ellos hicieron lo mejor que pudieron, para darnos lo mejor a nosotros. De mi madre, quien ha sido muy fuerte en medio de todo el proceso, puedo decir que ha sido muy valiente.

Papá, quiero agradecerte con todo el amor del mundo, todo el sacrificio que hiciste por tus hijos. Hoy que soy madre, me doy cuenta de que por nuestros hijos entregaríamos hasta la propia vida. Estoy en proceso de evolución y puedo confirmar que hoy te veo diferente, tengo mucha paz en mi corazón. Gracias por toda la paciencia y el amor que transcurrió durante estos años.

A partir de ese *switch*, empezó a ocurrir algo maravilloso en mí.

El cambio y la transformación es un logro muy importante en nuestras vidas. Gracias a los recursos y herramientas que son parte de mi sanación interna dije:

Sí a mis límites sanos, Sí a mi paz interior, Sí a mis valores y principios y, especialmente, Sí al amor propio.

Dios ha sido mi fortaleza en medio de mi caos y, gracias a sus respuestas, hoy disfruto de un matrimonio saludable y con propósito. Sí, me di una segunda oportunidad y valió la pena.

Te comparto estas herramientas que han sido de gran ayuda para mi vida, ¡espero que lo sean para ti!

1. **Beneficios del perdón:** te hace libre al soltar rencores, disfrutarás de una vida plena y sana. La compasión y la empatía serán tu mejor aliado.
2. **Suelta tu pasado tormentoso:** permite que el universo se manifieste de manera amorosa y te enseñe la magia de confiar y creer en ti.
3. **Límites sanos:** sé empático pero firme, di **No** de forma clara y concisa. Y, muy importante conoce tus propios límites.

Mi frase

Gracias a la magia del perdón, hoy puedo disfrutar una vida con propósito.

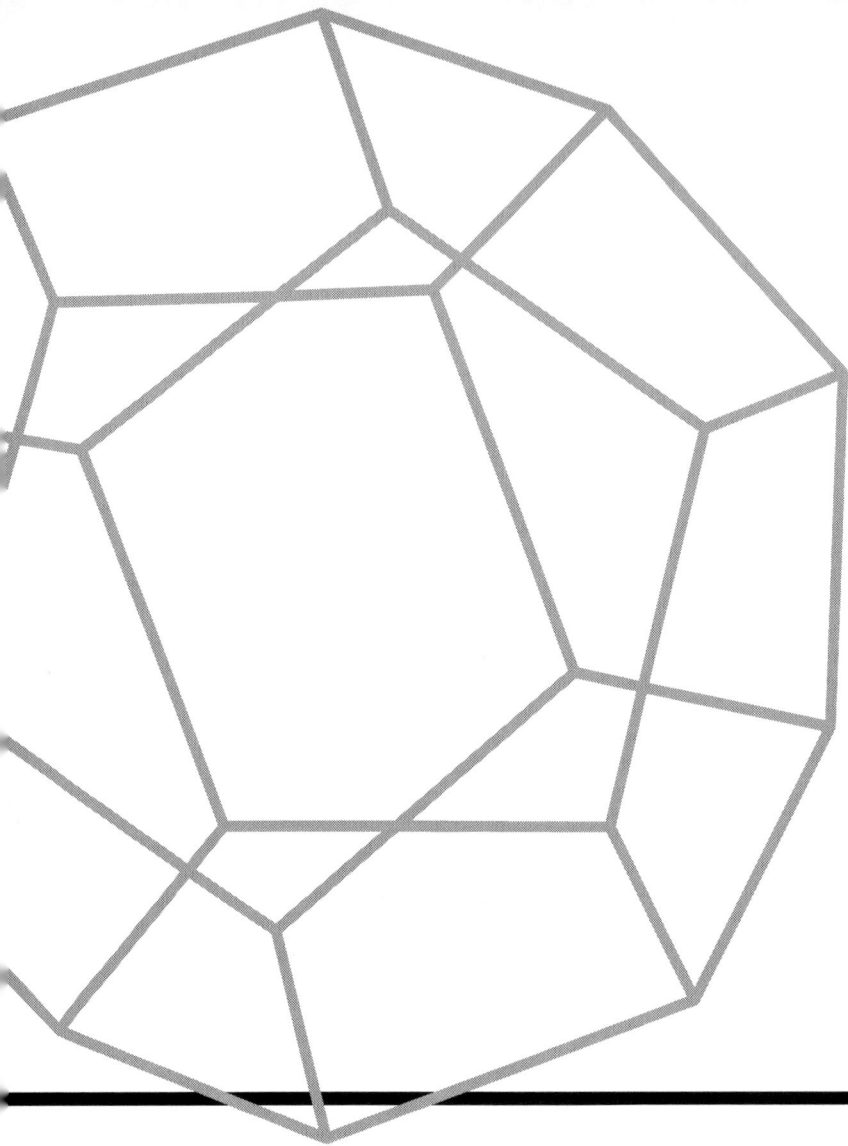

ERIKA
CERVANTES

@erika_teambuildingcoach
Erika Cervantes
@erika_teambuildingcoach

Nació y creció en las majestuosas montañas de la Sierra Madre, en el estado de Tamaulipas, México. A pesar de los desafíos, emigró a Estados Unidos en 2002, junto a su hijo y una mochila llena de sueños. Su perseverancia y dedicación la llevaron a convertirse en una profesional destacada en la industria de redes de mercadeo (MLM) y a crear una sólida organización de mujeres emprendedoras con Zermat USA.

Erika no solo es una líder en el mundo empresarial, sino también una *coach* certificada en PNL (Programación Neurolingüística). Forma parte del *Team Reseteate®* y acompaña a otros estudiantes como *coach* en la escuela virtual de Elina Rees. También es coautora del libro *Elígete a ti: 75 herramientas para priorizarte.*

Además, su compromiso con la comunidad la impulsó a ser miembro embajador de la Cámara de Comercio de Albertville, en Alabama, durante dos años consecutivos.

Erika Cervantes brinda servicios de *coaching* privado, imparte talleres y conferencias, comparte su visión sobre los valores y el compromiso propio. Su objetivo es ayudar a las personas a crear el mejor equipo, comenzando consigo mismas. Su legado perdura en cada persona a la que ha inspirado y en la comunidad que ha fortalecido.

Viviendo desde el agradecimiento con actitud y fe

¡Mi querido lector! Gracias por haber leído las historias anteriores de mis compañeros y gracias a que has elegido seguir leyendo, has llegado hasta la mía.

Deseo que lo que estás a punto de leer, sea de gran ayuda para ti o para algún ser querido. Que sirva de inspiración, apoyo y comprensión, ¡ese es mi propósito al escribir esta parte de mi historia!

Soy Erika Cervantes, una líder *con propósito*, ¡esposa, madre de cuatro hijos y abuela de uno! ¿Sabes qué? No siempre he sido así. Hace unos cuantos años atrás, no sabía ni quién era yo, ni mucho menos a qué había venido a este mundo, ya que vivía desconectada de mí, te preguntarás:

¿Cómo es eso? ¿Cómo uno se desconecta de uno mismo?

¡Te cuento cómo lo experimenté! Yo vivía sirviendo a los demás y no es que servir sea malo, sino desde que lugar lo haces. Yo lo hacía desde la necesidad de ser reconocida, valorada, querida y de sentirme necesitada, entonces era de las que:

* le decían: me llevas aquí, me ayudas allá,
* recordaba las fechas de cumpleaños de todo el mundo,

* llamaba la noche de Navidad y Año Nuevo,
* buscaba siempre cómo quedar bien con todo el mundo, aunque eso implicara meterme en problemas, cruzar citas a la misma hora y después sentirme culpable y poco útil.

Así me fui olvidando de mí, diciéndole sí a todos, aunque eso significara dejar de hacer lo que a mí me gustaba, alejándome de mis sueños y sin saber ni a qué había venido a este mundo. Pasaron los años, unos cuantos.

¿Has escuchado la frase que dice que sin crisis no hay evolución?

¿Pues qué crees? Fue cierta para mí. En el 2006, según yo vivía el sueño americano, tenía una familia hermosa, una casa y el trabajo de mi vida, ya estaba involucrada en las redes de mercadeo (conocidas como multinivel o *networking*), la que en ese momento era el número uno en ventas (reclutamiento a personas para que ingresen a la organización). Me sentía lo máximo, estaba en las grandes ligas y daba por sentado que no me faltaba nada, ¡lo tenía todo, según yo! Familia, casa y un excelente trabajo, pero en el 2008 todo cambió (como dice la canción).

La bendita recesión llegó hasta mi negocio, así como todos los días en años anteriores, recibía llamadas telefónicas de las personas para decirme que se unían a mi negocio de multinivel (MLM). En ese momento, me llamaban para decirme: «ya no sigo haciendo el negocio». Yo no estaba preparada para enfrentar esa situación y fue cómo todo se derrumbó. Junto con el negocio yo también lo hice, imagínate de ganar $4.000 dólares mensuales a ganar $0.

Además, como si fuera poco que ya mi negocio se había ido a la ruina, mi abuelito Felipe, un ser que ocupaba un lugar muy importante en mi vida, partió (transcendió) de este mundo. Esa situación de vida fue en verdad la que más me dolió. Lo único que yo escuchaba en mi cabeza eran sus palabras:

«Te voy a esperar para hacerte tu boda»

Eso me dijo cuando me fui a despedir para venirme a Estados Unidos. Para él era muy importante que yo me casara por la iglesia y yo deseaba cumplir su deseo.

En ese momento yo no podía con esa culpa de no haber regresado a tiempo, antes de que él se fuera. Sus palabras y las experiencias de vida que tuve con él pasaban por mi mente como si fueran una película.

Recordaba los momentos en los que, junto con mis hermanos, disfrutábamos el columpio que nos hizo. Entre mis hermanos y yo, e incluso mis padres, creamos una conexión muy linda con el abuelito.

También venían a mi memoria las imágenes de cuando me llevó a Monterrey (México), para que mi madrina me hiciera mi vestido de quince años. Recuerdo que me dijo:

«tú eres la que sabe leer, así que fíjate bien lo que dice en cada parada del tren (ja, ja, ja)» y yo muerta de miedo porque si nos perdíamos iba ser mi culpa (ja, ja, ja)

La verdad es que él traía su mapa mental bien hecho y lo que me estaba enseñando en ese viaje era:

* la confianza en mí misma y
* la importancia de aprender a leer el mapa y las señales,
* que si yo ponía atención nunca me iba a perder. Eso lo practico hasta el día hoy. Leo cada anuncio cada calle por donde voy.

Me dolió tanto su partida que caí en una depresión muy grande, estuve tres meses sin pararme de la cama, sin ganas de nada. Pasaban los días y las noches llorando, me fue muy difícil afrontar esa pérdida.

¡Hasta que un grandioso día abrí mis ojos! Con una pesadez en todo mi cuerpo y mi cabeza que sentía como una gelatina, alcancé a ver a mi hijo mayor –que en ese momento tenía solo seis añitos– cómo le preparaba un sándwich a su hermanito de tres años para que tuviera algo de comer.

Al ver esa escena, en la que mi hijo tenía todos los ingredientes del sándwich en el piso, me hizo reflexionar, sentía mucho coraje conmigo misma y me dije:

¡qué diablos estás haciendo con tus hijos, párate de esa cama y ponte hacer algo, tú no viniste a este país para darles esta vida a los niños! Fueron momentos muy difíciles, *lejos de mi casa en México, sin más familia que mi esposo y mis hijos.*

En ese tiempo no solo tenía dos hijos, sino también un bebé de meses de nacido. Así empezó mi autoconocimiento.

Ante esa situación elegí pararme de esa cama, levanté a mis hijos del piso y me puse a darles de comer, cambié a mi bebé de pañal y en ese momento pensé:

¿Qué puedo hacer para ocuparme?

Recordé que sabía tejer. Fui saqué mis hilos, agujas y como una arañita me puse a tejer.

Recuerdo que un día cualquiera, en el que intentaba salir delante de esa tristeza que me inundaba, antes de salir de casa lloraba y le decía: abuelito, ayúdeme, no puedo más.

Cuando regresé a casa, había un delicioso aroma a cigarros argentinos como los que él fumaba, lloré y le agradecí que estuviera cerca de mí.

A los días, en una llamada telefónica con mi mamá le dije que me sentía un poco mal por la partida de mi abuelito (ella nunca se enteró de la triste realidad por la que yo pasaba en ese momento), me invitó a rezar el rosario (de la iglesia católica). Así lo hice entre la tejida y el rosario que hacía todos los días, alcancé a ver la luz en mi vida. Retomé mi negocio de redes de mercadeo y la vida siguió, parecía como si la tristeza había desaparecido, mis tres hermosos hijos crecieron siendo unos niños saludables, muy activos en los deportes y en múltiples actividades.

Pasó el tiempo, y después de diez años llega mi cuarto hijo. Aunque todos estábamos felices y emocionados por el nuevo integrante de la familia que nació por cesárea, fueron momentos no tan buenos.

¿Adivina qué?

¡Volvió la tristeza a mi vida!

Había días que no me quería parar de la cama, la comida no quería pasar, aunque sí tenía hambre. O, en ocasiones iba a la tienda y cuando llegaba se me quitaba el entusiasmo. Esas situaciones se repetían cada vez más.

Recuerdo que me decía:

Es por la cesárea. Son sensaciones propias del posparto, es que son muchos años de diferencia de un hijo al otro, estoy en adaptación, en fin.

Esos cambios de humor se hacían más continuos, hasta que no puede más, y le dije a mi esposo y a mis hijos:

Yo, cada vez que me siento a comer me da mucha tristeza, la comida no quiere pasar.

Mi esposo pensaba que podía ser porque la comida no me gustaba, pero esa sensación la estaba sintiendo desde hace varios días e iba acompañada *de un dolor en todo mi cuerpo que me hacía sentir pesada.*

En ese momento no permití llegar al extremo, pues ya conocía ese sentir.

Tomé la decisión de buscar ayuda y todo empezó a cambiar. Así llegué con mi primera terapeuta, Evelyn Ortega. Recuerdo que ella me dijo, en la primera entrevista: «mi misión aquí es sembrar semillas. Te voy a hacer una técnica de PNL (Programación Neurolingüística)». Aquella técnica fue mágica. Salí de la sesión con una felicidad en mi pecho que no te puedo explicar, para mí los árboles se venían más verdes, el cielo más azul, el sol brillaba más hermoso y así empezó mi transformación de conexión y evolución.

Tuve varias sesiones con ella, me sentí excelente. Empecé a experimentar una nueva vida, a saber, lo que es vivir en el presente, a usar las herramientas de PNL y así fue como me enamoré tanto de ella que tomé la decisión de invertir en mi certificación como *coach* cn PNL en la escuela virtual de Elina Rees. Ahora ayudo a otras personas con mis servicios de *coaching* privado y como *coach* acompañante de nuevos estudiantes y miembro del *Team Reseteéate®.*

A partir de aquí empezó una nueva historia, una nueva yo, una nueva mamá para mis hijos y una nueva esposa.

Tengo mucho que agradecer a mi esposo, lo haré en su momento, eso es tema de otro libro. Ahora, solo te digo que le agradezco su paciencia, su acompañamiento, su tolerancia para mis cambios de estados emocionales, del pasado.

¡Te amo, mi príncipe azul!

Desde aquel maravilloso día que me dije sí a mí amorosamente, desde ese momento me he dedicado a sanar mi historia. He realizado diferentes sesiones de *coaching*, entre ellas sanación de duelo, la que me ayudó a entender que un ser querido trasciende, pero su energía está aquí conmigo. A través de ese proceso, mi duelo por la pérdida de mi abuelito, ha sido más llevadero.

Ahora sé y siento el poder de su energía que vive en mí. Por ejemplo, el día de mi boda por la iglesia, porque sí cumplí el sueño del abuelito, recuerdo que ese día me paré en la puerta de la iglesia y le dije:

Aquí voy abuelito, acompáñeme.

Por azares del destino, mi hermano que era el que me iba a entregar, no llegó y me entregó mi primo. Para mí, él vino a representar a mi abuelito y lo sé porque me generó mucha paz. Historias como la anterior tengo muchas, de cómo siento su energía.

Otra de las terapias que he usado es sanar mi árbol genealógico, entender que algunas situaciones que se reflejan ahora en mi presente vienen de la infancia, porque así se genera la reprogramación.

Este proceso de sanación es constante, para mí el crecimiento personal es como cuando vas al gimnasio y quieres ejercitar un músculo. Para ver los resultados requieres hacerlo todos los días, así tal cual el crecimiento personal es una tarea diaria.

Las situaciones de vida siempre estarán presentes, por eso hoy que estoy escribiendo estas líneas, que para mí ha sido un ejercicio terapéutico al igual que mi certificación en PNL donde cincuenta y cuatro técnicas pasaron por mí.

Durante este proceso de sanación, dejé de escuchar a mis piratas de sueños, esos que me decían:
* *tú no puedes,*
* *no estudiaste,*
* *no tienes un título universitario,* porque solo cursé hasta el sexto de primaria.

Dejé de compararme con los demás,
* aprendí a reconocer mis dones y talentos;
* a trabajar con mis habilidades,

* a descubrir mi auto concepto,
* a hacer lo que me gusta.

Sé que soy buena en lo que hago y contribuyo con algo que el mundo necesita y además gano dinero, a eso es lo que yo llamo **mi liderazgo con propósito**.

Ahora sigo trabajando en mí, sanando y viviendo en propósito, diciéndome s**í** a mí, conectando con mi misión de vida y lo más importante, conmigo misma.

Ahora **yo soy mi compromiso propio**, con esto te digo que sea lo que sea que estás viviendo en este momento busca ayuda, todo tiene una solución, hay muchas personas profesionales que están esperando por tu llamado.

Con mucho gusto te comparto estas herramientas. Si estás viviendo una situación parecida a la mía, te digo que:

1. Ten **fe y confía en Dios, todo tiene una fecha de expiración:** vive tu proceso y aprende que cada situación de vida te dejará un aprendizaje. Recuerda que al reconocer y aceptar lo que estás viviendo, te estás diciendo sí a ti amorosamente.

   Aprende a dejar de escuchar lo que dicen los demás de ti, como, por ejemplo: «lo que necesitas es ponerte a trabajar», salir a fiestas y divertirte. Las emociones se aceptan y se viven para que sanen y si lo requieres, busca ayuda.

2. *Tú decides con qué actitud vives tu historia de vida:* desde la víctima o desde la responsabilidad de tus emociones. Sí, es así tal cual: *tú decides vivir en modo*

víctima desde «la pobrecita yo» o eliges aprender y convertirte en una líder de inspiración.

3. Tal vez esta no te guste mucho porque te estoy invitando a **agradecer lo bueno y lo no tan bueno que estás viviendo:** ¿Qué cómo lo vas a agradecer? ¡Muy buena pregunta!, yo lo hago así, escribiendo. Tengo un cuaderno donde cada día, antes de irme a dormir, agradezco eso no tan bueno que me pasó en el día. Con eso aprendí a practicar en mi vida diaria ya sea la tolerancia, la empatía, el amor al prójimo o a darme mi lugar, poniendo límites sanos y diciéndome sí a mí. También agradezco lo bueno, porque eso me enseña que voy por el buen camino y que cada vez estoy más cerca de lograr uno de mis más grandes sueños.

Agradezco lo que tengo y lo que aún no tengo, sé que está para mí y que algún día llegará. Te invito a agradecer y sobre todo a hacer consciente que gracias a tu historia de vida eres la persona fuerte, valiente y dueña de tus emociones. Una vez más te recuerdo: **busca ayuda y crea el mejor equipo de tu vida que es contigo mismo.**

Mi frase

Que me recuerda aprender a decir no para **Decirme Sí a mí:**

¡Me tengo a mí y soy suficiente!¡En mis decisiones diarias está mi grandeza!

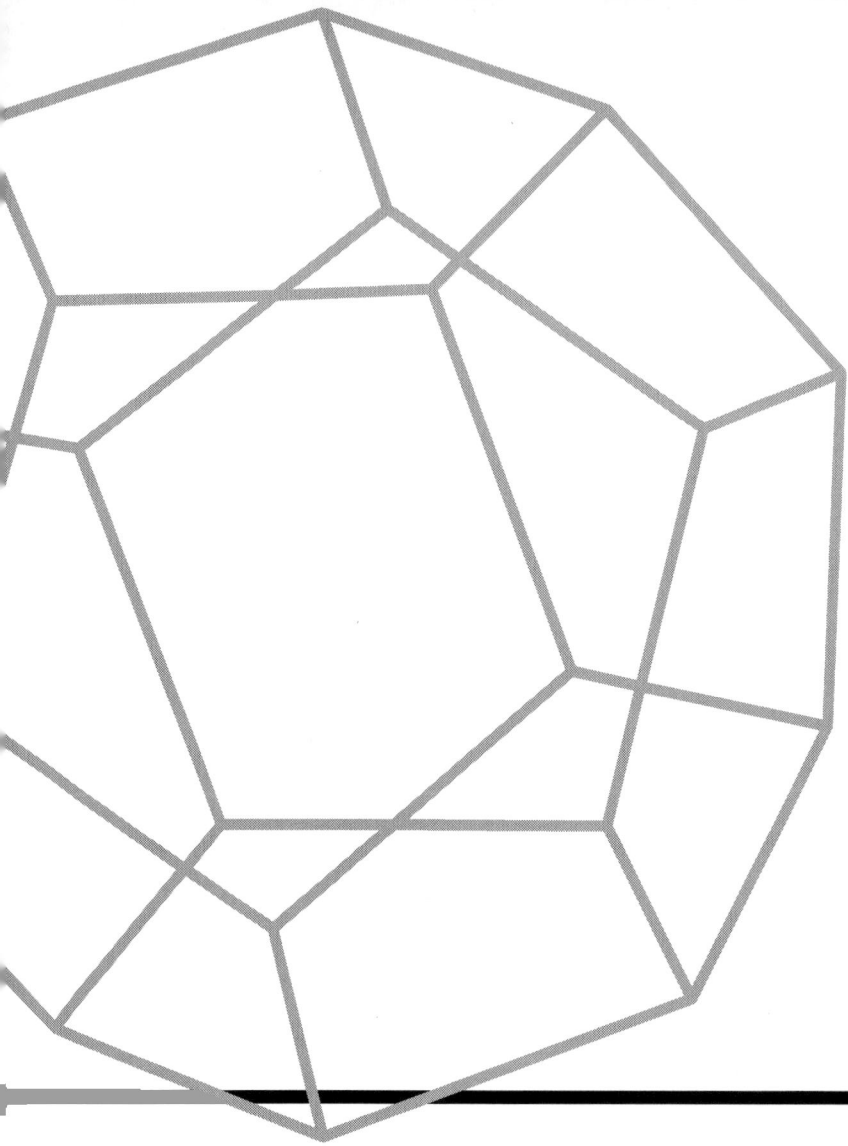

RUBEN
GARCÍA
AMEZQUITA

🄾 @rubengarcia9534

Se dedica a la construcción civil a través de su propia empresa con la que hace carreteras, puentes, excavación y utilidades.

A lo largo de sus treinta años de experiencia en estas labores, ha podido combinar sus habilidades para aportar a la comunidad en Texas, siempre buscando el bien común.

Su mayor pasión es poder mejorar la vialidad y el urbanismo de esta manera, genera empleos para miles de familias.

Ha forjado su carrera basada en el esfuerzo constante y disciplinado y, sobre todo, una profunda fe, lo que le ha permitido destacarse entre los miles de inmigrantes que han llegado a Estados Unidos en búsqueda de sus sueños.

Su experiencia la ha obtenido directamente en el campo de trabajo, más allá de un aula universitaria pues considera que se puede estudiar mucho pero el verdadero conocimiento es el que se obtiene en la práctica.

Si bien se trata de una ocupación con altos niveles de estrés, Rubén eligió sumar el estudio de herramientas de crecimiento personal que le han permitido destacarse en las diferentes facetas de su vida y continuar expandiendo su compañía.

Lo que la disciplina me entregó

Tengo cuarenta y siete años, nací en un pequeño pueblo de México, en el seno de una familia numerosa de doce hermanos, siendo yo el mediano. Mi madre, Rosa García Barrón, y mi padre, Ruben Amezquita, fueron unos padres luchadores residentes en los Estados Unidos (ya jubilados) y con un gran corazón que nos llevó a ser personas de bien.

Nos enseñaron el respeto hacia los demás y esto lo he aplicado yo con mis hijas, especialmente las tres más grandes.

Mi llegada a Estados Unidos, cruzando el Río Bravo en Laredo, Texas, fue un momento crucial en mi vida, donde la determinación y el coraje marcaron mi camino desde temprana edad.

Tras sobrevivir en el desierto durante quince días, a los ocho años de edad y totalmente solo, me tocó enfrentar el hambre, la sed y la enfermedad, pero demostré mi valentía enfrentándome al frío, aplicando habilidades aprendidas de mi padre, quien me enseñó desde niño a sobrevivir en el campo.

Estas experiencias forjaron en mí una fortaleza y determinación que me acompañarían a lo largo de mi vida, especialmente en mi incursión en el mundo laboral a una edad temprana.

Allí empecé la escuela y años después la tuve que dejar porque no tenía otra opción. Sin embargo, siempre he sido muy agradecido de todas y cada una de las experiencias que he vivido. Soy muy afortunado de ser quien soy. Tener salud y vida es lo más importante.

Desde mis primeros trabajos como jardinero, pintor y carpintero, a los quince años, demostré mi capacidad para adaptarme y crecer en diferentes áreas laborales. Mi dedicación y esfuerzo me llevaron a consolidarme en la industria de la construcción civil, donde he trabajado con éxito hasta el día de hoy.

Los primeros cinco años en mi primer empleo en la construcción civil los trabajé como capataz. Después, en mi segundo empleo, escalé como superintendente; allí duré tres años. Después, en una tercera compañía, me promovieron a general superintendente, donde me desempeñé por diecisiete años.

Mi matrimonio y la crianza de mis tres hijas: Jasmine, Nicole y Briana son testimonio de mi compromiso con mi familia y mi determinación para brindarles un futuro mejor.

La fundación de mi propia empresa de construcción en 2017, junto a mi esposa Giezi, mi hermano Santiago y mis hijas Jasmine y Nicole, marcó un antes y un después en mi carrera empresarial.

Con esta compañía alcanzamos cifras impresionantes de $150 millones en ingresos en el séptimo año de operaciones. A pesar de los desafíos iniciales y la falta de recursos, trabajamos incansablemente para hacer crecer el negocio.

Al inicio fue muy difícil para mí porque no tenía el dinero suficiente para pagar los materiales y los empleados. Me sentía preocupado y estresado por no poder hacer el trabajo. La falta de dinero para salir adelante era algo que sentía en el estómago de una forma tan intensa que lo que viví en el desierto no se compara con esto. Tenía que trabajar veinte horas al día.

Te voy a contar algo gracioso que, si ves a mi esposa el día de hoy, tan elegante y glamorosa, no lo creerías. Íbamos a trabajar al campo, abríamos unos huecos para insertar unas estacas. Un día había mucho barro, porque había llovido, estaba húmedo y resbaladizo, con sus botas se iba enterrando y se llenó toda de lodo. Esa fue una muestra de cómo siempre me acompañó desde el momento uno de nuestra empresa.

Fueron tiempos muy difíciles pero todo esfuerzo tiene su recompensa. El hecho de no tener una niñez con abundancia monetaria me llevó a desarrollar disciplina y es por ello por lo que la considero hoy la clave de mi éxito.

Tú puedes tener ganas, pero eso se termina en corto tiempo. Ahora bien, si eres disciplinado, esto marca la diferencia. Justo así se lo he sembrado a mis hijas y ellas también usan esta herramienta muy poderosa y son muy exitosas en lo que hacen, ¡estoy muy orgulloso de ellas! Sé que cuando yo no esté, ellas harán lo posible para sacar esto adelante porque han estado desde el primer momento y también han sufrido.

Mi recomendación para todos los padres es que les den amor a sus hijos, pero no les den todo lo que pidan, es decir, es bueno tenerles compasión, pero es malo no dejarlos esforzarse por el logro de sus metas. Ellos tienen que saber defenderse porque estamos ahora en un mundo en el que, si no te lo propones, nunca llegará solo.

Dios aprieta, pero no ahorca

Gracias a mis treinta años de experiencia, puede construir mi propio imperio en siete años, cuando decidí dejar de trabajar en el sueño de otro para edificar el mío.

Anteriormente ya yo había ayudado a crear otras empresas de construcción exitosas. Con mi empresa, yo sabía que iba a llegar ahí, pero no sabía en cuánto tiempo. Para ese momento, solo contaba con $25.000 (que ni siquiera eran nuestros porque eran prestados).

En el 2020 Dios nos bendijo con nuestras gemelas Dayne y Daphne, quienes, pese a que llegaron en un momento de mucha dificultad en el negocio, nos demostraron que siempre hay una luz en medio de lo complicado.

También en ese tiempo fue cuando tuvimos la pandemia del COVID, fue algo muy duro para nosotros entre atender a las dos gemelas y al mismo tiempo nuestro otro bebé, que era nuestro negocio. Pasamos días y noches sin dormir, fue muy retador. Pero, si no hubiera tenido tres herramientas en mi vida no lo hubiese logrado:

1. Disciplina
2. Fe en Dios y en mí mismo
3. Decisión.

Esos años fueron los más difíciles de mi vida porque fue una combinación de estrés, felicidad y tener ese miedo de no poder alcanzar lo que yo quería, pero en todo este tiempo fui aprendiendo que el miedo no se lleva con el éxito.

Yo, Ruben, como empresario y persona que he manejado más de trescientos empleados, he escuchado todos los tipos de excusas que el ser humano se dice para no cumplir sus sueños. Por ejemplo: si quieres desarrollar unas piernas musculosas tienes que comer adecuadamente, levantarte temprano para hacer los ejercicios necesarios y tener disciplina. Pero he escuchado frecuentemente que la gente dice «no podré tener las piernas que quiero porque mi genética no es esa» y hasta ahí lo dejan.

El ser humano fue creado para tomar decisiones, tú eres el reflejo de lo que quieres hacer. Si dices que sí, creas positividad. Si dices no, creas negatividad.

Llega el duelo

La pérdida de mi padre, en el 2021, fue un momento de profunda reflexión para mí. Yo no estaba preparado para eso. En ese tiempo lo había traído a los Estados Unidos para hacerle una cirugía de rodillas. En medio de todo, Dios sabe lo que hace, pues antes de que él muriera yo ya le había enseñado uno de mis sueños: construir la sede de mi empresa. Cuando le mostré el terreno y los planos en donde yo mismo iba a construir mis propias oficinas, él me dijo: «hijo, no sé cuándo vas a hacer esto». Eso me duele mucho porque yo hubiese querido que él hubiera estado aquí para que viera el resultado de un sueño que yo tenía desde temprana edad.

El hecho de tener nuestra propia sede significó mucho en mi carrera empresarial ya que refleja mi determinación y dedicación para seguir adelante, incluso, en medio de la adversidad.

En 2023 tuve una depresión causada por exceso de trabajo. A veces te dedicas tanto a lo laboral, que no tienes tiempo para ti. Cuando te das cuenta de que lo hiciste por tus seres queridos, hijos, padres, esposa, pero caes en cuenta de que no te priorizaste, eso te termina afectando y tomas consciencia de que las cosas no son como parecen.

Esto me llevó a buscar ayuda y a participar en un programa de desarrollo personal en donde aprendí a valorarme a mí mismo y a tomar decisiones con mayor claridad y confianza. El proceso no fue fácil porque, cuando vienes de una depresión, te cuesta trabajo creer en ti ya que observas que hiciste crecer a los demás, pero nunca hiciste lo mismo por ti y eso fue algo que me costó mucho trabajo aprender, pero también fue algo maravilloso que ahora me ayuda para tomar decisiones y ayudar a mis empleados, así como para comunicarme con la gente con la que hago negocios.

Por medio de un doctor amigo en común conocí a Elina Rees y entré a su programa de formación en PNL Resetéate®. Las primeras clases con Elina y el grupo fue algo que yo nunca había vivido en mi vida. Me enseñaron a mirar la vida de otra manera.

Recuerdo que Elina me dijo: «esto es para ti, para toda la vida». Los primeros días, incluso hasta cuando terminé mi certificación en PLN, no lo entendía porque no me había tocado manejarlo con otras personas. Ahora que pasó el tiempo, cuando lo uso con las demás personas recuerdo aquellas palabras de Elina.

Fue una experiencia maravillosa en mi vida. Con todos los alumnos aprendí a cómo manejarme conmigo mismo, cómo ayudar a los demás, cómo valorarme.

Todos, en un tiempo de nuestras vidas, necesitamos resetearnos porque la vida es una y necesitamos valorarnos como persona.

Ahora soy un empresario con mucho éxito. Me amo a mí, a mis hijas y a mi esposa que son mi familia, sin ellas no hubiese podido llegar aquí. La familia es parte de la abundancia ya que las cosas son más fáciles cuando hay apoyo y más viniendo de tu pareja. Tu pareja tiene que ser tu apoyo, no tu estrés.

¡Pero, lo más importante no se me ha olvidado!

El éxito es un arma de doble filo: te empuja como ser humano para vivir en propósito y ayudar a otros o te pierdes de ti mismo y entras en un mundo materialista. Puede ayudar o te puede afectar, tienes que tener presente de dónde vienes. Podemos cambiar de ropa y de joyas, pero tu mente y tu corazón no deben cambiar.

Resetearme fue algo que cambió mi vida de una forma maravillosa. Al principio yo no sabía ni qué decir ni cómo expresarme, pero tenía la certeza de que algo en esa clase me iba a ayudar a salir adelante. Me sentía encerrado en ese mundo de desesperación, yo quería salir de allí. Gracias a todo el grupo que estuvo conmigo apoyándome en mis clases me gradué de PLN y ahora puedo tomar mis propias decisiones. Puedo **decir No,** pero a **decir Sí** a mí mismo.

Lo mejor que podemos hacer en la vida es respetar a los demás y respetarnos a nosotros mismos. Como mexicano, ahora con pasaporte estadounidense, me siento muy orgulloso y quiero que todos los que lean este libro se identifiquen conmigo al decir que sí se puede. Somos mayoría y merecemos estar en buenas manos.

La parte más difícil fue aprender a decirme Sí para decir no a los demás, porque para mí decir sí a los demás era lo más fácil y no es así. Tenía que estar seguro de que decir no era darme ese Sí, porque era la manera de estar en paz.

Este país es maravilloso y nos da muchas oportunidades, pero esas no llegan solas. La clave del éxito se llama disciplina porque tú puedes tener muchas ganas de salir adelante y lo puedes hacer por un tiempo, pero si no tienes disciplina no lo vas a hacer sostenible.

La historia que has leído acá, desde que nací de unos padres maravillosos, crucé la frontera solo a los ocho años hacia Estados Unidos, trabajé para empresas de construcción exitosas hasta construir la mía, no ha sido producto de la suerte, sino de la disciplina y el deseo constante de ayudar a los demás.

Hoy en día me desempeño como mentor de otros constructores latinos que se están iniciando en este camino para guiarlos en sus pasos hacia el éxito.

¡Soy una persona muy exitosa y bendecida!

Me gustaría que, cuando leas este libro te muevas a la acción y entiendas que todo lo que pensamos lo podemos lograr.

Mi historia es un testimonio de perseverancia, sacrificio y éxito. Mi trayectoria, desde mi humilde comienzo en un pueblo mexicano y con mucha pobreza hasta convertirme en un empresario exitoso en Estados Unidos, es un ejemplo inspirador de cómo la determinación y el trabajo arduo pueden abrir puertas a nuevas oportunidades.

Mi legado es un recordatorio de que, a pesar de los desafíos y obstáculos en el camino, el esfuerzo y la dedicación pueden llevarnos a alcanzar nuestras metas y cumplir nuestros sueños. Ahora tengo otros planes en mi vida como empresario, quiero hacer otros negocios. Más tarde te los presentaré, tal vez en el segundo libro.

Te reitero mis tres herramientas:
1. **Disciplina**
2. **Fe en Dios y en mí mismo**
3. **Decisión**

Mi frase

Me pueden quitar todo, pero nunca voy a negociar mi paz.

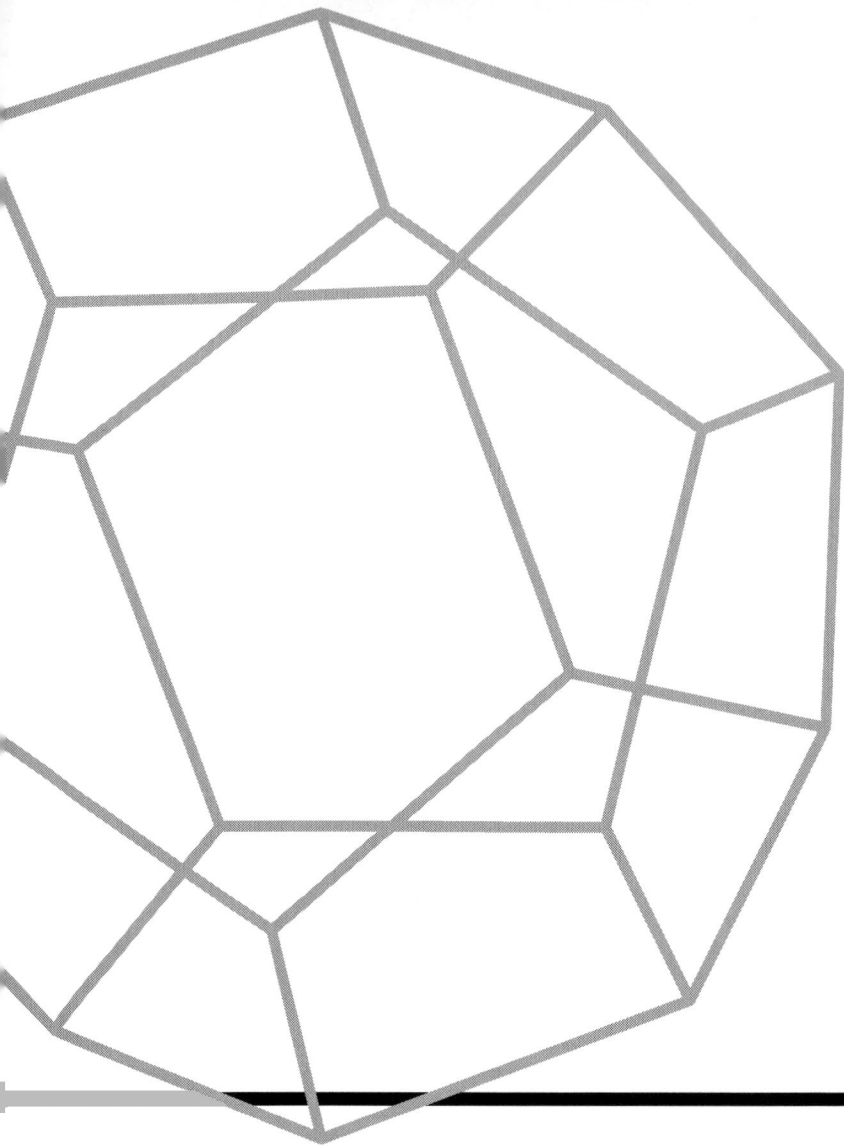

ESMERALDA
VILLARREAL

🌐 www.academiamericanadereiki.com
✉ academiaamericanadereiki@gmail.com
📷 @academiadereikihouston
f Esmeralda Villarreal
f Academia Americana de Reiki
♪ @academiadereikihouston

Reconocida *coach* espiritual, maestra de Reiki y sanadora energética. Con dieciséis años de experiencia, combina sus habilidades para ofrecer una guía compasiva y eficaz, enfocada en el empoderamiento personal y la sanación holística. Su misión es ayudar a sus clientes a conectar con su verdadero ser y alcanzar un estado de armonía y bienestar.

A lo largo de su trayectoria, Esmeralda ha guiado a cientos de personas en su camino hacia la autocomprensión y la plenitud. Ofrece talleres, círculos de apoyo y certificaciones diseñados para sanar el pasado, equilibrar el presente y construir un futuro exitoso. En sus programas los participantes aprenden a vivir en armonía consigo mismos y con su entorno.

Esmeralda cuenta con cuatro maestrías de Reiki. Como directora de la Academia Americana de Reiki, ha desarrollado una plataforma de aprendizaje y sanación ampliamente reconocida. Posee una licencia como *Life Coach* otorgada por la ICC, es practicante de PNL, facilitadora de *Access Bars Counsiousness* y tiene diplomas en hipnosis, inteligencia emocional y psicología positiva.

Su enfoque integral, su dedicación a la formación y el empoderamiento, la convierten en una figura inspiradora y un referente en el campo del desarrollo personal y espiritual.

Fantasmas mentales

Los fantasmas mentales son las sombras del pasado que nos impiden avanzar hacia un futuro brillante.

Hoy me atrevo a abrir mi corazón y te invito a adentrarte en lo más profundo de mi ser. Únete a mí en este viaje en el tiempo, con el propósito de seguir sanando y agradecer el regalo más valioso que se nos ha dado: la vida y la oportunidad de evolucionar.

Te saluda Esmeralda Villarreal, una mujer alegre y resiliente gracias a los desafíos que la vida me ha regalado. A los pocos meses de nacer fui entregada a mis abuelos, dos seres maravillosos que me recibieron con amor y llenaron mi vida de bellos recuerdos. Estuvieron a mi lado desde que era bebé hasta que cumplí catorce *años. A pesar de amarme y cuidarme, no pudieron evitar que creciera en un entorno complicado.*

Mi niñez estuvo llena de tensiones, abusos y conflictos. Aprendí a ser tímida, a callar y a obedecer, por temor a recibir agresiones. Recuerdo que, cuando tenía siete *años, lloraba en silencio por las noches para que nadie me escuchara, suplicando a Dios con todo mi corazón y la inocencia de una niña pequeña, que nunca se llevara a mis abuelos. Me angustiaba pensar quién me cuidaría si ellos no estaban.*

Ahora que recuerdo a esa nena, que aún vive en mi interior mientras escribo esta historia, debo confesar que la admiro y agradezco infinitamente su valentía. Fui una niña que aprendió a tener miedo; te confieso que, en algunos momentos, aun aparece en mi mente esa parte miedosa intentando apoderarse del mando y cambiar mi rumbo. Pero, a diferencia de aquella época, ahora tengo la experiencia, el conocimiento y las herramientas para descodificar ese miedo.

Llegué a sentir tanto miedo que no podía dormir sola. De hecho, dormí en la cama con mis abuelos hasta los once *años y siempre con una lampara encendida. He tenido que sanar diversas heridas emocionales, pero quiero compartirte una en particular, que dejó* una huella profunda en mi vida y se convirtió en un fantasma mental.

Durante mi infancia hubo una persona cercana a mí que me acosaba con frecuencia. Me agredía físicamente y me hacia *bullying*, diciéndome frases como: «Eres inútil», «no sirves para nada», «nadie te quiere», «vas a terminar en la calle», «te iban a tirar en la basura y te recogimos». Todas estas palabras venían acompañadas de golpes. Ahora entiendo que aquellos golpes anclaron esa información en mi inconsciente y en mi cuerpo.

El abuso que viví desde, aproximadamente, los cuatro hasta los catorce años, dejó una marca profunda en mí. Mi mente quedó programada con un diálogo interno negativo. Escapé de ese entorno en busca de un lugar mejor, y en ese momento, sin ser consciente, fue la primera vez que me atreví a **decir No para decirme Sí a mí.**

Sin embargo, para entonces ya había desarrollado baja autoestima, falta de confianza en mí misma y problemas emocionales como depresión, miedo, culpa y vergüenza. Carecía de la capacidad para establecer y mantener relaciones saludables, me costaba confiar en los demás. Veía el mundo como un lugar amenazante, constantemente me sentía inadecuada, insegura y llena de resentimiento.

Emigrar a un país distinto a los quince *años, impidió que continuara con mis estudios. Esto fortaleció mi diálogo interno negativo, ya que no tener un título universitario me hacía sentir inferior, avergonzada e insegura cuando me comparaba con otras personas. Pasaron ocho años, muchos meses, semanas, noches y días viviendo en soledad y angustia.*

Me convertí en una mujer adulta y madre. Fue en esta etapa cuando me armé de valor y busqué ayuda psicológica. La negatividad, el trauma y el dolor emocional provocaron que mi vida se volviera insoportable. Mi deseo era sanar para ser una buena madre, pero no sabía lo que ocurriría tiempo después.

Recibí terapia psicológica por varios años. Sin duda me ayudó, pero no lograba sanar las heridas profundas de mi alma. Mis emociones parecían una montaña rusa: algunos días eran buenos, pero otros me hacían sentir por el suelo. Peleaba constantemente, vivía enojada y llena de resentimiento, rechazando mi historia de vida y con un vacío muy profundo en mi corazón.

Observaba las relaciones perfectas de otras personas, los abrazos de sus padres, el apoyo entre hermanos y anhelaba tener una vida así. Ahora sé que no existe la familia perfecta; todos los seres humanos enfrentamos desafíos y tenemos algo que sanar y mejorar. Emocionalmente en aquella época de mi vida, yo era un desastre. Aun así, tenía que criar a mis hijos pequeños. Intentaba hacer lo mejor que podía con lo poco que sabía, pero cometí errores.

Me convertí en una madre sobreprotectora, sentía culpa cuando mis hijos se enfermaban, cuando la casa estaba desordenada o cuando no me alcanzaba el tiempo para preparar la comida. La relación con mi esposo, obviamente, se vio afectada. ¿Quién puede vivir con una persona así? Él tenía la responsabilidad de sostener económicamente a la familia, lo cual ya era estresante, además de afrontar sus dolores emocionales y, de paso, lidiar con los míos.

Dejamos de salir en pareja. El solo hecho de pensar dejar a mis hijos al cuidado de alguien más, me causaba pánico, debido a las experiencias traumáticas que viví en mi niñez. El estrés de esa etapa de mi vida, junto con la presión de cumplir a la perfección con lo que yo creía que significaba ser una buena madre, me provocó ataques de pánico y llamadas al 911. Te juro que sentí que me estaba muriendo.

Un día, repleto de estrés, fatiga y frustración, recién había dado a luz a mi tercer bebé, mi hijo mayor, Brandon, jugaba con su hermano en el suelo de la sala; ambos eran pequeños, de siete y cuatro años respectivamente. Sin embargo, aún no tenían la madurez para comprender que su mamá estaba cansada cuidando a un recién nacido.

Les pedí que dejaran de gritar tanto. De pronto, comenzaron a pelear y el más pequeño terminó llorando. Ese día perdí el control, dejé que mi frustración saliera y le grité a Brandon. Lo más impactante para mí fue sentir que usé la misma actitud de aquella persona que te mencioné. Me di cuenta de que huir no fue suficiente, porque él se vino conmigo.

Aquí hago un paréntesis para pedirte que reflexiones, tal como lo hice yo en aquel momento. Sé honesta y contesta a estas preguntas:

¿Quién es ese fantasma mental que llevas en tu mente? ¿Te trata con amabilidad y amor, o es agresivo y cruel?

Continúo con la historia. Recuerdo que salí de la casa, me senté en las escaleras y lloré como nunca lo había hecho.

Me sentí culpable, avergonzada y me di cuenta de que me había convertido en el verdugo de mis hijos.

En ese momento mi mente se abrió y me permitió acceder a los recuerdos guardados en mi memoria.

Pude ver, como en una película, los momentos de mi vida donde me juzgaba cada vez que me equivocaba, cada vez que hacía algo mal, cuando se me caían las cosas de la mano, me decía las mismas palabras que él me decía: «No sirves para nada», «eres una inútil», «*nadie te quiere*», «nunca vas a lograr nada en la vida». Aquel día se me apareció frente a frente el fantasma que vivía en mi mente, pero también marcó el inicio de una decisión que cambió mi vida.

Después de llorar y reflexionar sobre lo sucedido, llamé a mi hijo, me incliné a su altura y le pedí perdón mirándolo a los ojos. Le prometí que aprendería a ser una mejor mamá y ese día decidí que encontraría la manera de sanar.

Cuando Elina me invitó a participar en este libro titulado *Aprende a Decir No para Decirte Sí a ti*, me pregunté: ¿cuál es el mayor no que he dicho en mi vida?

Definitivamente el No más grande fue a ese fantasma mental que seguía asechándome.

Reprogramar el inconsciente no es fácil, tampoco es rápido, se requiere mucha fuerza de voluntad y constancia para lograrlo, pero sí es posible.

Aquel día volví a hablar con Dios. Le pedí ayuda y guía para sanar. Como respuesta divina, al menos así lo sentí en ese momento, llegó el Reiki. Fue mi tabla de salvación, la que me ayudó a navegar en medio de la tormenta emocional, a sanar mis traumas, a cambiar mis hábitos tóxicos, a mejorar la relación conmigo misma y con los demás.

Practicaba todos los días las meditaciones y técnicas que había aprendido. Con el paso del tiempo, me fui sintiendo mejor y recuperé mi vida. Aprendí a identificar y conocer esa voz negativa, a pararla y decirle **«no más»**. Comprendí que aquella persona también estaba emocionalmente enferma y, con esa comprensión, poco a poco, llegó el perdón.

Al liberarme del resentimiento y el rencor, experimenté una sensación de alivio y paz emocional.

Acepté mi historia y comencé a entrenar mi mente para encontrar lo positivo y lo bueno en mí. Esto requiere de un compromiso verdadero y de ayuda profesional para lograrlo. Fui honesta conmigo misma y asumí la responsabilidad como mujer adulta de hacerme cargo de mi sanación.

El pasado no se puede cambiar, pero sí podemos la interpretación que le damos. En lugar de centrarme en lo negativo, ahora me enfoco en las oportunidades de crecimiento y en cómo las experiencias que viví en mi infancia me han ayudado a convertirme en la mujer que soy.

En los momentos más difíciles siempre hay destellos de luz y oportunidades para crecer. Al adoptar una actitud de gratitud y enfocarme en lo positivo, he logrado transformar mi perspectiva y encontrar bendiciones en mi vida.

Cada experiencia trae consigo nuevas posibilidades y la oportunidad de enriquecer nuestra vida, enseñándonos a valorar lo que tenemos y a enfrentar el futuro con esperanza y optimismo.

Hoy agradezco y bendigo cada momento que he vivido. No cambio mi historia por la de nadie más, porque ella influye en la mujer que soy, y, ¿sabes qué? ¡Amo, respeto y admiro a esa mujer!

Actualmente, acompaño el proceso de recuperación de otras personas desde mi propia experiencia de sanación. Hace tiempo, cuando aún estaba enojada con la vida, hice un berrinche espiritual y le pregunté a Dios: ¿Por qué a mí? ¿Porque tanto dolor?

Escuché una dulce y amorosa voz en mi interior que me dijo:

«Fuiste preparada con todo lo necesario para poder entender el dolor de otras personas. Esa preparación te permite actuar desde el corazón, con respeto, empatía, compromiso y amor».

¡Quizás pienses que fui yo misma quien se contestó y tal vez tengas razón! Yo prefiero creer que esa voz viene de algo mucho más grande, bondadoso y amoroso. Creo que existe un plan divino para todo lo que nos pasa, esto me ayuda a darle sentido a mi historia de vida. Llamo a esa voz, mi guía espiritual. Quiero creer que, gracias a todo lo que he vivido, tengo la capacidad de comprender cada dolor y conectar de corazón a corazón con las personas que acompaño.

Trabajo especialmente con las mujeres porque somos nosotras las que preparamos a las nuevas generaciones.

Elegí que mi propósito de vida sería sembrar una semilla para una humanidad más sana, más libre y feliz.

Sé que cuando una mujer se sana, lo hace toda una familia. Y una familia sana influye en su comunidad de manera positiva. Las comunidades sanas mejoran las ciudades y estas los estados, los países, los continentes y, eventualmente el mundo entero. Pero todo empieza en casa, dentro de ti.

Hace poco tuve la oportunidad de hablar con aquella persona de mi pasado, fue una conversación muy emotiva, sanadora y sincera. Él ha cambiado, reconoció que me hizo daño no solo a mí, sino a todos los que estaban a su alrededor. Estoy agradecida con él porque ahora lo veo como un gran maestro de vida, que me enseñó a desarrollar un espíritu resiliente.

Lo más impactante de la charla fue darme cuenta de que él recordaba muy poco de aquella época, me dijo: «hija, hay muchas cosas que no me acuerdo, yo estaba muy mal en ese tiempo». Al terminar la conversación, me quedé pensando en la cantidad de lágrimas y resentimiento que cargué durante años, recordando esa relación abusiva. Y en este caso, la otra persona ni siquiera lo recordaba con claridad.

Es verdad que él estaba mal, luchaba con una fuerte adicción que lo llevó a perderlo todo y quedarse solo. Dios le ha dado una nueva oportunidad para vivir, y agradezco que hora puedo relacionarme con él de manera sana, amorosa y respetuosa.

La mayoría de los adultos que buscan terapia para sanar fueron niños que vivieron algún tipo de abuso. Si este es tu caso, permíteme dedicarte estas palabras. Es normal sentirte enojado, triste o confundido después de una experiencia difícil, pero quiero que sepas que no tienes la culpa de lo que ha sucedido. Eres una persona valiosa y mereces amor, respeto y seguridad. Estoy aquí para ayudarte y apoyarte en todo lo que necesites.

Te comparto tres herramientas que me ayudaron a sanar:
1. **Reiki:** es una técnica japonesa que utiliza la energía vital y universal para promover el bienestar y la sanación. Sus bases son: la meditación, la visualización positiva, la respiración consciente, la postura y conexión corporal, y el sonido. Practicar diariamente los ejercicios de esta hermosa metodología no solo me salvó la vida, sino que también me ayudó a encontrar mi propósito y mi camino. Me permitió comprenderme, conocerme

y sanarme. Por este motivo, decidí crear la academia americana de reiki y compartir con el mundo una de las mejores herramientas que he conocido.

2. **Fui honesta conmigo misma:** uno de mis valores no negociables es la honestidad, pero reconozco que me fallé durante muchos años. Era honesta y transparente con los demás, pero no conmigo misma. Hasta que un día entendí que la persona más importante en mi vida soy yo. No sé si mis hijos, esposo, hermanos, familiares o amigos estarán conmigo el día de mi muerte, pero sé que por seguro yo sí voy a estar ahí ese día. Por eso, decidí tener una relación amorosa y sana con la mujer que soy.

   Ser honesto es fundamental para vivir una vida auténtica y significativa. La honestidad nos permite evaluar nuestras acciones, pensamientos y sentimientos de manera objetiva. Observar tu mundo interno con transparencia es esencial para tu bienestar emocional y crecimiento personal. Recuerda que la relación y el compromiso más importante que tienes en esta vida es contigo misma.

3. **Reconocer y aceptar mi realidad:** viví una infancia difícil y dolorosa. Eso no lo puedo cambiar; es una realidad. Cada persona tiene una historia única, llena de experiencias, alegrías, desafíos y aprendizajes que nos han moldeado hasta ahora. Aceptar nuestra realidad significa entender que, aunque no siempre tengamos control sobre las circunstancias externas, sí tenemos el poder de elegir cómo respondemos ante ellas. También implica abrazar nuestras imperfecciones y limitaciones. Todos tenemos áreas en las que podemos mejorar, así como aspectos de nosotros mismos que

podríamos desear cambiar. Al aceptar y reconocer tu historia, puedes trabajar hacia el crecimiento personal de una manera más compasiva y realista.

Mi frase

Después de años de lucha interna comprendí que cada experiencia vivida tenía un propósito. Todas esas batallas, tanto grandes como pequeñas, moldearon mi vida, mi carácter y mi perspectiva del mundo. Ahora, cada vez que atravieso por un momento difícil, o como yo lo llamo, una oportunidad de crecimiento y aprendizaje, hay una frase que me acompaña y me ayuda a recuperar mi equilibrio. Aquí te la comparto con mucho amor:

Tu paz interior depende de la interpretación que le das a tu historia de vida

Recuerda que la vida está llena de desafíos y momentos difíciles, pero tienes el poder de decidir cómo recordarlos y qué significado darles. Transforma tu historia, envuélvela en luz y compártela con amor.

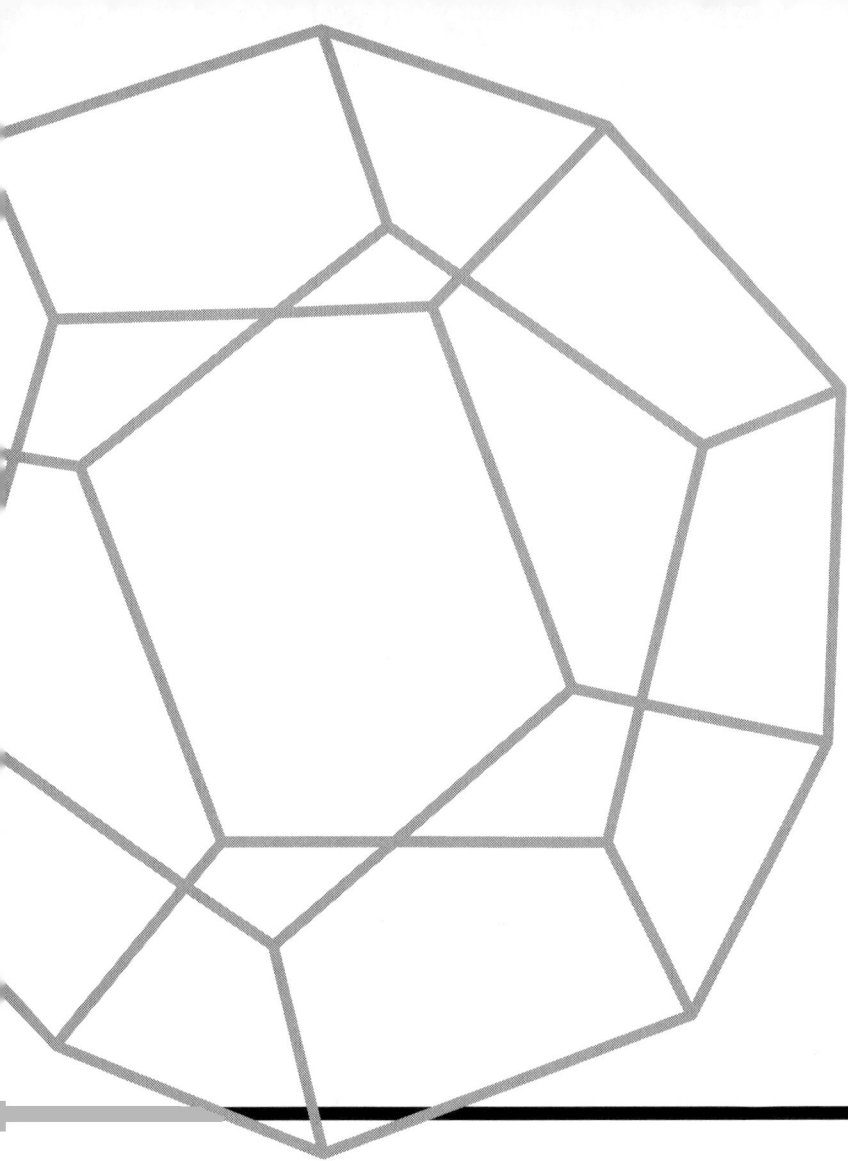

GABY
ALARCÓN

En la histórica ciudad de Quito, Ecuador, nació Gaby Alarcón. Mujer en constante evolución, que, desde joven, se destacó en el ámbito académico, obteniendo un título de Ingeniera Financiera y una maestría en Proyectos de Desarrollo. Sus primeros pasos profesionales la llevaron a ocupar varios cargos de dirección en el sector público, donde se enfocó en el área social, al tener la posibilidad incidir en la garantía de derechos.

Sin embargo, algo dentro de Gaby susurraba una verdad más profunda. ¿Qué pasaría si siguiera su verdadera pasión? Fue durante la pandemia del COVID-19 cuando decidió escuchar esa voz interior. Dos años después, se había reinventado completamente, abrazando la salud y el bienestar integral con un enfoque holístico y bioindividual.

Gaby no solo encontró su camino, sino que se embarcó en diferentes proyectos como el convertirse en coautora del libro *Elígete a ti: 75 herramientas para priorizarte*, donde revela cómo su desconexión la llevó a la autodestrucción en la forma de la bulimia.

Como *health coach* del Institute for Integrative Nutrition- IIN y *coach* en Nutrición Moderna de la Universidad de la Florida, Gaby se sumergió en el mundo de la nutrición y el bienestar. También se convirtió en PNL Practitioner de la Escuela Elina Rees. Este viaje de autodescubrimiento la llevó a obtener una certificación en Flowback, enriqueciendo aún más su capacidad para guiar a otros.

Además, Gaby es parte del *Team Reseteáte*®, como *head coach* y *coach* acompañante de los estudiantes de la Escuela de Reseteáte®. Ha realizado colaboraciones con el reto *online* de 21 días del *Detox Emocional Online*

Heartinity de Infinity Power, en la comunidad de venezolanas Intech y Gastromente, donde se enfoca en el autodescubrimiento a través de la magia de escuchar al cuerpo y establecer una conexión mente, cuerpo y espíritu.

Con su programa *Calma, vuelve a ti*, Gaby acompaña a
mujeres en un viaje hacia el autoconocimiento y la sanación. A través de la implementación de hábitos diarios,
ellas comienzan a sanar y a brillar, entregando lo mejor
de sí mismas a sus seres queridos.

Su valor más importante, es el compromiso propio.
En su práctica privada, se siente completa y en armonía,
fluyendo como un canal de sanación. Desde su fe, cree
firmemente que Dios es la guía para crecer y contribuir al
bienestar de las mujeres en su proceso de sanación.

Redescubriendo mi voz: del silencio a la sanación

Si alguna vez has silenciado tu propia voz, redescúbrela a través de esta historia...

Hoy quiero invitarte a un viaje a través de mi historia, la cual comienza en los rincones más profundos de mi ser y se expande hacia el horizonte de posibilidades que ahora vislumbro. Mi nombre es Gaby Alarcón, quiteña de cuerpo, mente y corazón, nací y crecí en la mitad del mundo, en mi hermoso Ecuador, pero mi verdadera travesía inicia en el interior de mi propia alma.

Mi deseo de compartir esta parte de mi vida contigo es, en primer lugar, **honrar a la persona más importante de mi historia: mi madre y como a ella a cada mujer que en algún momento se sintió sola, incomprendida, traicionada, *juzgada*** y con una dualidad de sentimientos por la alegría de ser madre y la incertidumbre de hacerlo sin la persona que amaba a su lado.

Su valentía, su amor incondicional y su fuerza para seguir adelante, pese a las adversidades, son la raíz misma de mi existencia. Quiero rendirle homenaje por darme la vida, por haber estado sola durante su primer proceso de maternidad lleno de lágrimas, desaires y con la etiqueta de haber deshonrado a su familia, en una sociedad que como hoy aún cuestiona y relega a las madres solteras. Por haberme puesto a mí antes que a sus propios planes e incluso sentimientos.

Por darme el calor de un hogar, una pareja para ella y un verdadero padre que no necesitó nunca de títulos para ganarse ese nombre y por haberme mostrado, con su ejemplo, que el amor verdadero no conoce límites.

También quiero honrarme a mí misma: a la niña asustada que fui, a la joven insegura que luchaba por encontrar su voz en un mundo en el que parecía no encajar y en el que hacía todo por pertenecer. Quiero reconocer el coraje que me llevó a enfrentar mis miedos, a desafiar mis propias limitaciones y a decir **No** al sentimiento de rechazo, disfrazado de condescendencia y empatía con los demás, que me ha dominado en algunas etapas de mi vida y que ahora, al **reconocerlo, puedo trabajarlo**.

A ti que me estás conociendo a través de estas líneas quiero decirte que lo que más aprecio de compartir contigo este pedazo de mi vida es que **nada es estático, el proceso de crecimiento y evolución es constante, cubierto de valles y montañas**.

He aprendido que la vida es un viaje, no un destino y que sin importar si las situaciones de vida que has atravesado o estás atravesando son más o menos demandantes, tristes, retadoras o trágicas que de otras personas que conoces. Todo depende de **cómo tú las vivas**, son tus situaciones, que para ti son importantes, las que te han permitido estar en el lugar donde estás y que lo más valioso de cada una de ellas es la persona en que te conviertes después de cada circunstancia.

Ahora quiero que cierres tus ojos y te imagines una niña menuda, de tez blanca, pequeña de estatura, con sus trenzas a los lados o su peinado de cola de caballo, muy callada, temerosa e ingenua... así me recuerdo siempre en busca de la aprobación de los demás para sentirme valiosa.

Aunque recibí mucho amor de mi núcleo familiar y fui acogida con cariño por mi familia ampliada de parte de mi papá de corazón, esposo de mi madre y padre de mis dos hermanos menores, el fantasma del abandono de mi padre biológico siempre estuvo presente en mi mente, sembrando dudas sobre mi valía y mi capacidad para ser amada y es así como era usual verme llorar cuando mis padres se tardaban en regresar a casa o no querer dormir sola y acurrucarme al filo de la cama de mi hermana menor, aun cuando tenía mi propia cama...en el fondo temía que me dejaran.

Luego de un proceso de introspección que se profundizó a raíz de la pandemia de 2020, y cuando elegí conocerme más a mí e indagar cómo los patrones de decir siempre **Sí a todos y a todo** y sanar mis heridas, pude descubrir y sentir que mi niña interior siempre se preguntó:

* ¿Por qué se fue?
* ¿Acaso yo tenía algo malo, por qué nunca quiso conocerme o hizo todo lo indispensable para contactarme?
* ¿Cómo pudo simplemente irse con la excusa de estudiar su maestría a otro país y luego olvidarse de nosotras?
* ¿No es una decisión que solo tocó su vida, o sí?

Recuerdo que en mi mente fantasiosa me preguntaba qué pasaría sí conociese a alguien, me enamorara y fuese familia mía, sin saberlo del lado de mi padre biológico... locuras de mi adolescencia.

Reconociendo cómo esa situación marcó de cierto modo mi vida, haciendo consciente que ese dolor existió, que estuvo ahí, sin ocultarlo, sin ser indiferente a él y con la plena convicción de **que lo sucedido no fue mi responsabilidad en absoluto**, es que entiendo que *él actuó* según las herramientas que tuvo en ese momento, dejé de ponerle una etiqueta de favorable o no tan favorable, simplemente ocurrió y está bien. Espero de todo corazón que sea feliz con la familia que eligió formar hace ya varios años lejos de nosotras en otro país.

Ahora recuerdo una anécdota que incluso se narraba en las reuniones familiares y describe una situación, tal vez jocosa y ocurrente pero que escondía mi inseguridad.

En el jardín de infantes llevaba una cinta con un color distintivo según el transporte a tomar para ir y regresar a casa. Un día, en mi distracción recuerdo haberme subido a un bus, mirar a mi alrededor y notar que había tomado la ruta equivocada.

Entonces, lentamente sin que nadie lo notara, me saqué la cinta de mi pecho y la escondí, así nadie me preguntaría qué hacía en ese bus, pensaba yo, en mi ingenuidad que tal vez mágicamente el bus me dejaría en mi casa y seguí como que nada jugando con mis amigas.

Pero claro, no sucedió de ese modo. Poco a poco el bus se quedó vacío y el conductor amablemente se me acercó y yo, con mis mejillas sonrojadas, le dije que me había equivocado de autobús. Me dijo que por qué no había hablado antes y yo solo atiné a quedarme callada. Me llevó a mi casa y mi familia para esa hora ya estaba muy preocupada porque se había hecho bastante tarde.

Cuando lo contaban mis familiares, les causaba gracia todo lo que hice para asegurarme de que nadie se diera cuenta de mi error. Yo en cambio, por algún motivo, lejos de sentirme avergonzada, lo que recuerdo era verme triste, porque al llegar a casa, luego de que me dejó el señor conductor, me quedé afuera esperando a que mis papás regresaran... creo que pensé que me habían abandonado, cuando al final simplemente estaban buscándome en el jardín de infantes.

Ahora, mi yo adulto, al cerrar los ojos y recordar ese incidente lo que descubro es cómo en mi falta de seguridad fui construyendo el **patrón de acallar mi voz**.

Es así como crecí buscando encajar, haciendo siempre lo **«correcto»** para evitar el enojo o la confrontación con otros, diciendo **Sí, aunque no estuviera de acuerdo**, por la necesidad de ser aceptada por los demás. Incluso, en las situaciones más simples, como decidir qué comer del menú de un restaurante, era mejor que otros lo hicieran por mí.

Me paralizaba que me preguntarán algo, sobre todo en público, ¿qué tal sí no gustaba lo que decía?, o cometía un error y quedaba expuesta ante los demás, yo no quería ser confrontativa y viene a mi mente la frase «calladita te ves más bonita», a la cual la seguía la tristeza, porque me autoapagaba, dejaba de ser yo misma para adoptar lo que para otros estaba «bien».

Pero fue en un momento de profunda crisis, al enfrentarme al fracaso en mi intento de ingresar a la carrera de Administración de Empresas en la universidad, que siento fue la primera vez que me **dije Sí a mí**, me empoderé de mis decisiones y mi historia dio un giro. Yo había apostado todo por estar en esa institución, era digamos mi sueño, me había preparado, venía con un buen historial académico en secundaria, abanderada y todo, mas no logré llegar al puntaje mínimo para entrar en esa carrera.

Fue muy frustrante, sentí que todo se derrumbaba como cuando tienes un mazo de cartas apiladas, topas una y todas se caen a la vez. Me preguntaba: «¿qué iba a hacer ahora?», no me visualizaba en otro lugar y en mi mente la sola idea de tomarme un año sabático era impensable.

Estaba devastada, sentía que había traicionado la confianza de mis padres, que mis logros anteriores no tenían valía y toqué fondo, dejé que se volvieran a manifestar mis episodios de bulimia que me acompañaban desde la adolescencia... más que nunca renegué de mi apariencia, me veía con todos los defectos según el estándar que me había puesto «el ser pequeña, de caderas anchas» cuando yo solo quería verme esbelta y delgada. También me volví más retraída, me sentía sola, mi mejor amiga como muchas personas de mi entorno habían decidido migrar por la profunda crisis económica que atravesaba mi país.

Fue en estos momentos cuando decidí volver a comunicarme con Dios, *a incluirlo en mi vida como un amigo cercano*, a quien le hablo y él me escucha, recuerdo haberle dicho:

Señor, permíteme ver opciones,
quita de mí esta niebla y condúceme
a donde tú quieras que yo esté.

Y Él, a pesar de que lo había dejado abandonado y apartado de las decisiones importantes, se manifestó en mi vida; de la nada se abrió una posibilidad para ingresar a mi universidad soñada, en otra carrera.

No lo dudé ni un minuto, ¡era una señal! Ahora sentía la fuerza para levantarme, actuar desde el corazón, sin pensar en el qué dirán otros. En lugar de dejarme consumir por el sentimiento de inutilidad y desesperanza, acepté la situación. Me permití ver otras opciones, que ahora con la programación neurolingüística, sé que siempre están ahí para mí, **sí me doy la oportunidad**. Ese fue mi primer paso hacia la libertad, a la emancipación de los miedos que me habían atado durante tanto tiempo y a la certeza de que nunca estoy sola.

Sin embargo, incluso después de ese primer triunfo, seguí viviendo con mis propios demonios internos, aquellos que no solo me llevaron a que acallara y me quitara mi propia voz, sino que también me desconectara de mi propio ser, tanto físico como espiritual. Ahora sé que, **sin importar si creo haber alcanzado una victoria, puedo recaer y esconderme bajo un disfraz para aparentar que todo está bien**. Fue así cómo durante años, con cada trabajo, en cada relación de amistad o amorosa, seguía buscando el beneplácito de los demás, sin darme cuenta de que la única aprobación que realmente importaba **era la mía.**

En el 2020, en medio de la pandemia, cuando el teletrabajo combinado con las responsabilidades del hogar se volvió extenuante y sin límites de horarios, que yo permití, presenté nuevamente los episodios de bulimia - que, aunque de manera esporádica y cuando sentía que no podía con el estrés y la presión de ser «perfecta»- se manifestaban, volviendo a mostrarme que cada vez que:

* *me desconectaba de mí,*
* *de mi esencia... me volvía presa fácil de mis demonios internos.*

Ahí fue cuando comencé mi proceso de sanación, a través de la programación neurolingüística. Estoy convencida de que todo llega en el momento perfecto y fue así que durante una charla *online* conocí a Elina Rees. Su historia me conmovió profundamente y me identifiqué inmediatamente con ella. Al igual que ella lo narraba, yo lucía bien, tenía un buen trabajo con un buen salario, un esposo maravilloso que siempre me había apoyado, todo era perfecto, aunque por dentro me **sentía vacía**.

Hice el *Reto Resetéate de 5 días, para crear nuevas estrategias de pensamiento* y fue suficiente para engancharme. Mi corazón sabía que ese era el camino y *ahora sé que Dios estuvo presente en ese proceso y me llevó de su mano en cada momento.* Aún recuerdo mi entrevista con Elina para seguir la certificación en Programación Neurolingüística. Nadie me había hecho preguntas tan profundas y acallado a la vez mi diálogo interno para realmente escucharme a través de ella.

No esperé más y tomé la certificación. Era en horario laboral y, por primera vez, no me puse excusas de ningún tipo. Me di la oportunidad, me iba a organizar como fuere. Sabía que lo podía negociar con mi jefe y durante diecisiete semanas que duró, me cuestioné muchas cosas, sobre todo lo indiferente que durante cuarenta años había sido conmigo. El verlo tan claro a veces me hizo querer llorar y también buscar formas de no estar en clase, me estaba resistiendo, mi mente quería quedarse en su zona de confort.

En las diferentes técnicas, encontré a esa niña interior a la que había olvidado y escondido. Descubrí que esos fantasmas del pasado aún estaban ahí, que si bien gran parte de lo que había conseguido en mi vida se lo debía a:
* la constancia,
* a la entrega y dedicación en lo que hacía en mi trabajo, tenía de trasfondo el ser aceptada, que tal vez **lo que decía me encantaba hacer, era más bien que me gustaba sentirme reconocida, valorada y que con ello no sería abandonada**.

Esa revelación para mí fue abrumadora y despertó muchos sentimientos ocultos. Era como sacarme una máscara de Gaby la eficiente, Gaby la siempre disponible, por la verdadera Gaby que *solo buscaba amor y aprobación*.

A partir de ello he trabajado en mí desde la aceptación y el reconocimiento de mi propio valor:

Saber que tengo una voz que no quiero silenciar.

He tomado decisiones para volver cada vez más a mí, me elijo a mí. Decidí buscar opciones laborales en las que pueda crecer y a la vez tener libertad de horario para hacer aquello que siento le da sentido a mi vida.

Ahora no es suficiente el reconocimiento, el dinero implicado, la experiencia que pueda ganar o los contactos que pueda alcanzar. **Hoy quiero vivir en plenitud, que mi**

corazón se emocione con cada vida que toco, con cada momento en el que siento que, al ponerme al servicio de quienes me rodean a través de mis dones y talentos, **Dios obra en mí**. Ahora sé que este sentimiento de propósito de vida es una forma de elegirme y decirme cada día **Sí a mí, a mi esencia**.

Ahora miro todo lo que he vivido como una oportunidad. Me siento agradecida con cada situación que me trae la vida. Es cierto que a veces no entiendo el fin de muchas cosas, sobre todo cuando no son favorables. Espero que mi historia te inspire a:

* **encontrar tu propia voz,**
* **a abrazar tus propias imperfecciones** y,
* **a vivir la vida desde un lugar de autenticidad y amor.**

Recuerda que nunca estás sola (o), y que cada obstáculo es una oportunidad para crecer y convertirte en la mejor versión de ti misma (o).

A través del autoconocimiento y la valoración he aprendido a utilizar herramientas poderosas que me ayudan a liberarme de las cadenas del miedo y la inseguridad.

Tres de las cuales han sido especialmente transformadoras y me están ayudando a **decir No a otros para decirme Si a mí** a diario y que quiero compartirlas contigo:

1. La conversación diaria con Dios se ha convertido en mi roca, mi refugio en los momentos de duda y confusión. Con la **escucha de devocionales diarios, meditando y escribiendo sus enseñanzas en un diario**, encuentro:
   * la fuerza para seguir adelante,
   * la paz para alejarme de los excesos emocionales y
   * la certeza de que estoy siendo guiada por un poder mayor. Que no se trata de mí, sino lo que a **través de mí Él puede hacer.**

2. **El tiempo para mí misma**, como lo llamo *me time*, se ha vuelto sagrado en mi vida. Es en esos momentos, antes de que salga el sol, en donde **estoy conmigo y para mí**, donde:
   * no hay mensajes por responder,
   * correos por enviar,
   * tareas que cumplir. Donde todo está en silencio y solo se escuchan a lo lejos los pajarillos con sus primeros cánticos. Es ahí en esos instantes de reflexión y autoexploración que encuen-

tro las respuestas que busco, que **conecto con mi intuición y escucho la voz de mi corazón.**

3. Finalmente, aprender a darme **espacio para tomar decisiones** ha sido una lección invaluable. En lugar de ceder ante la urgencia de los demás, me permito reflexionar y **sopesar mis opciones antes de comprometerme**. Esto me ha dado una sensación de control sobre mi propia vida y me ha permitido tomar decisiones desde un lugar de autenticidad y empoderamiento.

Mi frase

Y así, cada día me recuerdo a mí misma una frase que se ha convertido en mi mantra, que me la repito constantemente y es mi guía en los momentos de duda y confusión:

Señor, tu plan deseo más que el mío, sé que todo sucede en tu momento y tiempo perfecto. Todo está bien.

Al pronunciar estas palabras me recuerdo que **no estoy sola en esta travesía**, que hay un plan más grande para mi vida, que no es como yo quiero que sea, en mi humanidad imperfecta, **que esa fuerza que habita dentro de mí, me conduce hacia ese plan único y perfecto** que estoy llamada a cumplir y que cada obstáculo es una posibilidad para crecer, aprender y que la vida está llena de oportunidades.

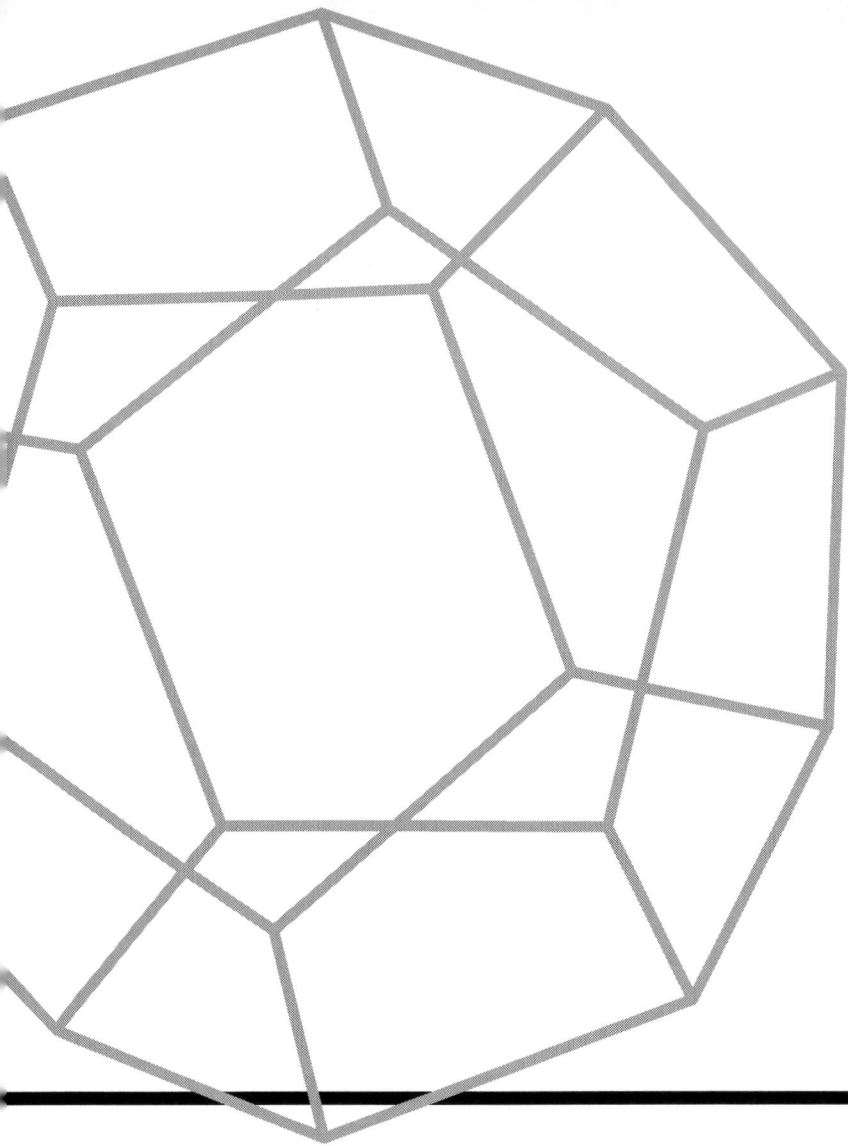

MARÍA
BRACHO

📷 @miabienestar
f miabienestar By Maria Bracho
▶ @miabienestar
in Maria Bracho

Mujer apasionada por la vida y el bienestar del ser. Nació en Maracaibo, Venezuela. Actualmente está radicada en la ciudad de Houston. Es madre de tres hijos: Francisco, Juan Diego y Jorge, sus amores.

Estudió Administración y luego realizó estudios en Cosmetología, fue empresaria en su país, donde fundó un centro de medicina estética y se dedicó por nueve años a dar un excelente servicio, brindando bienestar y belleza integral.

Por casualidad llegó al yoga y a la meditación, su vida dio un vuelco e inició un camino de estudios en el mundo holístico. Realizó su primer *teacher training* de ashtanha yoga, en México en el 2015. Su segundo *teacher training* de hatha yoga, lo realizó el 2016 en Venezuela. Sus estudios de yoga suman más de diez *workshops realizados* entre Venezuela y Estados Unidos.

Como parte de su continua transformación, decidió realizar un diplomado en Constelaciones familiares en el 2017. Ha estado en siete cursos de meditación Vipassana, en los cuales pasó diez días en votos de silencio en cada oportunidad.

En el 2019 viajó a India por dos meses para practicar y profundizar sus conocimientos sobre ashtanga yoga y estudios de filosofía del yoga. En 2023 inició sus estudios en Programación Neurolingüística, siguiendo el deseo por profundizar su autoconocimiento y crecimiento personal.

Recientemente ha creado una práctica llamada Pleniyoga, dirigida a mujeres, especial para fortalecer el piso pélvico, conectar con su ser interior, reconectar con su identidad y esencia femenina, llevándolas tanto a fortalecer como a ganar flexibilidad en su cuerpo y mente.

Vivir en bienestar y plenitud, es esencial para ella, así que se dedica a expandirlo como un espiral en su entorno y al mundo, es por ello que atiende su vocación de servir a otros, dando clases de yoga *online*, presenciales, talleres y programas uno a uno o grupales para el empoderamiento de la mujer enseñándoles a identificar su **Yo soy** y logren desarrollar armonía en todas las áreas de su vida.

Le dije No a la muerte para decirle Sí a la vida

En mi niñez saltaba, brincaba y hacía piruetas cada vez que podía. Soñaba con ser Nadia Comaneci, una gimnasta que arrasó en las olimpiadas de 1976 y 1980. Ella fue mi ídolo mientras pertenecí al equipo de gimnasia artística de la Universidad del Zulia. Sin embargo, tras dos años, el programa se canceló por falta de presupuesto. Como me encantaba cualquier actividad que me llevara a mover el cuerpo al ritmo de la música, en mi adolescencia practiqué varios estilos de danza.

Desde muy pequeña creía que no me podía pasar nada porque de lo contrario mi papá se iría de la casa, entonces asumí ser la niña bonita y buena. A mis diecisiete años me escapé a escondidas con mis amigos del colegio y mi novio a un paseo, **al regresar a casa sentí tanto miedo** de enfrentar a mi familia que...

Vi como única salida quitarme la vida.

Dios decidió que no era mi momento de morir. Luego del incidente desperté en la clínica, yo esperaba una conversación, pero eso nunca sucedió, todo el mundo actúo como si nada hubiera pasado y yo decidí guardar lo sucedido en un baúl.

Cuando terminé la época de bachillerato, tenía que elegir una carrera para entrar a la universidad. No había ninguna que me llamara la atención, me veía más como profesora de baile o *personal trainer*, pero desde los estándares de mi familia, eso no estaba bien visto.

Para ayudarme, mi hermano mayor me recomendó trabajar como modelo en un programa de televisión tipo magazine en una estación regional de Maracaibo. Las grabaciones de esos programas tenían muchos tiempos muertos y en los momentos cuando yo no aparecía, me dediqué a recorrer los pasillos del canal.

Un día encontré los ensayos del cuerpo de baile, entré al salón inicié una conversación con el director y acto seguido tuve una audición en la que quedé seleccionada. Sin dudarlo renuncié a mi trabajo como modelo. Mi familia no se contentó ni un poquito con mi cambio de trabajo, para ellos pasé a ser la oveja descarriada. Igual yo estaba feliz de poder bailar en ese grupo.

Mis ganas de ser bailarina se fueron disolviendo por los juicios y la presión de mi familia; terminé abandonando ese trabajo. Dejé a un lado lo que quería vivir para estudiar Mercadeo, preferí que mis padres se sintieran orgullosos de mí al cumplir con los estándares de la sociedad.

Me casé al principio de mis veinte, desde entonces comencé a asumir los roles de esposa, madre, hija, hermana y amiga «perfecta». Era incondicional para todos y, sin darme cuenta, asumí que mi identidad solo la definía cada uno de esos roles.

En esos años me refugié en el *gym* practicando *aerobics*, me volví adicta; me hacía sentir feliz y realizada. Estaba siempre lista, mantenía un cambio de ropa para salir corriendo de cualquier lugar. Así lo hice durante doce años.

En ese tiempo comenzó un gusanito a moverse en mí, a medida que veía crecer a mis hijos me daba cuenta de que cada vez me necesitaban menos, sentirme así me llevó a observar y cuestionar mi vida, pensaba: ¡Qué vida tan aburrida! Solo he sido:

* la mamá de mis tres hijos,
* la esposa del Sr. M,
* la hija de mis padres y, así mis distintos roles...

Allí me pregunté:

¿Qué legado de mí (de mi «yo soy») le voy a dejar a mis nietos?

Empecé a experimentar inconformidad respecto a que mi identidad fuera tan dependiente de los roles que ejercía, eso se hizo algo insostenible.

En ese entonces pensé que entré a mi primera clase de yoga por casualidad, pero hoy sé que existen las causalidades. Mi espíritu estaba en la búsqueda de mi «yo soy» y en ese salón, lleno de personas sudorosas haciendo aquella práctica intensa de hotyoga, me sentí desafiada a vencer mis límites mentales y físicos, en definitiva, eso me enganchó.

Llegar a Karuna, mi centro de yoga era algo místico. Entrar a un lugar sereno lleno del verdor de árboles grandes, escuchar el canto de los pájaros y los sonajeros, lo hacía toda una experiencia mágica.

Luego de un mes de practicar hotyoga descubrí una clase un poco más exclusiva, solo para ocho personas, llamada ashtanga yoga. Fue una práctica muy desafiante. No entendía lo que sucedía, fue algo nuevo y a la vez raro para mí.

Por momentos sentía dolor en algunas partes de mi cuerpo, llegué a pensar ¿será qué soy masoquista? Sin embargo, reflexionando al respecto, entendí el proceso físico de mis músculos. Intuí que iba más allá de lo físico, había movimiento energético y espiritual, experimentaba una sensación de bienestar y contentura luego de terminar la clase.

El ashtanga es un yoga terapéutico, su práctica te lleva a sanar y al entendimiento de la conexión entre el cuerpo físico, espiritual y energético.

Gracias al yoga empecé a decir No a los otros para decirme Sí a mí, por primera vez me hice la prioridad de mi vida.

La práctica de ashtanga yoga me estaba llevando a procesos de introspección profundos a conectar con mi «yo soy»; a crear mis propias creencias desde mis experiencias. Tuve que aprender a poner límites.

Comencé a sentir cambios en mi manera de pensar, de ver las cosas y de actuar. Noté que podía abordar conversaciones incómodas que antes evitaba tener, también podía hacer valer más mi opinión, por otra parte, empecé aceptar mi cuerpo tal cual es, solté los complejos por el ancho de mis caderas y espalda.

También deseaba sentirme útil y desarrollarme en lo profesional, aportar dinero al hogar; por eso, en el 2013, decidí junto a mi esposo abrir un centro de medicina estética en sociedad con una médico, lo llamamos Neoláser, invertimos nuestros ahorros y asumimos créditos bancarios.

El inicio de ese nuevo negocio sumó un ingrediente más al caldo de estrés en el que me estaba hundiendo, se agravaron los problemas financieros, mi matrimonio estaba colapsando, mis hijos pasaban por dificultades académicas, Venezuela esos años pasaba por una situación económica y social muy compleja.

Aún con todos los beneficios que estaba experimentando por la práctica de yoga, el gusanito de los cuestionamientos e inconformidad creció, hasta que me llevó a una crisis existencial seria y profunda.

En este contexto me sentí superada, padecía de insomnio, taquicardias, ansiedad, ataques de pánico, lo que desencadenó una depresión. Cuando caí en ese hueco negro estuve tiempo sin saber cómo salir de allí, me sentía como un pájaro recién nacido que cae de su nido y está perdido.

Por segunda vez en mi historia se presentaba la idea del suicidio, aunque en circunstancias muy distintas. En esta ocasión me di cuenta a tiempo de que no quería ser responsable de ocasionarles ese dolor a mis hijos, padres y hermanos. Pensé: «tienes una vida hermosa aférrate a ella».

Decidí buscar ayuda para superar mi depresión. Luego de pasar por psiquiatras, psicoanalistas y psicólogos, en combinación de antidepresivos y ansiolíticos, llegué al Centro Venuvana; donde aprendí la técnica de meditación creada por Buddha Vipassana. Gracias a esta técnica, y en conjunto con mi práctica de yoga, logré dejar de tomar los medicamentos.

Descubrir la meditación me despertó la curiosidad de entender cómo funciona la mente; en la que un pensamiento desencadena una emoción, y de allí viene la reacción generada por la química del cuerpo. Por años me he dedicado a leer, realizar cursos y diplomados para profundizar en el conocimiento tanto de la mente como las emociones.

Entendí que haber idealizado a mi esposo como el mejor hombre del mundo y colocarlo en un pedestal fue un aprendizaje para mí, me había convencido de que mi matrimonio era perfecto y que sería toda la vida, me ocupé tanto de otros que me olvidé de mí.

La infidelidad de mi esposo fue un espejo que me mostró lo infiel que había sido a mi propia esencia, transitar esa experiencia representa uno de los dolores más fuerte que he sentido en mi vida.

Pasé un año sin reír, viviendo mi duelo, me permití llorar cada vez que sentí la necesidad de hacerlo, fue sanador. Luego pude recuperar con más apreciación la facilidad para sonreír que me caracteriza.

Con mis hijos me abrí a la vulnerabilidad y me permití mostrar la mamá humana. Recuerdo que a veces me iba a la cama de mi hijo JD a llorar a su lado, él me decía:

«Ma', llora todo lo que quieras que eso te libera». Meses después lo llamé un día para desahogarme y me dijo: «Ma', me gusta oírte llorar porque ahora lo haces diferente». Nunca olvidaré sus palabras: «estás empezando a brillar con tu propia luz».

Haber estado en ese hueco negro me hizo entender que la única manera de iniciar mi recuperación era **decir No** a todo para **decirme Sí a mí**. Mientras yo estuviera mal todo a mi alrededor iba a estar igual.

Dediqué mi energía a lo que me hacía bien, se reactivó mi pasión por el yoga y decidí irme a Playa del Carmen, México, para hacer mi primer *teacher training* en ashtanga. Ese viaje fue un desafío; me fui con pocos dólares y con el apoyo de mis hijos; me dijeron:

«Ve por tu sueño, ma'. Haz lo que tanto anhelas».

Le dije Sí a la búsqueda de mi «yo soy».

Ese viaje cambió mi vida, me conecté con mi ***«yo soy»***, con mi esencia y más auténtica identidad. Sin saberlo, estaba encontrando mi propósito de vida, disfrutaba de tanto bienestar que sentí la responsabilidad de compartirlo. Por ello, enseñar se convirtió en una motivación.

Ya de regreso en Venezuela, durante una práctica personal, realicé la postura de mucha apertura de pecho y con la que se puede llegar a una profunda conexión con el alma. Estando allí me di cuenta de que el yoga me lleva a conectar con aquella niña que soñó ser gimnasta, en ese momento comprendí porqué sentía tanta pasión por el ashtanga yoga. Entendí de dónde venía ese amor.

Sentía el llamado de profundizar en la filosofía del yoga y decidí hacer mi segundo *teacher training* en Caracas. Tuve que viajar desde Maracaibo un fin de semana al mes durante dos años.

Para ese entonces, resolví separarme de mi esposo y contaba con menos presupuesto, así que mis viajes a la capital empezaron a estar llenos de aventuras; iba en bus, otras pocas ocasiones en avión, dormía en mi mat en el aeropuerto, pues a veces no tenía hospedaje. Siempre iba con la convicción de asistir a mis clases. Decía No a mis pensamientos limitantes y Sí a buscar las oportunidades, sí a reinventarme, sí a convertirme en una excelente profesora de yoga. Sí a mis sueños.

Luego de culminar mi segundo *teacher training* quería ir por más. Desde que fui a México empecé a soñar con ir a India, a la escuela del creador de ashtanga yoga. No sabía cómo lo iba a lograr, pero sentía que sí era posible.

Un día, al terminar de dar clases, escuché a una alumna hablando sobre irse por un tiempo del país para trabajar y reunir dinero, eso me dejó pensando y enseguida me dije que así podría juntar el dinero para llegar a India.

Me mentalicé como una atleta que se prepara para ir a las olimpiadas, que requiere de mucha disciplina, de cambios de hábitos para obtener un buen rendimiento y alcanzar la meta, porque cuando culminé mi primer *teacher training* le pregunté a mi maestro si lograría practicar todas las posturas y su respuesta fue: «No lo sé, comenzaste muy vieja», esas palabras retumbaron en mi mente y me llevaron a la firme determinación de dar lo mejor de mí para llegar lo más lejos posible. Solo yo sabía lo importante que eso era para mí. Me **dije Sí**, y me hice prioridad.

Cuando decidí ir a India algunas personas me decían: «Estás loca, no vayas a India, ¿cómo vas a ir si no hablas inglés?, además el índice de mujeres violadas es alto y más en mujeres extranjeras». Allí me decía que esos son sus miedos, no me pertenecen; yo elegí decirle Sí a mi sueño e ir por él.

Salí de Venezuela en el 2018 para buscar oportunidades y lograr reunir los recursos para ir a India. Tuve distintos empleos, me levantaba a las 4:20 a. m. para practicar yoga y luego irme a trabajar, requería mantener mis condiciones físicas para mi viaje.

Un día me sentía agotada en el trabajo, solté en llanto y pensé: «¿por qué me toca hacer esto?». Estaba en modo víctima, apenas lo reconocí me di un sacudón a mí misma, me sequé las lágrimas y me respondí:

«Estás aquí por elección propia, por ir tras tu sueño».

Para el ciclo de febrero-marzo del 2019, luego de superar un proceso riguroso de inscripción *online*, yo conseguí mi cupo en la escuela Sharat Yoga Center y llegué a Mysore, India, con el dinero justo para todos los gastos, también llena de entusiasmo.

Caminar por las calles de Mysore, ver sus paisajes, los palacios y percibir el rico aroma de las especias, me recordaba lo importante que fue haber dicho No a mis pensamientos limitantes y decirle Sí a mi deseo de crecer en el mundo del yoga.

Soy una antes del yoga y la meditación y otra luego. Gracias a ellas **aprendí a decir No para decirme Sí** *a mí* y ponerme en primer lugar. Se convirtieron en mi mejor medicina, aprendí a vivir desde mis propias experiencias, creando mis creencias y soltando mis viejos patrones. Siento que fui como el ave fénix, pues resucité de mis cenizas para abrir mis alas y volar.

La apertura y flexibilidad ganada por el yoga y la meditación me impulsó a seguir ampliando mis perspectivas de cómo funciona mi mente, así decidí estudiar PNL.

Prestar atención a mi comportamiento aplicando los conocimientos que me ha dado la PNL, me ha ayudado a tener comunicaciones más asertivas y ha traído serenidad a mi manera de hablar conmigo misma (diálogo interno) y con otras personas.

La integración y práctica de estas tres técnicas me ayuda a gestionar mis emociones cada vez de manera más rápida y efectiva. Siento que la versión que hoy vivo de mí es más compasiva, con menos juicios conmigo y con los demás.

Considero que soy una perfeccionista en reformación, gran parte de mi vida fui muy dura conmigo misma, me decía: «no tienes disciplina, ni constancia, ni perseverancia». Actualmente me relaciono diferente con esas ideas y descubrí que sí soy disciplinada, perseverante, una mujer constante, capaz de lograr lo que me proponga.

1. **Ashtanga yoga:** en sánscrito, *ashta* significa ocho, *anga* pasos o ramas, y *yoga* unión, en conjunto son los *ocho pasos de la unión.* Los cuatro primeros preparan el cuerpo para ir a la conexión con la mente y los siguientes llevan a la unión del espíritu con tu Dios.
Es una práctica física que usa como vehículo al cuerpo, en una meditación activa que lleva a la introspección y discernimiento para poder tomar decisiones, para vivir en contentura, manteniendo la mente en el aquí y en el ahora fortaleciendo y flexibilizando el cuerpo, también la mente y la conexión entre ambos como un todo.
2. **Meditación:** meditar lleva a calmar las fluctuaciones de la mente, conectar neuronas, mejora la concentración. Cada día podemos sentarnos cinco minutos en silencio y, aumentando el tiempo, logramos restaurar

el cuerpo sintiéndonos reconfortados, como si hubiéramos dormido, también podemos hacerlo cuando nos bañamos al observar las sensaciones cuando nos enjabonamos, cuando el agua cae y roza nuestra piel, es una meditación activa conocida como *mindfulness*, que lleva a nuestra mente a estar presente.

3. **Programación Neurolingüística:** promueve el hacer preguntas poderosas para cambiar el ¿por qué? por ¿para qué? o ¿cómo?

Hace que nuestra mente busque las respuestas en el subconsciente evitando justificarse, salir de la posición de víctima al hacernos responsables.

Mi frase

Le digo No a mis pensamientos limitantes y Sí a buscar las oportunidades para lograr mis sueños.

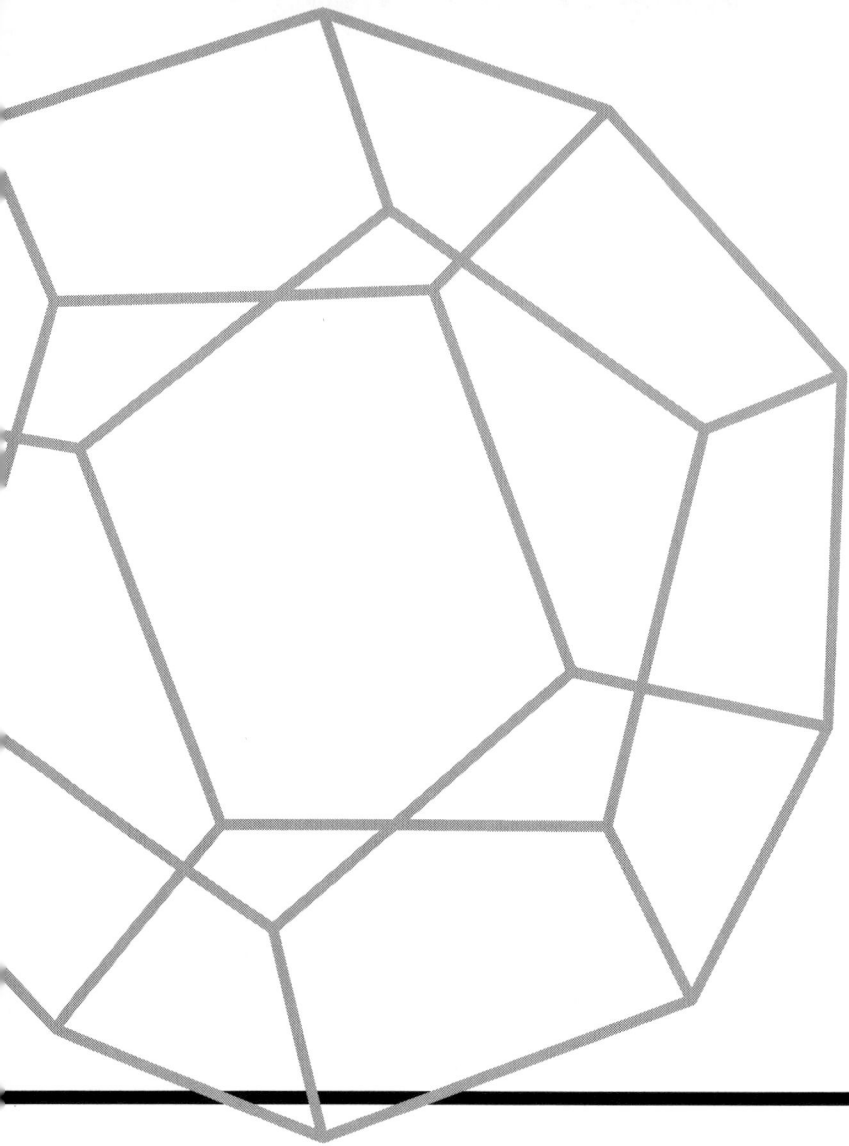

RICHARD
VARGAS

📷 @richardvargasinsurance
📘 richardvargasinsurance
💼 Richard Vargas

Nacido el 7 de abril de 1978 en Maracaibo, estado Zulia, Venezuela, bajo el nombre de Richard Alexander Vargas. Graduado del Instituto Niños Cantores del Zulia en 1995, obteniendo un título de bachiller en Ciencias y Humanidades. Después, se licenció en Comunicación Social, con mención Desarrollo Social, en la Universidad Cecilio Acosta, título obtenido en 2002. Durante su formación académica realizó varios talleres y cursos en actuación y dramaturgia en la universidad.

Después de completar sus estudios, trabajó como periodista en diferentes medios de comunicación, enfocándose en el área de redacción en periódicos comunitarios. Luego decidió incursionar en el campo de las ventas.

Destaca su experiencia como director de la red de tiendas Pin Celular en Venezuela. Estos establecimientos eran parte de un conjunto de emprendimientos en el área de telefonía celular, asociados con Movilnet, una empresa de telefonía. Durante el período de 2007 a 2015, desempeñó un papel clave en la gestión y dirección de estas tiendas.

En 2017, emigró a Estados Unidos y comenzó a trabajar como empleado en diferentes empresas, especializándome en la reconstrucción, remodelación y restauración de desastres de emergencia en casas. Sin embargo, en 2019, sintió la necesidad de buscar su propósito de vida y se adentró en el sector de seguros de salud y vida. En la actualidad, ejerce como licenciado en seguros en Texas, brindando cobertura a nivel nacional en diecisiete estados.

Además de su trayectoria profesional, tiene diversos intereses y pasatiempos, como la lectura, caminar, viajar y disfrutar de la socialización en diferentes grupos sociales.

Cinco encuentros fueron suficientes

¿Para qué deseo escribir mi historia?

Desde la universidad tuve el sueño de escribir, te hablo desde el año 1996. De hecho, soy comunicador social y trabajé escribiendo para un periódico en mi país. Pienso que, para mí, escribir es una forma de:

* Encontrarme conmigo,
* buscarle el sentido a mi vida y
* alcanzar mi propósito de vida.

Lo anterior me genera serenidad, paz interior y ayudar a alguien más. Ojalá que con este capítulo pueda aportarte a ti como lector, que con mi experiencia puedas *mejorar* tu forma de vivir, pensamiento y estilo de vida.

Quiero compartir contigo el camino que me llevó a la conquista de la felicidad, en la verdad, la razón, los valores, desde la premisa *de cómo* se puede ser mejor. Lo que te contaré me sirvió a mí, partiendo desde la certeza de que lo viví y lo de lo que hago actualmente. Esto me acerca más a mi camino para lograr: mis sueños, vivir el presente, sin sentir vergüenza, ni prejuicios y hasta siendo imperfecto. Sigue leyendo.

Quiero expresar mi historia para mostrar que sí pude elegirme ante los prejuicios y manipulaciones de la vida, podré trascender en el amor verdadero, pensado más en mí, que en los demás, siendo *el capitán* de mi vida:

Diciéndole Sí a mi vida y No a la vida que otros quieren o desean de mí.

Luego de haber cometido errores y de demasiadas equivocaciones decidí y me obligué casi a hacer las cosas, no cómo pensaba sino como deben ser a través de la fe, mis creencias y la lectura.

Soy venezolano, nací en Maracaibo estado Zulia, tierra del sol amada, de una madre cariñosa, amable, consentidora, paciente, tranquila que me crio de esa forma. Siempre con deseos de darme lo que tenía y lo que no.

Una madre que me guio por el camino que ella consideró bueno para mí. A la edad de quince años, por motivos de trabajo, a mi mamá le tocó dejarme con mi abuela, mi segunda madre.

Ella me terminó de criar según los valores dictatoriales de una mujer de los años de principios del siglo pasado. Ella era valiente, resolutiva y con carácter. Me marcó la forma de guiarme, pero como toda abuela, no me colocó los límites que yo ameritaba dado que era un preadolescente sin riendas.

Me gradué en un colegio disciplinado, el cual me enseñó los valores de moral que hoy día de adulto tengo y entre los cuales conservo: la constancia, el desarrollo y crecimiento personal. Luego comencé en la universidad donde estudié Comunicación Social. Al terminar la universidad empecé a trabajar en un periódico local pero el salario era muy bajo. Literal, no me alcanzaba para afrontar los costos que implicaba llevar una vida matrimonial.

Una decisión donde comencé con el primer gran NO a mí mismo.

Mi primera decisión a una corta edad fue mi matrimonio. Tenía veintidós años cuando me casé. Fue una experiencia muy extraordinaria, bonita, llena de ilusiones, viajes y de compartir. Me gustó esa parte, aunque hoy entiendo que no tenía la experiencia, ni la madurez para afrontarlo.

Aquí quiero hacer un paréntesis, pues dije que **No** a mí, a un plan de vida y a una visión familiar porque no la tuve.

Para decir **Sí** a un matrimonio en tan corta edad acompañado de mi inmadurez.

Allí le dije **No** a mi futuro como persona, para darle paso a crear una familia con todas las inseguridades que implicaba esa responsabilidad.

No digo que no se pueda, pero nunca supe cuando estaba preparado para ello.

Hoy día pienso que, con la inmadurez de la edad y de no haber vivido mi juventud al 100 %, fue mi primer fracaso.

Siempre estuve comprometido, nunca me dediqué a pensar en mi juventud, a vivir por lo que transitaba para satisfacer a otros.

Me casé en el año 2001, con una excelente mujer que me dio mi primer hijo en el año 2003, mi primera bendición. Cuatro años más tarde, en enero de 2007, tuve mi segunda hija con ella, aun cuando mi matrimonio no estaba del todo bien. Conocí otra mujer, con quien en marzo de ese mismo año 2007 tuve una hija, otra bendición. Esto implicó que la relación matrimonial finalmente se rompiera en el año 2013.

Mi tiempo de casado fue de ser un hombre mujeriego, egoísta, narcisista, no era un buen hombre. A mi parecer, no me importaba hacerle daño a nadie.

En Maracaibo, luego de mi separación, mi vida fue muy desorientada, sin límites, desadaptada por la situación de irresponsabilidad. Una vida siempre en zozobra, libertinaje, mujeres, alcohol, vida nocturna en bares, vicios. Todo eso dio pie a la separación. Me obligué con mis acciones a separarme y tuve que decirle **No** a mi familia.

Me dejé llevar por la influencia de la sociedad. Estaba viviendo mi vida, sin límites ni responsabilidades y además no me daba cuenta de que no vivía para mí, sino para los demás, según yo, para gozar de la aceptación ante la sociedad.

Luego de mi separación, estuve soltero por un tiempo y fue peor, me perdí de mí aún más, porque no encontraba estabilidad emocional. Intente rehacer mi vida con la mamá de mi segunda hija, pero tenía miedo de afrontar responsabilidades. Nuevamente me sentía que no estaba capacitado todavía. Nada me satisfacía, ni nada me alegraba la vida.

Como capitán de mi vida elegí otro rumbo.

Elegí tomar un tiempo de encontrarme conmigo mismo, diciéndome **Sí** a mí y dejando incluso a mi familia a un lado para poder mejorarme yo.

Decidí, en el año 2017, emigrar a los Estados Unidos, diciéndome **Sí** a mí y dejando todo aquello atrás. Al momento que llegué a los Estados Unidos entendí que me vine por mis miedos a afrontar aquella situación de la separación y al miedo de otra nueva relación. Tomé la decisión de dejar atrás todo aquello que yo mismo había construido, huyendo de ese problema y de los prejuicios para salir adelante y sanar mis heridas, las que yo mismo había ocasionado en mí.

Aquí comencé a trabajar primero en mí. Decidí quedarme solo, prefiriéndome a mí, diciéndome **Sí** a mí, manteniéndome alejado de convivencias, intercambios, parejas, amigos, alcohol, vicios, hasta del qué dirán, para decirme **Sí** a mí y a mi futuro, para poder crear la persona que soy.

Renuncié a todo, para darle cabida al tiempo y dedicármelo para realizar mi vida. Comencé a pensar que, si yo no estaba bien, nadie a mi alrededor estaría bien, incluso mi familia.

Me dediqué a mí y a ocuparme de mis cosas, en lugar de buscar que me dieran alivio a la desilusión de ser quien era. Yo no estaba contento con lo que era y me dediqué a hacer todo lo necesario para dejar las fiestas, el alcohol y la vida que no quería vivir.

Empecé a dejar fluir mi desilusión, mi tristeza, mi debilidad, abrazándola para mí. No me restringía, sino más bien me refugiaba cada día en mejorar, hasta que fui sanando esa parte compadeciéndome, aceptándome y diciéndome **Sí.** Me dediqué a redescubrirme.

A partir de todos los cambios que estaba realizando, me vinieron cuadros de angustia y depresión...

¿Qué hice con eso?

Me dirigí hacia el que todo lo puede: Dios.

Busqué de Dios y solo bastó con cinco (05) primeros encuentros para que él se manifestara en mí. Cambié mis rutinas y hábitos, empecé a hacer ejercicios físicos, como correr, ir al gimnasio. Poco a poco transité con fe en Dios. Me aferré a ese amor infinito hacia él y puse mi vida en sus manos. Perseverando en ello, logré salir de esa emoción de desilusión tan desagradable de haber perdido todo y no haber logrado nada.

Fui una persona insegura y lejos de mí mismo. Me trasformé dejando la tristeza del corazón atrás. **Comencé a decirle sí a Dios, a creer en él y empecé a notar el cambio**. Me empezaron a suceder cosas buenas.

Si antes mi vida estaba llena de banalidades, hoy día mi vida gira en torno a la humildad, la serenidad, la paz, convencido de que voy por el camino correcto, ya no me importa el qué dirán, ya que vivo y soy la persona que cada día elijo ser.

Mi mensaje final para ti que me lees es ... Sigo construyendo mi vida, ahora sé que puedo ser autodependiente, una palabra que saqué de una de mis lecturas donde aprendí que no hay problema, dificultad o fracaso que no puedas resolver por medio de la **fe**, el pensamiento positivo, creer en mí y la oración de corazón.

Quiero darte, desde mi experiencia, las acciones que me sirvieron para salir del hueco donde estaba diciéndome **Sí**: la meditación, el ejercicio físico, desarrollar la disciplina, apoyarme en la lectura y planear mi vida.

Te entrego tres (3) herramientas que me apoyaron a **decirme Sí** a mí:

1. **Elegirme a mí:** fue lo que me hizo madurar la capacidad de tomar decisiones en función de lo que quiero y deseo. Tomando las acciones y decisiones que me permiten

desarrollarme y vivir una vida más plena y satisfactoria. Aprendí a conocerme, a establecer mis metas y a tomar decisiones consientes. Hoy cuido de mí y elijo, cada día, desde autoconocerme, a hacer lo necesario, tomando acciones que me beneficien. Confió en mí y sigo adelante.

2. **Buscar a Dios:** me llevó a reflexionar y a meditar sobre los valores y principios que me ayuden a ser cada día mejor. Creo que hay un ser superior que me lleva a la calma y me inspira mediante la fe a andar por los caminos que me convienen.

3. **Repetir lo anterior tantas veces sea necesario**: oro, medito, hago ejercicios disfrutando hoy y haciendo lo que quiero hacer una y otra vez hasta lograr la serenidad y plenitud que deseo.

Mi frase

Agradezco a Dios por mantener mi mente clara haciéndome un instrumento para mi paz.

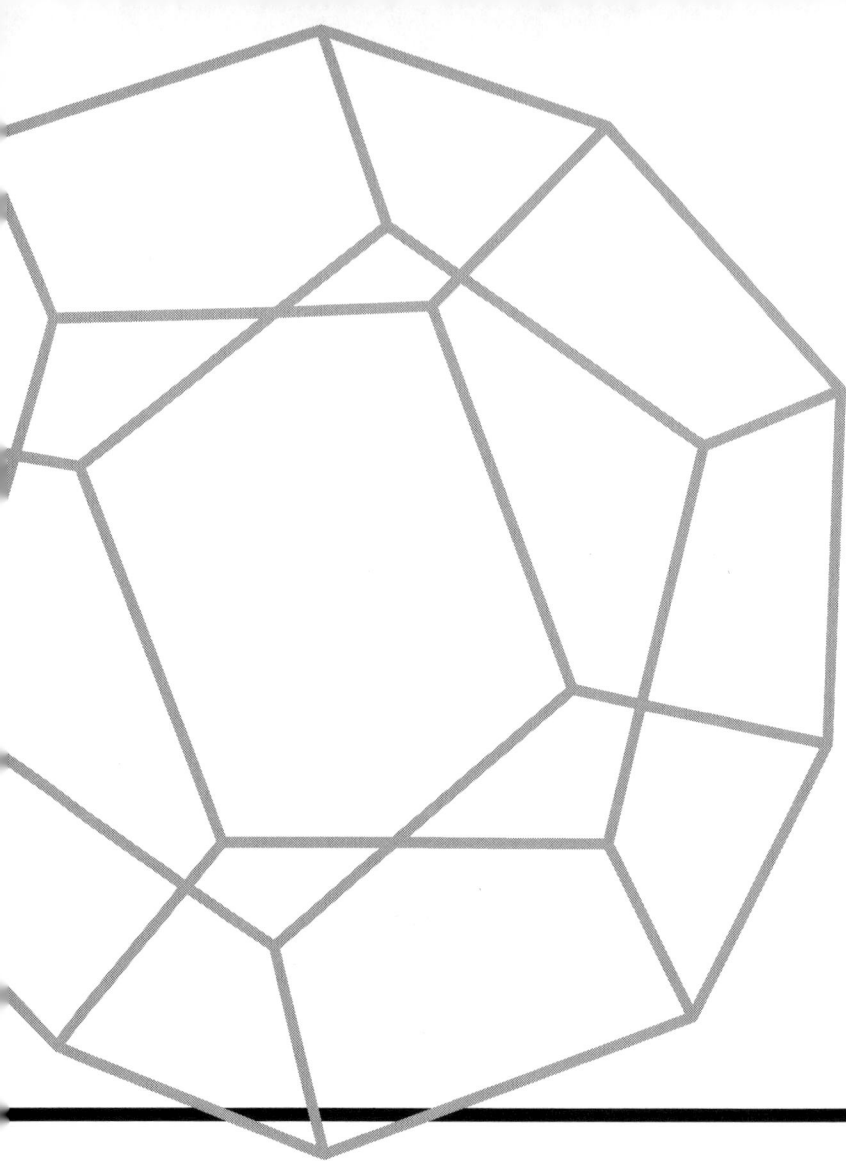

NATALIZ
SALCEDO

@Natalizsalcedo
@Littl3_Yogis
@Littl3Yogis
@Littl3Yogis_apparel
Nataliz Salcedo
@Littl3.Yogis
Nataliz Salcedo

Nataliz, así la nombró su padre al escuchar esa canción de Julio iglesias que dice: «Nathalie, en la distancia tu recuerdo vive en mí...»

Nació en la ciudad de Nueva York, donde ha pasado la mayor parte de su vida. Ahora, a los treinta y siete años, es una orgullosa madre de dos hijos maravillosos: un joven de diecinueve años y una niña de nueve. Recientemente obtuvo su doble nacionalidad de la República Dominicana, lugar de nacimiento de sus padres y que la llena de orgullo.

Sus veranos siempre fueron un tiempo especial que pasó con su padre y hermano mayor en esa isla del Caribe. Su padre, un dedicado maestro de la ciudad de Nueva York, utilizó su tiempo libre para brindarles experiencias enriquecedoras, las añoraba cada año.

Desde muy joven, alrededor de los diez años, le gustaba jugar a ser profesora con sus dos hermanas menores. No sabía que esta actividad lúdica se convertiría en una verdadera pasión y, eventualmente, en una carrera profesional para ella. La enseñanza se convirtió en su vocación.

Hoy, es la orgullosa fundadora de Littl3 Yogis Daycare LLC., en la ciudad de Nueva York. A través de esta guardería, su objetivo es apoyar a niños y padres de comunidades minoritarias brindándoles un enfoque educativo único. Su estilo de enseñanza combina elementos del plan de estudios tradicional con principios Montessori, además de incorporar prácticas de yoga y meditación. Su objetivo es nutrir las mentes jóvenes para que sean más conscientes, empoderadas y seguras de sí mismas.

Su plataforma no solo se enfoca en el aprendizaje académico, sino también en el desarrollo integral de cada niño. Cree en inspirar y empoderar a los niños para que alcancen su máximo potencial. Actualmente está trabajando en varios proyectos para promover esta misión y crear un impacto positivo en las vidas de los niños a los que tiene el privilegio de enseñar.

Está agradecida por el viaje que la ha llevado a donde está hoy y está entusiasmada de seguir marcando una diferencia en las vidas de los niños y las familias de su comunidad.

La intervención divina me salvó

Los primeros recuerdos que pasan por mi mente eran como si estuviera navegando por un laberinto, uno donde las paredes seguían moviéndose y el suelo debajo de mí era inestable. Tenía tres años cuando el matrimonio de mis padres se desmoronó, un concepto demasiado vasto para que mis pequeñas manos lo captaran. Lo que sí entendí fue la repentina división, los «días de mamá» y los «días de papá» que marcaron mi vida.

Mamá encontró a alguien nuevo, un hombre con una sonrisa que no llegaba a sus ojos. Por un tiempo, pareció que podríamos encontrar un nuevo tipo de normalidad. Pero luego empecé a notar cambios en el hogar, como el trato de mi padrastro hacia mí y mi hermano. Empezamos a escuchar gritos, ofensas y hasta maltrato físico.

Un día, me encontré confiando en mi papá durante una visita. Mi hermano mayor, que apenas era un niño pequeño de ocho años de edad, escuchó y sin comprender la gravedad, le contó a mi padrastro nuestra conversación. La conversación donde le contaba a mi padre sobre el maltrato físico y emocional en el que nos encontrábamos mi hermano y yo.

La consecuencia para mí fue un castigo tan severo que incluso ahora, recuerdo arrodillarme sobre granos de arroz, por horas. Recuerdo haberme preguntado, en medio de esa agonía: ¿hasta cuándo mi hermano y yo teníamos que estar es esa situación?

Les confieso que no sé qué hubiese hecho sin mi hermano mayor.

Una señora de los servicios sociales me visitó una vez, en una habitación que debería haber sido el sueño de un niño con su abundancia de ositos de peluche. Pero para mí, parecía más bien una sala de interrogatorios.

Respondí preguntas sobre mi vida y mi familia, mientras navegaba cuidadosamente por el campo minado de verdades que podrían herir a las personas que amaba. Quería proteger a mi mamá dado que pensé que ella estaba librando sus propias batallas, siempre regresando del trabajo con dolores de cabeza, buscando refugio en la soledad de su habitación. Desde muy chica siempre sentí que tenía que proteger a mi madre y es hasta ahora que sé el por qué me sentía así.

Pasó el tiempo, en un promedio de cuatro años nacieron mis hermanitas, tenían dos años de diferencia en edad. Ellas fueron rayos de luz en la penumbra de mi mundo. Las amaba ferozmente, sin sentir ni por una sola vez el aguijón de los celos a pesar de ya no ser la única niña de la casa. Pero a medida que crecieron, noté un cambio en el comportamiento de mi padrastro, la forma en que me trataba que al principio fue con dulzura, luego se tornó en indiferencia. La sangre puede ser más espesa que el agua, pero aprendí desde el principio que los lazos del corazón pueden ser más fuertes que los de la sangre.

Mirando hacia atrás, no guardo rencor. He trabajado para restablecer mi mente y encontrar la paz. **Elegí centrarme en los aspectos positivos**, las lecciones aprendidas y la resiliencia construida, como, por ejemplo:

* Cada situación es una oportunidad de crecimiento y aprendizaje.
* Reconozco mi fuerza interior.
* Reconozco las cosas que he logrado y celebro mis éxitos.

Por mucho que mi infancia estuvo plagada de complejidades, también me convirtió en la persona que soy hoy: fuerte, empática y profundamente agradecida por las pequeñas alegrías de la vida.

Te cuento, tengo dos hijos: Richard, de diecinueve años de edad y Amarose, de nueve.

Criar a mis propios hijos me ha dado una perspectiva profunda sobre la crianza. Me esfuerzo por crear un ambiente para ellos que sea enriquecedor y lleno de amor, donde se sientan valorados y escuchados. A menudo me encuentro reflexionando sobre las luchas de mis padres y la forma en que influyeron en sus acciones. Es un recordatorio constante de romper el ciclo y asegurarme de que mis hijos crezcan sabiendo que son queridos.

Como madre y educadora siento que es muy importante entregarles a los niños en sus primeros años los siguientes valores:

* Amor con disciplina para que aprendan a gestionar sus emociones de forma sana y constructiva, esto les hará sentir amados y apoyo emocional lo que en la etapa adulta les dará mayor seguridad.
* Gratitud para que aprecien cada gesto, palabra o acción y se den cuenta que están en un lugar privilegiado.
* Empatía para comprender y gestionar sus propias emociones, así como reconocer y responder a los sentimientos de los demás.

Es interesante cómo la vida tiene una manera de aportar claridad con el tiempo. Cuanto más navego por la edad adulta, más entiendo los matices de mi pasado, sin juicio. Los constantes dolores de cabeza de mi mamá y el deseo de retirarse a su cama no eran solo signos de agotamiento físico; fueron las manifestaciones de un costo emocional y mental más profundo. Comprender esto me ha permitido perdonarla. Sus batallas fueron muchas y ahora me doy cuenta de que hizo lo mejor que pudo con las herramientas que tenía. Esto me inspira como madre a educarme e instruirme cada día más para entregarle herramientas a mis hijos.

Cuando era adolescente, me topé con lo que parecía amor, un torbellino que me arrastró y me hizo tomar decisiones que acarrearon graves consecuencias. A los quince años empecé a tener relaciones sexuales, sin protección con un chico al que consideraba mi novio, aunque apenas nos conocíamos. Nadie tuvo nunca la conversación «incómoda acerca de sexualidad» conmigo. Y, por supuesto, las acciones irresponsables conllevan ciertos resultados. Quedé embarazada a los dieciséis años, en mi segundo año de secundaria y mi vida tomó una dirección que no había planeado. Los susurros de vergüenza y decepción resonaron en mi familia, pero fue mi madre quien estuvo a mi lado, ofreciéndome su apoyo y dejándome elegir mi camino. Hasta hoy en día, ha sido mi soporte número uno, estoy inmensamente agradecida con ella.

Te confieso que lo que más que me afectó en esos momentos fue la reacción de mi padre, él no quería tener nada que ver conmigo en ese momento. Después de todo, yo era la niña de sus ojos. La tensa relación con mi padre pesaba mucho en mi corazón. Su decepción y desaprobación iniciales fueron profundas.

Lo anterior tuvo un vuelco en mi historia, verlo cruzar la puerta en la fiesta de bienvenida del bebé despertó un torbellino de emociones dentro de mí. Al verlo sentí un nudo en la garganta y un dolor inmenso en mi pecho y no podía parar de llorar. Cuando se me acercó y sentí su abrazo, mi tenso cuerpo se relajó de inmediato. Su presencia, aunque silenciosa durante meses, lo decía todo. En ese momento, sentí un rayo de esperanza de que tal vez, a pesar de nuestras diferencias y malentendidos, todavía había amor y apoyo por encontrar.

El que tuviera yo un hijo a mis dieciséis años, marcó un punto de inflexión en mi vida, un momento de ajuste de cuentas y responsabilidad que no podía ignorar. A pesar de los desafíos y juicios que me rodeaban, sabía que tenía que dar un paso adelante y aceptar la maternidad con todas sus incertidumbres y alegrías.

Convertirme en madre adolescente, no formaba parte de mi plan, pero era una realidad que tenía que afrontar. Mientras sostenía a mi recién nacido en mis brazos, una ola de amor y determinación me invadió.

Hice un voto silencioso de brindarle
la mejor vida posible a mi hijo,
de ser la mejor madre para él.

La escuela a la que asistí tenía un programa que me permitió continuar mi educación mientras cuidaba a mi hijo. Era un santuario, un lugar que ofrecía un atisbo de esperanza, una oportunidad de construir un futuro a pesar de lo agitado de mi pasado.

Pero la historia tiene una manera cruel de repetirse, sino has sanado tus heridas emocionales.

El padre de mi hijo, que alguna vez pareció tan atento, comenzó a mostrar signos de la misma oscuridad que había nublado mi infancia. Él se convirtió en una pesadilla de abuso y manipulación. El ciclo de abuso comenzó a girar de nuevo y me encontré atrapada en su danza vertiginosa.

El momento en que me di de cuenta de que necesitaba escapar de esa relación tóxica, por el bienestar de mí y de mi hijo, fue un punto de inflexión. El terror que sentí, el dolor de ver a mi hijo de tan solo un año de edad, presenciar la violencia y la determinación interna de protegerlo a toda costa son un testimonio de mis instintos y amor maternos. En esa época lo más importante para mí era que mi hijo creciera en un ambiente de tranquilidad, aunque eso significaría vivir alejado de esa imagen paterna.

Mi intención en esta historia **no es encontrar culpables y mostrarme como la víctima**. Es compartirte, cómo mi falta de herramientas emocionales, el no saber que quería en ese momento y el no visualizar opciones del cómo salir de esa relación, me llevó a aceptar los abusos, aunque muy dentro de mí sabía que algo no era correcto. Me preguntaba:

* ¿Será que todas las parejas pasan por este tipo de abuso al principio?
* ¿Será mi culpa, qué cosa dije para que se enojara?
* ¿Qué pasará si me voy?

La noche que decidí irme y escapar de esa relación tóxica, estaba llena de miedo, cada respiración era un riesgo calculado y cuando llegó el día que casi me muero, la divinidad me salvó. Las manos de un hombre, que una vez me sostuvieron fingiendo amor, ahora buscaban, robarme el aliento. Fue como un susurro de intuición, un toque de algo divino, lo que me salvó la vida.

Ese día, él estuvo a punto de quitarme la vida. Fue un momento crucial, un claro recordatorio del peligro en el que yo estaba. Mi intuición, mi voz interior que me guio a tocar suavemente su rostro, fue un momento de intervención divina que me permitió, liberarme de él. Fue un momento de supervivencia, de recuperar mi poder y encontrar la fuerza para dar los primeros pasos hacia un nuevo comienzo.

Aprendí que a veces el acto de dejar ir, de alejarnos de quienes nos hacen daño, es el acto más profundo de amor propio.

Y al hacerlo, le prometí a mi hijo y a mí que siempre buscaría la oportunidad de una vida donde el amor no duela, donde la seguridad no es un lujo y donde la felicidad es más que un sueño fugaz.

Hoy en día tengo una relación de pareja sana, donde hay comunicación efectiva, confianza, respeto, apoyo, con resolución saludable de conflictos, tiempo de calidad, espacio personal, aprecio y afecto, valores y objetivos compartidos.

La relación con mis padres se nutre cada día más, soy muy unida con mis hermanos, especialmente con el mayor.

Él siempre ha estado a mi lado desde mi nacimiento, es mi cómplice y compinche en todo y aunque ahora esté lejos físicamente, dado que se fue a vivir en Noruega, siempre lo tengo presente. Mi hermana menor siempre ha sido como segunda madre para mis hijos, los adora con locura.

Mi mensaje final para ti, que has llegado hasta este punto de mi historia, es:

* **Si eres adolescente explora y busca orientación** de adultos a los que les tengas confianza, mientras navegas por los desafíos y oportunidades de la adolescencia. Tu viaje de autodescubrimiento es una experiencia valiosa y transformadora, no te apresures tanto, ya habrá tiempo para todo.

* **Si eres madre aprecia los momentos de amor, crecimiento y conexión con tus hijos:** tu rol es sumamente profundo y tu dedicación moldeará la vida de tus hijos de manera invaluable hazlo con amor y sabiduría.

* **Si eres mujer mantente firme frente a la adversidad:** alimenta tus sueños, defiende tus derechos y bienestar. Tu voz tiene el poder de inspirar cambios.

* **Si eres un hombre recuerda que tu rol como padre** también cuenta, al igual que mamá eres importante en la vida de tus hijos. Guíalos con amor, comprensión y lidera con el ejemplo, promoviendo siempre el respeto mutuo.

Ahora deseo compartirte las herramientas que me ayudaron a decirme **SÍ a mí** y a romper esos patrones repetitivos de mi vida:

1. **La educación** para adquirir herramientas que me ayudan cada día.
2. **Valentía** para atreverme, así tenga miedo.
3. **La fe en que Dios y la divinidad** siempre están conmigo acompañándome.

Mi frase
Que me recuerdo a diario es...:

Tu versión sana es tu versión real.

No quiero que se acabe este capítulo sin antes agradecer a Elina Rees y todo su equipo de Resetéate.

Elina, te estoy eternamente agradecida por el impacto que has tenido en mi vida, por todo lo que me has enseñado y el cariño que me has mostrado. Has tocado mi corazón de una manera que las palabras no pueden expresar plenamente.

También quiero agradecerle a una hermana que me regalo la vida, Yineiki Ciprian Anazagatis. Gracias por todo el apoyo y por siempre estar presente. Gracias a mi familia por todo el amor. Y, por último, gracias a mi pareja que ha sido parte de mi sanación y proceso de crecimiento, siempre impulsándome a ser una mejor versión de mí.

Gracias por leerme y **si conoces al alguien que esté en una relación toxica, por favor, compártele mi historia.**

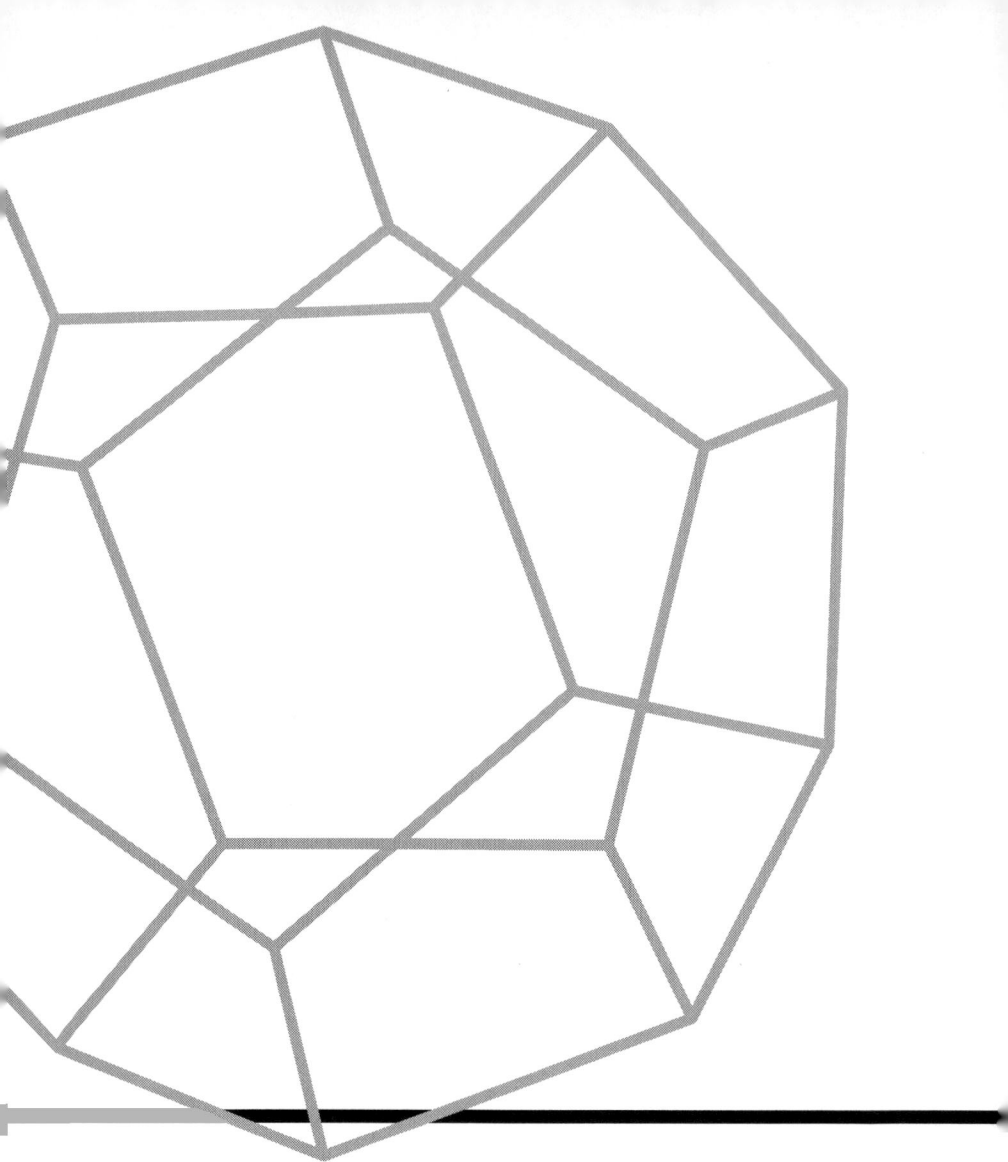

BETTY
MAHECHA

Nacida en el vibrante corazón de San Cristóbal, en el estado Táchira, del grandioso país de Venezuela. Betty Licet Mahecha Vásquez es una mujer cuya esencia trasciende lo ordinario. Soñadora incansable y emprendedora nata, Betty posee una presencia única que ilumina cada espacio que habita.

Desde temprana edad, Betty emprendió un viaje de crecimiento personal, descubriendo en su interior un poderoso don: la habilidad de conectarse profundamente consigo misma y canalizar su energía. Esta esencia femenina, plena de fuerza y sensibilidad, la ha impulsado a recorrer senderos de aventuras y autodescubrimiento.

En las vastas carreteras mentales que forjó en su inconsciente, Betty ha vivido innumerables experiencias que le enseñaron la importancia de la comunicación asertiva y la conexión significativa a través del servicio. Este propósito de vida la llevó a fundar BettynasCreative, una empresa de planificación y decoración de eventos que, mediante el arte de los globos, transforma cada celebración en una experiencia memorable y conectada con la esencia de sus clientes.

Además, Betty es la creadora del programa LipoMental, donde aplica técnicas avanzadas de programación neurolingüística: neurocoaching y neurofeedback. A través de este programa, ha logrado «neurohackear» las rutas neuronales de personas que han luchado incansablemente por alcanzar y mantener su peso ideal.

En su canal *El Lenguaje de la Luz*, Betty ha construido una comunidad de mujeres a quienes ofrece herramientas y técnicas para identificar y superar agresiones emocionales en sus relaciones de pareja. Con su Protocolo de Liberación Emocional, muchas mujeres han logrado conectarse con su yo interno, descubriendo una luz transformadora que las proyecta hacia un futuro esperanzador. A lo largo de sus múltiples emprendimientos, Betty ha mantenido clara su misión: servir a aquellos que necesitan una palabra de aliento, una frase motivadora o una comunidad de apoyo.

Ella ha encontrado un sendero hacia su sanción interna, conociendo a su yo del futuro, perdonando a su yo del pasado y abrazando cada vivencia en estado placentero y divertido con su yo presente. Todo esto lo enseña en cada programa, en el que establece una conexión íntima con cada persona a las que sirve y recibe con gratitud y gozo. Su vida y obra son un testimonio de la transformación y la energía positiva que pueden surgir de una mujer que ha encontrado su verdadera esencia y propósito en el servicio a los demás.

Despertando del eclipse: iluminando las sombras de un perpetrador emocional

En esta historia te compartiré acciones de vida que hice en el pasado, desde una consciencia muy inferior a la de hoy, (no es que esté iluminada, es que sigo aprendiendo) y, sobre todo, que tú y yo somos el resultado de nuestras acciones pasadas. Por lo tanto, hoy escribo para sanar mi futuro. Disfruta el viaje y desde mi luz te agradezco por leerme, espero te aporte.

Crecí enfrentando muchos desafíos desde una edad temprana, aprendiendo cada día a transformarlos en valiosas lecciones de vida. A medida que me hacía mujer, me fortalecía y aprendí a construir una armadura de resiliencia que me permitió superar cada obstáculo, a lo largo de los años.

Como profesional exitosa logré muchas metas materiales, pero pronto descubrí la importancia de buscar la plenitud y el amor propio, más allá de las posesiones. Aunque creía que lo tenía todo, empecé a sentir la importancia por escuchar mi voz interior y la construcción de una familia.

Con treinta y tres años y en medio de una gran presión psicológica de que el tren en mi vida me iba a dejar... (como una pésima metáfora empleada por las madres del siglo pasado), tomé la decisión de casarme. Elegí a una figura masculina, sin considerar sus valores de vida, sin evaluar sus costumbres, su familia y, mucho menos, su economía. Es ahora, desde mi autoconocimiento, cuando puedo reconocer que elegí un proveedor que viniera a darme dos espermatozoides, en vista de que mi verdadero deseo en aquel entonces era: ¡ser madre!

Por supuesto ya traía en mi mente inconsciente un patrón mental, que se había instalado:

Te vas a casar y te divorcias, si te sale malo el hombre, y crías a tus hijos sola, porque para eso tienes dinero y a él, no lo vas a necesitar.

Te pregunto:
* ¿Cuántas personas han elegido a una pareja, desde la amenaza de que ya están en sus treinta años y no se han casado y que aún no han tenido hijos?
* ¿Cuántas personas eligen a una pareja sin, ni siquiera conocerse a ellos mismos?
* ¿A cuántas mujeres conoces que han desplazado la figura masculina porque creen que todo lo pueden hacer solas?

Esta es mi historia de concientización propia

Creo que, lo anterior, más que un patrón mental, ha sido una lealtad familiar, que ya estaba escrito que debía cumplir; y ahora visualizándolo desde el punto del aprendizaje de mi proceso de sanación, la niña ya adulta encontró el poder transformador de romper los patrones y lealtades familiares, eligiendo hacerlo diferente, aun siendo señalada por la sociedad.

En este episodio de mi vida fue donde afloraron todas las sombras que tenía en mi mente inconsciente, que traía de mi infancia. Idealicé a una persona que vino a mostrarme todo lo de debía sanar en mi vida, siendo ese espejo que me negaba a ver, sin duda alguna, un verdadero maestro de aprendizaje.

En el transcurso de los años, desarrollé una resiliencia que me permitió enfrentar y superar adversidades, aprendiendo a cuidar mi salud y bienestar emocional en el proceso. Y a pesar de esto, apenas podía identificar que estaba sintiéndome maltratada por mucho que me disociaba, sin embargo, en mi interior ya estaba sintiendo la bandera roja, que me decía: *alerta*.

Prontamente, mi yo interno empezó a cuestionar el camino que estaba tomando. Allí fue donde pude identificar que estaba ante una figura que me hacía sentir agredida emocionalmente, esto solo me hacía fluctuar en los patrones de mi infancia no sanados, dejándome llevar por unas emociones no canalizadas, sumergiéndome en una relación abusiva.

En un lapso muy corto después del matrimonio, llegó mi primera hija, y en medio de un abrumador episodio que se propició en nuestra familia, nos vimos tomando maletas y emigrando forzosamente a los Estados Unidos.

Llegando a este país nuevo, con una maleta vacía de sueños y metas que dejé en mi país natal Venezuela, pero con la certeza de que sería el trampolín para tener otro estilo de vida, con un ambiente esperanzador. A los tres días de estar en el nuevo país, me encontré con la noticia de que venía mi otro hijo en camino, una real sorpresa para todos.

Enfrentándonos a los nuevos retos de aprendizaje de vida y a «cómo generar dinero» para vivir, me encontré con una discusión que detonó, lo que ya mi corazón venia presintiendo, en medio de gritos, sufrí mi segundo abandono. Permanecí sola, con mi hija pequeña y esperando a mi segundo bebé, por dos meses y medio, el llanto me hacía tener las emociones encontradas. Sentí, que no era ni la vida que yo quería para mí, ni la crianza que quería darles a mis hijos. Mi voz interior y mi corazón me decían que:

El gran amor por mis dos hijos sería mi fortaleza para identificar que no me veía en futuro compartiendo unos patrones de vida que para mí eran equivocados, llenos de maltratos físicos, verbales y psicológicos.

Empecé a estudiar, a indagar e investigar, hasta que pude reconocer que mi yo interno me estaba llamando a hacer un cambio. Fue entonces cuando hice una conexión con mi intuición, con mis ángeles que me dieron las señales, reconociendo que estaba en presencia de un *perpetrador,* identificado como un narcisista, que actuaba estratégicamente para enmarcarme en su círculo de control y poder.

Hoy reconozco «que permití estar allí».

Al principio, pensé que había encontrado al compañero ideal para compartir mi vida y formar una familia.

Hago paréntesis: Sí, él era el ideal, para mi propia versión de aquel entonces, una mujer que se desconocía a sí misma y él fue el maestro, para comenzarme a conocer.

Con el tiempo, sin embargo, me di cuenta de que las dificultades que enfrentaba en mi relación me estaban enseñando importantes lesiones de amor propio. Reflexioné sobre mi capacidad de reconocer y superar la manipulación, fue entonces cuando decidí cambiar la óptica desde la cual quería contarme mi propia historia de vida.

Ya con el conocimiento adquirido decidí no callar más mi voz, empecé a tomar acciones pequeñas, a poner límites que hacían priorizarme; cada vez eran más contundentes y definitivas.

El perpetrador pudo identificar que esos mismos límites que estaban naciendo, eran los que me llevarían a tomar decisiones definitivas en nuestra historia de vida. Para él era satisfactorio manipular la situación desafiándome constantemente, haciéndome creer que era incapaz de tomar acciones.

Cada día era más desafiante, estaba desarrollando una gran resiliencia, transcendiendo mis miedos y observando muy silenciosamente cómo subía el precio que debía pagar por permanecer en una relación de pareja sin significado, sin bases sólidas y sin amor.

Este aprendizaje me llevó concluir que él llegó a mi vida a mostrarme lo de debía sanar. Él se convirtió, sin saber, en el mayor estimulador de cambios contundentes para mejorar mi vida.

Las preguntas poderosas llegaban a mí, en esos momentos de lucidez plena, retumbando en mi mente:

¿Te visualizas en este estilo de vida?

¿Te atreverás a materializar el cambio que quieres?

Llena de justificaciones y ya entrando en el punto de normalizar las agresiones emocionales, físicas, verbales, psicológicas, y literalmente sintiéndome muy violentada. ¡Me detuve y saqué de mis entrañas un **No**!

Aprendí a decir No.

Eso ya era un paso que me acercaba al camino de mi libertad. Poner límites a una figura narcisista es retador, revelarse a su mandato lo es aún más. Así fue como empecé a saborear el no puedo, no quiero, no lo comparto, no lo soporto, no lo hare, no voy. Hasta planear la estrategia perfecta usando sus mismas herramientas, esas que aprendí a lo largo de los ocho años que compartimos; ¡dando un **No** más definitivo!, y puse punto final a esa historia.

Justo cuando estaba sometiendo mi solicitud de alejamiento, llegó una mujer, con el miedo a flor de piel y con lo cara golpeada; y fue cuando pude visualizar que esa sería mi futura realidad, si me arrepentía en tomar la decisión definitiva. Aunada la gran estadística que reveló el funcionario de turno: «el 98% de las mujeres violentadas que vienen a esta corte a pedir ayuda, son venezolanas».

Ese punto cero fue donde volví a sentir que respiraba por mí misma. Me cambió la vida el solo hecho de poder cerrar los ojos y dormir en paz, sin intimidación ni manipulación. Fue experimentar una tensa calma; me encontré rodeada de tanta incertidumbre y de igual forma sabiendo que en mi interior la divinidad me respaldaba en todas mis acciones.

Era mi turno de contarme la historia bonita, que quería cocrear.

Inicié mi camino a la reconstrucción, y me encontré con esa niña herida pero feliz y sonriente, diciéndome que ahora es tiempo de elegir hacerlo diferente, sin importar quién me juzgue; simplemente elegí tomar el nuevo aprendizaje desde el amor. Le **dije No a un perpetrador emocional**, para agarrarme de esas cenizas y renacer como el ave fénix, diciéndome por primera vez **Sí**, y abriéndome a mi nueva yo.

Al principio fue duro enfrentarme a mis hijos, sus dudas y sus preguntas siempre eran respondidas de la forma más neutral posible, sin dejar evidencia de ninguna lágrima en mi rostro. Aún, cuando todos sufrimos el mismo abuso, ellos solos identificaron que la paz en nuestro hogar había llegado. Sus rostros se llenaban de sorpresa y a su vez demostraban miedo. Fue entonces cuando empecé los trámites legales para mi separación definitiva.

En medio de consultas psicológicas, para apoyarnos juntos y aprender a vivir en este nuevo renacer, el neurocoaching me hizo entender el valor de una mamá con salud mental y buena gestión de mis emociones. Si yo como mamá estoy bien emocionalmente, puedo sostener a mis hijos y no ha habido una *coach* y psicóloga más idónea que yo, como su madre, ya viéndome desde la mujer empoderada con cambios, puedo ser quien valida sus emociones y sentimientos cuando se presentan situaciones con el entorno.

Otro de mis estudios más valiosos, ha sido una certificación en Programación Neurolingüística (PNL) Resetéate®, que me hizo entender los «para qué» se habían presentado tantos desafíos en mi vida y cómo mi mente inconsciente ha desarrollado habilidades para superarlos. La PNL me vino a mostrar esa cara de la moneda que siempre estuve buscando, sin duda alguna ya estaba expuesta, y el que se expone por primera vez es porque está listo para recibir todo lo bueno y maravilloso que el universo y Dios tiene para sí.

Entre los tantos cursos y estudios llegué a otras comunidades, y son las bases que formaron las fundaciones sólidas de mi nueva construcción. Entendí que, canalizando mis pensamientos ordeno mi energía y que, escuchando mi voz interior, desarrollo mi intuición y co-creo la realidad que quiero vivir.

Esto ha sido mágico y ha llenado mi vacío; si me pierdo, ya se cómo conseguirme y guiarme amorosamente retomando el camino.

Yo, estoy creciendo, estoy sanando y descubriendo la verdadera felicidad.

Siendo libre de sonreír, permitiéndome equivocarme, de cocrear la vida que deseo en mi ahora presente y con mi nueva yo.

Empecé a sonreírme, cada día hambrienta por explorar ese camino que me hizo emplear las herramientas factibles para decir **No** a ese mundo donde jamás encajé. Aprendí a decirle **Sí**, a eso que me hace sentir plena.

Esa sensación de que las cosas se alinean y en agradecimiento a Dios y a mí misma por tomar la decisión que me ha hecho escalar hacia el perdón, a los involucrados y a mí misma, por haberme anulado en una etapa de mi vida; sin duda forman mi historia de vida y contarla me ayuda a dejar ese legado que deseo expresar al mundo. Para que otros se puedan reflejar en este espejo y también sanen.

Hoy disfruto del proceso, reconozco que la resistencia a **decir No** fue la señal de alerta que me llamaba a abrazar el cambio y a tomar acción. El riesgo de tomar decisiones me fortaleció, pero el miedo a quedarme donde estaba antes me enfrentó a cambiar mi copa vacía, por una que he ido llenando de forma auténtica, reconectando con mi verdadera esencia.

Hoy bendigo esa gota que derramó mi vaso porque sin ella no hubiese podido enfrentar la sanación interna a la que tantas veces miré con miedo y abrazar las sombras y los miedos que me tenían en la oscuridad, jugando bajo.

Enamorarme de mi transformación, es lo que me llevó a solidificar las herramientas que me permitieron decir **No** para luego **decirme SÍ a mí**, siendo amorosa conmigo, surfeando las olas de las emociones más elevadas de energía, eligiendo el cambio, sintiéndome cómoda con cada aprendizaje y permitiéndome sentir, identificando el para qué de cada emoción y mirando al espejo a esa niña que tiene una actitud esperanzadora, que desde siempre sabía que la persona que la salvaría sería ella misma de adulta.

Hoy que revelo mi historia y si tú que la lees y tal vez has pasado por una historia de vida asociada; quiero compartirte algunos puntos importantes a tomar en cuenta ya habiendo identificado que estás en presencia de un perpetrador emocional:

1. **Identifica las banderas rojas:** estas banderas generalmente vienen a mostrarte que cuando las dejas pasar la primera vez, la próxima vez escalan de tono. Con esto te quiero guiar a que identifiques si estás en presencia del círculo de poder y control, esto implica: intimidación, abuso emocional, aislamiento, minimización, negación, culpabilización, manipulación, privilegio masculino, abuso económico, uso de coerción y amenazas.

2. **Normalizar los comportamientos agresivos:** Si conectas con tu corazón y autenticidad y vives en el presente, sabrás rápidamente que ante una agresión uno de tus valores está siendo trasgredido. Si te disocias o te sales de la situación, lo normalizas. Allí corres el peligro de dejarte envolver por su manipulación. Por sobre todas las cosas analiza cada episodio sin justificar acciones.

3. **Decir No está bien:** siempre que no te sientas cómoda con el entorno, cuando sientas tu intuición, un **No** sutil te ayudará a volver a tu centro y retomar el control para pensar mejor. Seas novia o esposa **aprender a decir No marcará un límite** saludable para ti.

Ahora te muestro las **herramientas** que empleé y me guiaron a decirme **Sí** a mí y que han transformado mi vida. Identificar que requieres de ayuda para reconstruirte, forma parte de esa conexión con tu yo interno que está hambriento de cambios, usando como vehículo la intuición:

1. **Resetéate:** de la mano de Elina Rees, el Programa de sanación con técnicas de programación neurolingüística. Allí aprendí a resetear patrones mentales de comunicación obsoletos, desarrollar y usar al máximo todas las cualidades y capacidades de la mente, co-crear valores de vida, comunicarme de forma asertiva, implementar un diálogo interno amoroso, ser empática conmigo y con el mundo, perdonarme, crear relaciones con significado, entre otras cosas. Mis técnicas favoritas: 1.- Metamodelo del lenguaje (cómo funcionan las preguntas en mi mente). 2.- Técnica del suich (visualización auditiva y sensorial). 3.-Colapsamiento de anclas (superar bloqueos mentales). 4.- Autorreconocimiento de valores (identificar los valores que guían mi vida y los que no son negociables).

2. **Neurocoaching – Neurofeedback:** con la guía de Carlos «el coach» y Yami «la coach», prácticas con gorro con electrodos y neurocoaching, que me ayudaron a identificar mis traumas del pasado. Esta técnica me ayudó a mantenerme en el presente, en estado placentero y divertido, permitiéndome conocer cómo se

comportan mis ondas cerebrales y crear mi yo del futuro, con la que me encuentro a diario en mis neuro-recargas, esas que han moldeado la neuro-plasticidad de mi cerebro, en la misma practica incorporo el Hoponopono, esta técnica de sanación ancestral hawaiana me permitió limpiar mi mente inconsciente con frases gatillo y guio mi camino a la sanación con mi pasado. La metafísica me encanta, reconocer que soy una con el universo y que cocreo la vida de mis sueños, es verdaderamente la llave maestra que tiene esa combinación única que conecta con mi merecimiento y abrió la puerta a la opulencia en armonía perfecta para mí y para el mundo. La conexión con arcángeles de luz. Gracias a María Eugenia Aranguren.

3. **Comunidad Damas de Titanio:** Una comunidad de sostenimiento, creada por Norlis Coa, que a través de la energía interna de la mujer cocreadora de realidad, se proyecta a empoderarse, a cambiar su mundo identificando y aplicando técnicas de superación personal, empleando como combustible el amor propio, la autoconfianza y la sanación interna.

Una acción importante que debes tomar en cuenta, si atraviesas por esos momentos difíciles, es internalizar que el cambio inicia por ti, jamás lograrás cambiar a otro, que no tenga la disposición en su corazón de hacerlo. Es tu riesgo, si decides que transcurran años esperando que la vida lo cambie...

Mi frase

Que me recuerda decirme que **Sí** a diario es:

Soy suficiente y tengo habilidades extraordinarias para superar cada desafío que la vida me presente.

Trascendiendo en el tiempo, con el lenguaje de la luz.

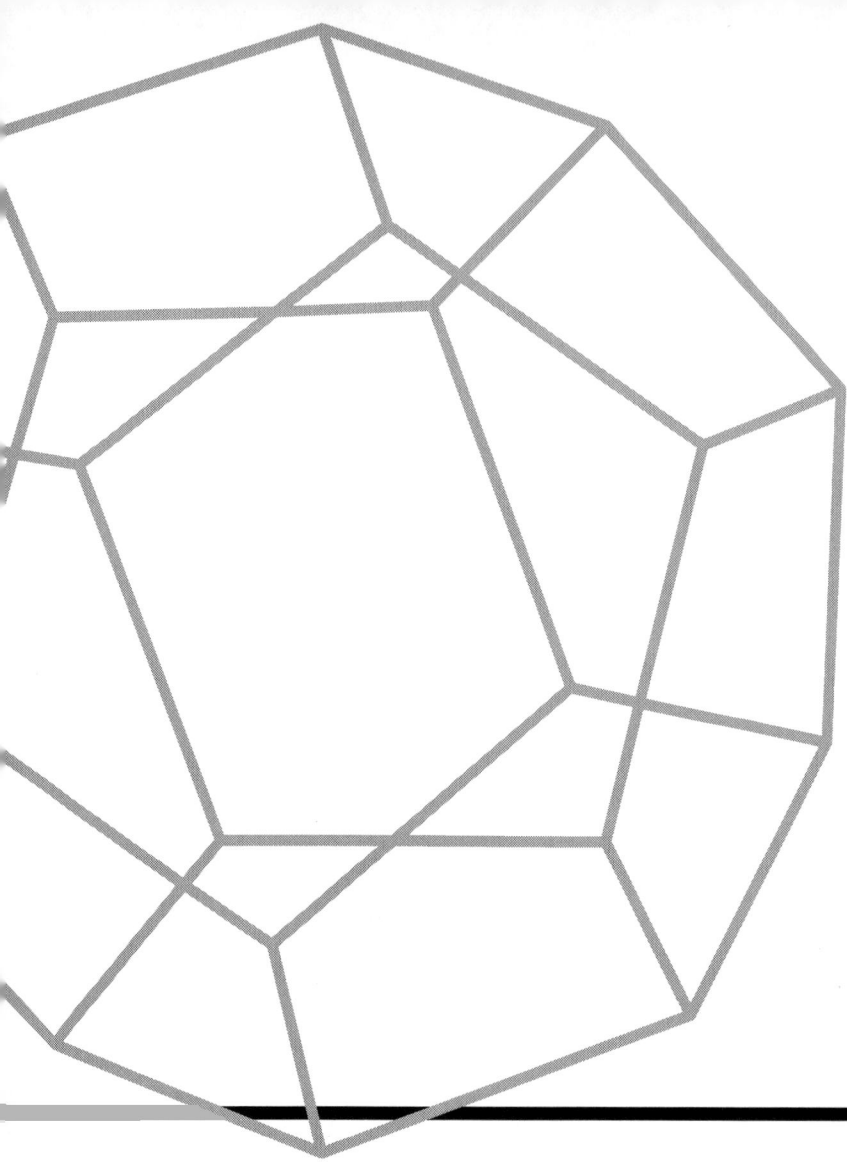

LUIS
LUCENA

Luis Enrique Lucena Montesinos es esposo y padre presente de dos varones y un ángel en el cielo. Nació en Barquisimeto, Venezuela y vive en San Antonio, Texas, desde el 2014.

Estudió Organización Empresarial y es licenciado en Administración con una especialidad en Recursos Humanos. En su país, trabajó como administrador en una empresa de salud visual por varios años. Después se trasladó al sector de la informática, ofreciendo asesorías en sistemas administrativos de forma independiente, dando soporte a empresas a nivel gerencial.

Durante los últimos cuatro años, Luis ha estado incursionando en el *trading* en la bolsa de valores, lo que le ha permitido descubrir la importancia de la gestión emocional para obtener resultados efectivos, abriendo un nuevo camino significativo en su vida para explorar esta área de desarrollo personal.

Por esta razón, ingresó a la Escuela Resetéate de Elina Rees, donde se certificó como PNL Practitioner. Hoy en día forma parte del *Team Resetéate*, donde se desempeña como *coach* asistiendo a los estudiantes para que apliquen y desarrollen técnicas de programación neurolingüística mientras se preparan para convertirse en PNL Practitioners.

Los valores que guían su vida y trabajo son la paz, la libertad y el compromiso propio. Estos principios se reflejan en su enfoque y compromiso tanto en su vida personal como profesional.

Actualmente, ofrece servicios de *coaching* para ayudar a las personas a identificar y superar obstáculos, mejorar su autoconfianza y comenzar a trabajar en el camino del equilibrio emocional a través de sesiones con programación neurolingüística (PNL). En estos procesos, los clientes logran un cambio en sus patrones de pensamiento y comportamiento, descubriendo nuevas formas de gestionar sus emociones y alcanzar sus metas. Siempre está en la búsqueda de nuevas oportunidades para apoyar a otros en su camino hacia el éxito y el bienestar integral.

La armadura de un caballero

La presión social sobre los hombres para ser fuertes, proveedores, seguros y nunca mostrar debilidad, puede ser abrumadora.

Tanto la sociedad, como la familia, espera y presiona para que siempre estemos dispuestos a asumir más responsabilidades y aceptar desafíos, sin pensarlo. Bueno, esa fue la historia que yo me creí y que viví. Aunque he descubierto que la vulnerabilidad me da poder y fuerza, para reconocer mis límites y proteger mi bienestar. Hola soy Luis, y aquí te contaré una historia que es poco común leer.

Te cuento, a lo largo de mi vida me fui creando una especie de **armadura** para no mostrar lo que estaba sintiendo realmente en un momento determinado. Incluso llegué a un punto donde decía:

A mí no me pasa nada, yo estoy bien, yo no necesito ayuda, yo puedo solo con esto.

Crecí creyendo que debía ser el pilar, el fuerte, el inquebrantable, ese roble inamovible ante cualquier adversidad. Esta armadura se fue forjando con la ayuda de todo lo que escuché en mi entorno y estaba relacionado a la cultura machista de la cual vengo. Esta armadura se iba haciendo cada vez más pesada, a medida que iba reprimiendo mis sentimientos y mi voz.

Yo buscaba moldear, de una u otra manera, esa figura principal masculina, como es la de mi padre, la cual es:

La de un ser muy trabajador, responsable y con un alto espíritu de ayudar a otros, mostrándose siempre fuerte y sin mostrar algún tipo de sentimiento, donde él priorizaba siempre a los demás, incluso cuando esto pudiera afectarlo indirectamente.

Luego, me fui dando cuenta de que esa armadura me impedía sentir plenamente, me aislaba de las experiencias que hacen que la vida valga la pena. Me alejaba de la alegría, la tristeza, el amor y el miedo. Todas esas emociones se veían amortiguadas por el metal frío de mi masculinidad, mal entendida. Es decir, no eran expresadas en su totalidad, no solo por la parte masculina si no también reforzadas por la fuerza de mi madre, que, aunque es una mujer muy amorosa, compasiva y cariñosa, también, es una persona que no muestra su vulnerabilidad y le cuesta mucho expresar lo que siente. Por lo tanto, esto me llevó a pensar que eso era lo normal y que era lo que tenía que hacer yo.

Entonces, si tanto mi mamá, como el resto de las mujeres en mi familia, no se mostraban débiles o vulnerables y no hablaban sobre sus sentimientos,

¿Cómo lo iba a hacer yo, siendo hombre?

Te pregunto:
* ¿Te parece esta historia conocida?
* ¿Conoces algún hombre que haya crecido así?

Esto inició desde muy pequeño, cuando escuchaba frases de algunos familiares y de otras personas en mi entorno. Aquí te comparto algunas de ellas:

* Los hombres no lloran.
* Los hombres son racionales y las mujeres emocionales.
* Tienes que ser fuerte y proteger a tu familia.
* Como eres el hombre de la casa debes dar el ejemplo.
* Los hombres no hacen tareas domésticas.
* El cuidado de los niños es trabajo de las mujeres.

Esto fue creando patrones y conductas en mí, que a medida que las reconozco la he ido trabajando.

¿Sabías que nada de esos patrones nacieron ni contigo, ni conmigo? Es decir, nunca se nos preguntó si estábamos de acuerdo con esa línea de pensamiento. Simplemente escuchamos y aceptamos por defecto, sin cuestionar.

Desde muy corta edad, me enseñaron a ser complaciente, a ser un «buen chico» y yo obedecía. Pero, con el tiempo, **aprendí que decir No era tan importante como decir Sí.**

Aceptar todo sin cuestionar puede llevarnos a la pérdida de nuestra propia identidad.

He aprendido que esa armadura no me protegía, sino que me encerraba, descubrí que hay más valor en la honestidad emocional, que en la represión.

La vida a todos nos presenta retos, para mí uno de los dos más fuertes han sido: emigrar a Estados Unidos, que era un nuevo comienzo, con todo lo que esto conlleva. En segundo lugar, el nacimiento de mis dos hijos, ambos nacieron de forma prematura. En los dos retos tuve que mostrarme fuerte, para ser el protector. Pero también, elegí empezar a quebrar mi armadura, es decir, comencé a expresar lo que realmente estaba sintiendo y mostrarme como un hombre, que podía ser fuerte y resolver cualquier tipo de problemas, aceptando la ayuda y no como un ser de acero que nada ni nadie lo mueve.

Con esta historia deseo compartirte la importancia de lo que le estamos haciendo y diciendo a nuestros niños y sobre todo sanar lo que nos dijeron a nosotros en nuestra niñez para poder ser adultos conscientes y sanos emocionalmente.

Ahora, imagínate por un momento cómo hubiese sido para mí haber crecido sin haber creado esta armadura...

Yo me lo imaginé y me hubiese gustado escuchar de niño lo siguiente:

* Hijo puedes llorar tranquilo, es importante lo que sientes.
* Puedes mostrar tus emociones. Si expresas lo que sientes, te sentirás mejor y aprenderás a manejarlas.
* Puedes pedir ayuda.
* Puedes involucrarte en la crianza activa de tus hijos.

Imagina si hoy pudieras reconocer, validar y expresar tus emociones como algo fluido y de manera libre. Bueno, eso es lo que yo vivo hoy, te sigo contando.

Me di cuenta, después de mucho tiempo, de que algo tenía que cambiar y ¿sabes qué? Nunca es tarde, no importa la edad que tengas. En el momento de percatarte puedes tomar la decisión de crear una nueva historia y un nuevo patrón para ti y para los que te rodean.

Hoy en día hay mucha información que puede ayudarte y un sinnúmero de herramientas que te permitirán gestionar todas tus emociones. Yo he encontrado varias, y me he dado el permiso de estar receptivo a varias. Por ejemplo, la herramienta de PNL Programación Neurolingüística me ha ayudado, a reprogramar mis pensamientos y antiguas creencias que no me permitían conectar con la persona que deseaba ser.

Despojarme de esa armadura, que yo mismo creé, ha sido un proceso lento, a veces doloroso, necesario para convertirme en un hombre completo, *capaz de vivir sin miedo a la vulnerabilidad,* ya que durante mucho tiempo la palabra **No** parecía estar fuera de mi alcance.

Me enseñaron a valorar la resiliencia (tú puedes con más) y la autosuficiencia (yo puedo solo con todo) por encima de todo, incluso de mi honestidad emocional. He aprendido que esas expectativas que yo me he creído y que los otros tienen de mí, son una carga pesada, ya que a menudo me impedía cuidar de mí mismo.

Toda la vida estuve bajo un marco que no me permitía matices, «tenía que» ser radical, una cosa o la otra, y, por otra parte, lo mejor que podía hacer, en muchos casos era: callar para evitar problemas.

Con frecuencia la colectividad espera que los hombres sean el pilar firme en tiempos de crisis, el amigo que nunca dice **No** o el trabajador que siempre está disponible. Pero ¿qué sucede cuando las expectativas externas chocan con nuestras necesidades internas?

Aprender a decir No, es un acto de equilibrio entre ser solidario con los demás y ser fiel con uno mismo.

Yo particularmente siempre me sentía presionado por los demás y buscaba de cualquier forma decir **Sí** para quedar bien con ellos, pero seguido a eso empezaba mi diálogo interno a preguntarme:

* ¿Por qué yo siempre «tengo que» decir **Sí**?
* ¿Hasta cuándo vas a dejarte de último y que no importe lo que realmente quieres hacer, decir o pensar?

Eso no era justo conmigo y terminaba sintiéndome muy mal y los demás felices. Hasta que decidí tomar acción y empezar a poner límites sanos. Ese proceso puede llegar a ser retador, especialmente con tu entorno directo (mamá, papá, pareja, hijos y hermanos). De hecho, para mí lo sigue siendo.

Cuando empiezas a aplicar estos límites sanos, comienzas a experimentar nuevas experiencias que van alineadas contigo y de esta forma eres fiel a ti mismo, por esto quiero contarte la historia de una de las primeras veces que aprendí a decir **No**, aunque era un niño y no era consciente de lo que estaba haciendo, me dije **Sí** a mí mismo.

A la edad de cinco años experimenté un abuso por parte de otro niño, tres años mayor que yo. Él era un amigo con el cual jugaba a diario y vivía muy cerca. Mi familia lo conocía a él y a una parte de su familia. Todo lucía muy bien ya que jugábamos todas las tardes como cualquier niño de esa edad, hasta que él decidió cambiar el tipo de actividades que haría-

mos como parte de la diversión, en los momentos que compartíamos.

En las primeras de cambio yo accedí pensando que no tenía nada de malo y que era normal ese tipo de «juegos». Para ese momento, yo no sabía si estaba bien o no. Él buscaba replicar lo que estaba empezando a ver en la Tv que eran programas para adultos y con esto buscaba normalizar lo que hacía y me lo mostraba para que yo también lo viera como normal. Luego él empezó a incitarme a que yo practicara ese «juego» con otros niños, pero yo no me atrevía a hacerlo, no me sentía cómodo, sentía mucho miedo de que algo malo pudiera pasar conmigo y con los demás. Sentía que algo no estaba bien, realmente no quería hacer eso con él, ni con otros niños.

Desde el momento en que le dije a ese amigo que ya no quería hacer ese tipo de cosas se enemistó conmigo (gracias a Dios). Luego, nos mudamos y eso contribuyó a que más nunca supiera de él.

Hoy en día no sé nada de esta persona, pero no le guardo ningún tipo de rencor. Si el universo me lo colocara de nuevo en mi camino, lo puedo ver a los ojos y mirarlo con compasión, al final él era también un niño y brindarle desde el amor la luz que pueda estar necesitando. Me guardé esta historia por más de treinta años, cargando este peso solo en mi espalda, precisamente por no mostrarme débil o inferior a otros, por no mostrar mi vulnerabilidad para evitar problemas. Trayendo como consecuencias una generación de patrones conductuales, que no estaban alineados con lo que quiero ser.

Hoy en día, puedo hablar sobre mi abuso con tranquilidad, gracias a todo el trabajo personal, terapias que he realizado y el lograr entender cómo funciona el cerebro humano.

A finales del año pasado, 2023, ya estaba listo para contar mi historia. Y, justo unos meses después, se me presentó la oportunidad de participar en este libro.

Conecté de una vez con la oportunidad de compartir mi historia, que puede ayudar a muchas personas y que sirva de inspiración, no solo a otros hombres que cargan con historias familiares y no se atreven a sanarlas. Sino también para todas las mujeres, madres de varones, a fin de que puedan darse cuenta del peso que pueden tener las palabras que les dicen a sus hijos y, a su vez, cómo podemos ayudarlos a formarlos con consciencia, para que puedan reconocer y expresar sus sentimientos a lo largo de su vida.

Te comparto un hecho: ¿Sabías que entre tu grupo de amigos, probablemente más de la mitad de ellos sufrió algún tipo de abuso alguna vez durante su infancia?, ya sea físico, emocional o psicológico, esto frecuentemente sucede entre los dos y los diecisiete años. Los hombres no somos la excepción, pero nos cuesta hablar de ello, precisamente por las creencias sobre la masculinidad.

Algunos estudios recientes indican que los agresores suelen ser amigos cercanos, conocidos e inclusos familiares, destacando que estas personas no tenían algún tipo de antecedente y lucían tranquilos y «normales».

Hoy elijo conscientemente: «qué aceptar y qué rechazar», buscando siempre estar alineado con mis valores, mi integridad y mi salud mental.

Mi transformación comienza con el reconocimiento de que tenemos el derecho de establecer límites sanos. A medida que me embarqué en mi propio viaje de sanación, descubrí muchas cosas, una de ellas fue que mis creencias de la infancia no determinan mi futuro. Pude desafiar esas viejas narrativas (creencias) y crear nuevas que me empoderan.

Las creencias que absorbemos en la infancia forman el núcleo de quienes somos como adultos. **Si crecimos pensando que nuestro valor depende de complacer a los demás, decir No puede parecer un acto de rebelión y la posibilidad de ser rechazados,** de no pertenecer, de que no nos quieran igual. **Aprender a decir No es aprender a respetarnos**, a valorar nuestro tiempo y nuestra energía.

Estas creencias pueden dictar cómo interactuamos con el mundo. Si nos enseñaron que nuestro valor proviene de cuanto hacemos por los demás, podemos sentirnos obligados a decir **Sí**, incluso cuando nuestro bienestar está en juego. Cambiar esa mentalidad requiere un esfuerzo consciente y, a menudo, el apoyo de terapia o consejería.

Para mí, el proceso de aprender a decir **No** también ha sido un viaje hacia la comprensión de que la masculinidad no es inflexible.

Hay muchas maneras de ser hombre y ninguna de ellas debería requerir que sacrifiquemos nuestro bienestar.

Al abrazar esta verdad, podemos liberarnos de las cadenas de las expectativas sociales y vivir de forma más plena y auténtica, este es mi pensar.

En este arte de aprender a decir **No**, he descubierto que la clave es **la comunicación,** tanto con los demás, como con nosotros mismos.

Expresar nuestras razones de una manera clara y compasiva, puede ayudar a los demás a entender nuestras decisiones. No se trata de rechazar a la persona, sino de establecer límites sanos con nosotros mismos. Al establecer estos límites saludables, he creado espacio para conversaciones más auténticas y respetuosas. Mis seres queridos ahora entienden mejor mis necesidades y el cómo apoyarme y yo comprendo cómo apoyarlos a ellos.

Lograrlo requiere mucha práctica y a veces la voluntad de enfrentar conflictos y malentendidos.

Hoy elijo mi bienestar sobre la complacencia y me siento más fuerte. He descubierto que, al expresar mis necesidades y deseos de manera clara y respetuosa, no solo me respeto a mí mismo, sino que también enseño a los demás a cómo tratarme.

En este camino he encontrado aliados y recursos que me han apoyado. Grupos de apoyo, terapias y literatura sobre el tema que han sido fundamentales en mi crecimiento personal. Me han enseñado que es posible cambiar la narrativa de mi vida y que yo soy el dueño de mi vida.

En mi proceso, he tenido una piedra angular que ha sido el apoyo y la contención de mi esposa, Mariela Pena Alvizu, a la cual estaré eternamente agradecido por toda su compresión y acompañamiento a lo largo de este viaje. Así como también a mis hijos: Milán Andrés y Román Elías, que a su corta edad han sido mis dos grandes maestros, que despertaron en mí esa necesidad de vulnerabilidad y conexión con las emociones, que me invitan constantemente a romper patrones y creencias limitantes.

Mi deseo, al compartir mi historia, es que:

* Otros hombres se sientan inspirados para reexaminar sus propias creencias y comportamientos.
* Encuentres la fuerza para decir **No** cuando sea necesario y que sepas que está bien buscar ayuda.
* Juntos, podemos construir una sociedad en que la integridad personal y el respeto mutuo sean la norma, no la excepción.

Y eso comienza con la simple, pero poderosa, capacidad de decir **No**.

Gracias por permitirme compartir mi historia. Deseo que tú, que me estás leyendo, encuentres la paz, la fuerza para vivir tu verdad y que el poder de decir **No** te traiga libertad y felicidad. Que sepas que está bien pedir ayuda y que está bien ponerte a ti en primer lugar.

Te comparto mis herramientas:
1. **Conecta con esa nueva versión de ti.**
2. **Vuélvete consciente y analiza si eso que vas a hacer, a decir o a pensar esta alineado con tus valores.**
3. **Alimenta tu vida con una cápsula ACME a diario:**
    * **A**gradecimiento.
    * **C**oherencia.
    * **M**editación.
    * **E**jercicios.

Mi frase

Que me recuerda decirme **Sí** a mí mismo es:

*Que el acto de decir No, no
sea visto como una señal de
arrogancia y rebeldía, sino como
tu signo de fuerza y sabiduría.*

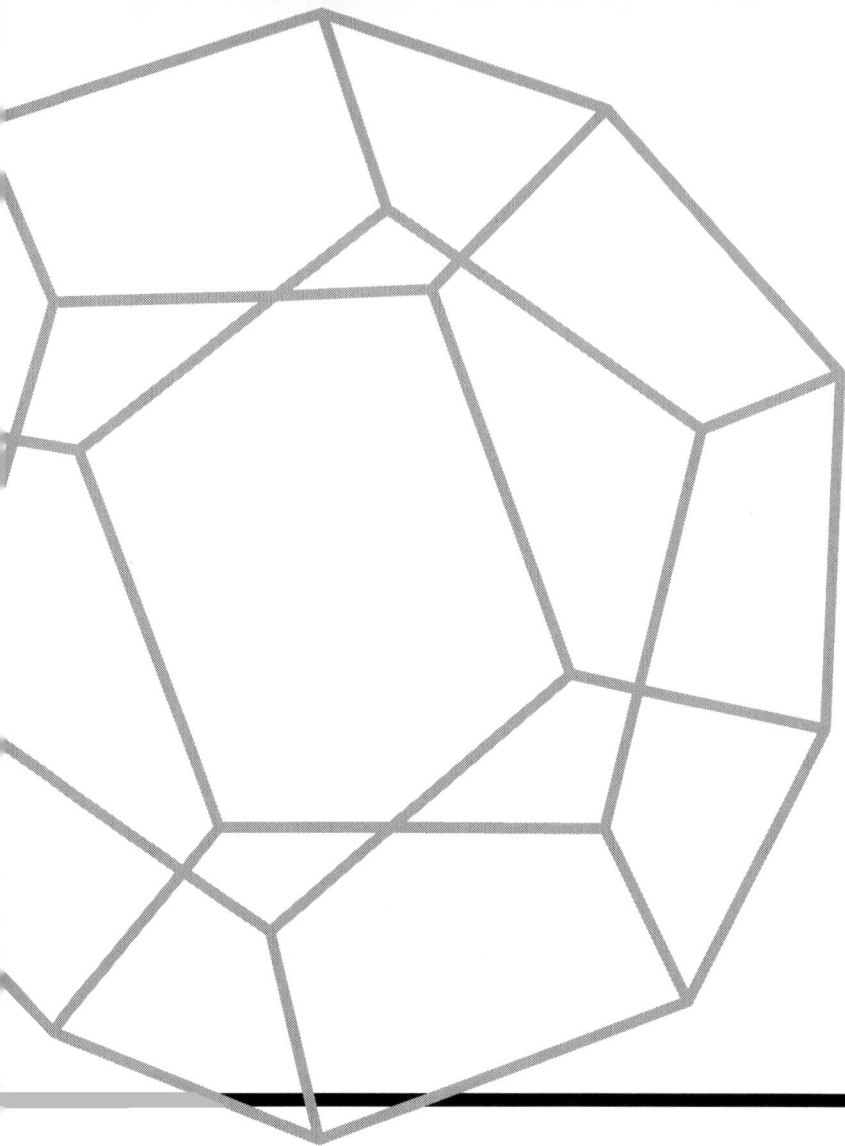

MARÍA
FERNANDA
ARRAZOLA
- JABS

@mafearrazolarealtor
Maria Fernanda Arrazola- Jabs

Nació en Londres – Inglaterra, criada en Venezuela y de sangre colombiana. Destacada por su enfoque en el servicio y atención al cliente en proyectos ejecutivos y por su pasión en el crecimiento de su desarrollo personal.

Con más de veinte de años de experiencia en ventas, demostrando tener excelentes habilidades de liderazgo, comunicación, negociación, construcción de relaciones, comprensión de las necesidades de los clientes y la proactividad en su equipo de trabajo, en proyectos exclusivos y de alta gama en el mercado andino, centroamericano y texano.

Es mente reseteada con Elina Rees. En el 2020 obtuvo la certificación como practicante de programación neurolingüística, para trabajar en su crecimiento personal, mejorar su bienestar emocional, su relación con el entorno que la rodea. Como madre de un hijo en el espectro de autismo, trabajó como *coach* con padres de hijos con una milla extra de amor, donde ayudo y guío a muchas familias a crear el mapa a seguir para el desarrollo y mejoramiento de sus hijos.

Administradora de empresas de la Universidad de Los Andes Colombia, con mención de Mercadeo y Publicidad, con un Máster en Gerencia de Mercadeo y Ventas. Trabajó en IBM Colombia, en GBM Costa Rica Alianza Estratégica con IBM Internacional, SDV International Logistics en Kuala Lumpur Malasia, en Katy ISD en Katy Texas.

Vive en Katy, Texas desde hace dieciséis años, felizmente casada con Matthew Jabs y madre orgullosa de Julián y Elizabeth Jabs. Actualmente, se dedica al mundo de bienes raíces, carrera que la apasiona ya que disfruta trabajar y guiar a muchas familias en una de las decisiones más importantes de sus vidas como es la inversión, compra-venta de su hogar e inmuebles.

Abraza tus alas, la magia de transformarte

* ¿Sabías que la vida es hermosa a pesar de la diversidad de colores y matices que se presentan en el camino?
* La vida es una acumulación de momentos que nos dan la experiencia para seguir adelante.
* Cada situación difícil, no tan difícil, es una oportunidad que tenemos para aprender algo nuevo que nos hace crecer y madurar.

Son muchos los giros y vueltas que se nos presentan a lo largo de nuestro viaje, como por ejemplo estar en la cima del mundo experimentando la alegría del éxito y, por otro lado, podemos encontrar obstáculos que hacen que nos sintamos perdidos y sin soluciones. Está en nosotros la manera cómo afrontemos cada situación.

¿Porque no abrazar estas situaciones como oportunidades de aprendizaje y superación?

No podemos cambiar lo que nos sucede, pero sí podemos decidir cómo reaccionar ante estas situaciones.

Quiero compartir contigo un poco de mí, para mostrarte cómo mi vida ha pasado por diferentes situaciones que me han permitido crecer como ser humano.

Soy la menor y única mujer de tres hermanos, de sangre colombiana, criada en Venezuela y nacida en Londres, Inglaterra, como verás una buena mezcla de culturas. Crecí en los campos petroleros con una excelente calidad de vida, una infancia feliz, amigos entrañables, con una libertad sana, donde nuestro mundo era espectacular.

Desde mi perspectiva, recuerdo esos días con mucha felicidad a pesar de tener un papá con un carácter muy fuerte, estricto y disciplinado. Gracias a Dios mi mamá fue el complemento perfecto para darnos una vida balanceada a pesar de la situación. Mi padre fue alguien que influyó bastante en mi vida. Con él aprendí que es muy importante ser: disciplinado, constante, correcto, emprendedor y tener unos valores muy claros, pero, por otro lado, me enseñó con su impaciencia e impulsividad, que era obligatorio para mí trabajar en estos dos puntos, para lograr un balance en mi vida.

Gracias a esa disciplina de mis padres, nos dedicamos al deporte 100 %. En mi caso, el tenis se convirtió en mi verdadera pasión, donde logré destacarme. Fui una persona muy enfocada en mis estudios, deporte y mi vida en general. A mis diecisiete años llegó el momento de comenzar una nueva etapa de mi vida (mis estudios superiores fuera de casa). En ese momento salí de mi zona de confort dejando la burbuja donde había crecido, pero aprendiendo muchas herramientas para utilizar en esta nueva etapa.

Como en todo cambio, enfrenté muchas cosas, desde mudarme a una ciudad más grande, buscar la manera de ir a la universidad (no tenía vehículo por la edad), vivir con amigas y hasta estar lejos de mis padres que eran mi mundo. Fueron momentos difíciles, donde no me sentía feliz, lo hacía para que mis papás estuvieran orgullosos.

Pero cuando terminé el primer año de Economía, decidí conversar con mis padres y decirles que me devolvía para Maracaibo a estudiar. Sin saberlo estaba diciendo **No** a una situación donde no me sentía bien, para decir **Sí** a mis aspiraciones y mi tranquilidad, por supuesto esto fue un shock para mis padres, especialmente para mi papá que no entendía ese cambio tan drástico.

Así fue como regresé a mi Maracaibo querido. Comencé dos carreras paralelas y volví a mi tenis para jugar a nivel interuniversitario. Vivía en una residencia del Opus Dei donde disfruté mucho a pesar de las estrictas normas a seguir. Ya estaba encaminada, pero otro cambio llegó y me mudé a Bogotá – Colombia, porque me casaba. Hice transferencia de casa de estudios para terminar Administración de Empresas en la Universidad de Los Andes. Mi papá dio su aprobación para el matrimonio siempre y cuando terminara mis estudios y que fueran pagados por él, porque era su responsabilidad.

Volví a mis raíces pues mi familia es de Bogotá y Cartagena, estaban mis tías, tíos y primos. Fue un cambio lindo porque tuve la oportunidad de compartir mucho más con mi gente. Ahí estuve ocho años, donde aprendí mucho de la vida, como bien se dice, cada experiencia te ayuda a crecer y madurar como persona. A los cinco años de casados decidimos terminar el matrimonio y seguir caminos separados.

Yo desarrollé mi carrera profesional en IBM Colombia. Luego me fui a Costa Rica donde viví una etapa **espectacular** tanto profesional como personal. Estando allá conocí a mi esposo actual que es de Montana, al año nos casamos en Costa Rica, en el Hotel Villa Caleta en la playa y nos mudamos para Kuala Lumpur Malasia, ahí estuvimos dos años fascinantes, sitio donde nació nuestro primer hijo. Nos mudamos a Katy – Texas y cuatro años después nació nuestra segunda hija y desde entonces estamos acá.

En esta primera etapa de mi vida, siempre fui libre para elegir mi destino sin depender de nadie, una época llena de aprendizajes, momentos hermosos, donde todo fluía maravillosamente.

Pero la vida me sorprendió con eventos y situaciones muy complejas donde tuve que enfrentar retos grandes que necesitaban de mi atención absoluta. Por mi naturaleza, he sido una persona que siempre he ayudado cuando siento que la gente lo necesita.

En esta época viví anteponiendo las necesidades de todos a mi alrededor, acción que en vez de ser algo que yo quería hacer genuinamente se convirtió en una obligación, me sentía amargada, aburrida, estaba todo el día ocupada y no tenía tiempo para nada. Fue así como me conecté con:

* La queja.
* Sentía que la gente se estaba aprovechando de mí.
* Mi tiempo se ocupaba todo el día en todos estos compromisos ajenos.
* Me la pasaba corriendo de un lado para otro.
* Y lo que es peor, me sentía ahogada, en un túnel sin salida provocando una serie de ansiedades y sentimientos negativos.
* Me la pasaba culpando a los demás, me sentía bastante infeliz y deprimida.

¿Qué estaba sucediendo en ese momento para que yo me sintiera así?

Mi mamá estaba de vacaciones con nosotros y le diagnosticaron con Linfoma Nasal Non-Hodgkins, a mi hijo de seis años lo habían diagnosticado con autismo, tenía mi hija de dos añitos y había decidido comenzar un grupo de *social skills* (habilidades sociales), Playhouse, en Katy para niños con autismo y con dificultad de relacionarse.

Todo esto me provocaba ansiedad interna y una incertidumbre tenaz. Lloré, me desahogué, hice catarsis y, finalmente, me senté a trazar un plan, tal cual como un proyecto para organizar mis ideas y ver cómo iba actuar.

Comencé por hacer una cosa a la vez, pero pensando en cuál sería el próximo paso de las cosas paralelas que estaban sucediendo. Así pasé de ser mamá de dos niños, a administrar todo el caso de mi mamá, visitas al médico, exámenes y más exámenes, llevarla, acompañarla a todos los tratamientos, preparar una dieta limpia para su recuperación, estar para ella en toda esta montaña rusa de emociones.

Ella montó esta montaña rusa como una campeona, nunca se quejó, siempre haciendo lo que se le recomendaba y eso hizo mucho más fácil el proceso de su sanación. Ya pasaron once años y mi hermosa mamá sigue disfrutando con sus nietos, hijos y amigos, gracias a mi gran padre Dios y mi gran madre, nuestra Virgen de Guadalupe.

Paralelamente, estaba con todos los exámenes de diagnóstico de mi hijo, nunca había llenado tantas páginas y formatos en mi vida (así ha sido hasta ahora, llenar y llenar formularios), siempre investigando proactivamente para encontrar soluciones para ayudarlo. Cuando tienes un diagnóstico de autismo, vives un proceso donde pasas por tres etapas, la negación, la aceptación y luego la acción.

Fueron momentos difíciles, pero había que actuar y rápido, así que tracé un mapa de actividades y terapias que ayudarían a mi hijo a desarrollarse de una mejor manera. Cuando eres padre de un hijo con necesidad especial, tu mayor temor es si logrará tener una vida independiente, por eso estaba en constante movimiento buscando terapias y actividades para su desarrollo.

Por otro lado, me dedicada a la educación de mi hija, sus actividades, sus necesidades. Desarrollando el plan de mercadeo para el grupo *social skills* en Katy. Cabe destacar que tenía el apoyo de mi esposo Matt, mi hermano Álvaro y un grupo de amigas muy especiales.

Esos días fueron tan intensos como agotadores, tanto física como mentalmente, una vez superamos la novedad de mi mamá como ella le llamaba, me quedaba el desafío de la crianza de mis hijos, en especial el reto extra por el tema del autismo, más el proyecto laboral.

Seguía trabajando en todo esto hasta que un día colapsé y caí en una depresión profunda.

No quería hacer nada. Pasé, así como tres días y gracias al apoyo de mi marido que no me dejó caer, pude salir de esta situación. Claramente, en toda esta situación, la última persona en la lista de prioridades era yo. A todo decía que sí y esto me llevó a una crisis donde toqué fondo. De esta manera me di cuenta de que algo tenía que hacer para cambiar estos sentimientos tan negativos que tenía.

Empecé a buscar más tiempo para mí, entré a un grupo de *baby boot camp* para correr y eso me ayudó a salir de ese estado de ánimo tan feo que estaba viviendo.

Comencé a correr, pero seguía diciendo **Sí** a todo y todos. No priorizaba mis necesidades. A pesar de que estaba más tranquila, sentía que debía hacer algo, porque seguía con la queja, culpando al mundo y no viendo lo que realmente pasaba.

Ahí fue cuando conocí a Elina Rees que se convirtió en mi *coach* de vida, con ella me di cuenta de que debía agarrar el control de mi vida, hacer algo para mí y por mí, todo esto aparte de correr que era mi terapia para no deprimirme.

En nuestras reuniones o terapias, me di cuenta de que quería trabajar en Katy ISD como profesora suplente, algo que me ayudó a salir de un círculo donde sentía que como profesional no avanzaba. Comencé a trabajar y eso me hizo sentir que por fin estaba diciendo **Sí** a lo que Mafe quería hacer, me sentía feliz y llena de energía, pero seguía con la queja por no tener más tiempo libre. Claro, entre las actividades de los dos niños, más las terapias, estaba otra vez en un callejón sin salida.

En una de las sesiones, Elina me comentó de su programa de PNL (Programación Neurolingüística) Resetéate®. Me llamó mucho la atención y en septiembre del 2019 comencé la cohorte 8 que, en mi opinión, me dio unas herramientas súper poderosas que me permitieron salir de ese círculo de siempre decir que **Sí** a todo.

En ese momento entendí que, si quería lograr el propósito de mi vida, tenía que comenzar a discernir: *a qué y a quién le **decía Sí***, para de una vez por todas tener el control de mi vida.

El compromiso con mi curso de Resetéate® fue el primer paso en el que aprendí a decir **No** para decirme sí a mí.

Organicé mis prioridades, comencé a trabajar en lo importante y utilicé las siguientes herramientas, que te comparto y ojalá te puedan ser de utilidad:

1. **Establecer límites sanos:** con mis hijos, mi esposo, mi familia, mis amigos y mi trabajo. Me ayudó fundamentalmente a liberar esas cargas que me tenían muy agobiada y que al mismo tiempo no eran mías. Esto me permitió tener mis prioridades claras y así poder trabajar en mí.

   Gracias a esta herramienta he tenido muchos avances, entre los cuales te puedo mencionar: Más tiempo para mí, es decir, hacer ejercicio para la salud mental y corporal; una alimentación balanceada que comparto con mi familia; dos veces al año viajo con amigas por cuatro días para tener esa terapia que solo las amigas brindan; me tomo el tiempo de viajar con cada uno de mis hijos por separado para darle atención de calidad; con mi marido tenemos nuestro día de salida religiosamente solos los dos y cuando tenemos flexibilidad de tiempo para así poder compartir en pareja. Claro que también nos escapamos en la noche, pero hemos puesto nuestro día a la semana para salir de la rutina.

2. **Trabajar con disciplina por mis sueños:** fue mi segunda herramienta pues logré establecer un mapa de deseos que me permitió poner en papel mis anhelos y solo escribiéndolos pude comenzar con el plan de acción para el logro de mis metas (sueños aterrizados).

   Dije que **No** a solo estar en casa pendiente de todos y para todos, para decir **Sí** a mi desarrollo personal y profesional en una nueva carrera que se ha convertido en mi pasión y de la cual estoy totalmente enamorada. Como te comenté estamos en un constante proceso de cambio y aprendizaje para ir superando obstáculos que se nos van presentando. Me he enfocado siempre en pensar en mí y decirme **Sí**, siento que hoy por hoy tengo más control de mi vida, donde me doy el tiempo y permiso de trabajar en mí.

   Esto es un proceso y cada uno lo va llevando de acuerdo con su necesidad. Yo llevo trabajando esto desde hace ya ocho años, sigo creciendo y aprendiendo.

3. **Respiración consciente con reconexión:** mi tercera herramienta que me permitió explorar y fortalecer la conexión mente – cuerpo. Por medio de técnicas de respiración logré trabajar en mi salud física, reducir mi estrés y ansiedad, cultivar una mayor conciencia de mí misma y de mi entorno.

   Comencé a decir **No** cuando comprendí que al hacerlo estaba poniendo de primero esta parte de mí que tenía abandonada.

Aprendí a decirme **Sí** para tener en cuenta mis deseos y necesidades, me permitió consentirme, analizar con más tranquilidad los mensajes que mi cuerpo y mente que estaban tratando de ser conscientes.

Comprendí que vivir de forma perpetua para los demás, implica dejar de hacerlo para mí misma.

Mi frase

Que me recuerda, decirme **Sí** es:

Me elijo a mí. Quiero, puedo y me lo merezco. Tengo el poder de elegir lo que es correcto y agradezco lo que puedo hacer por mí.

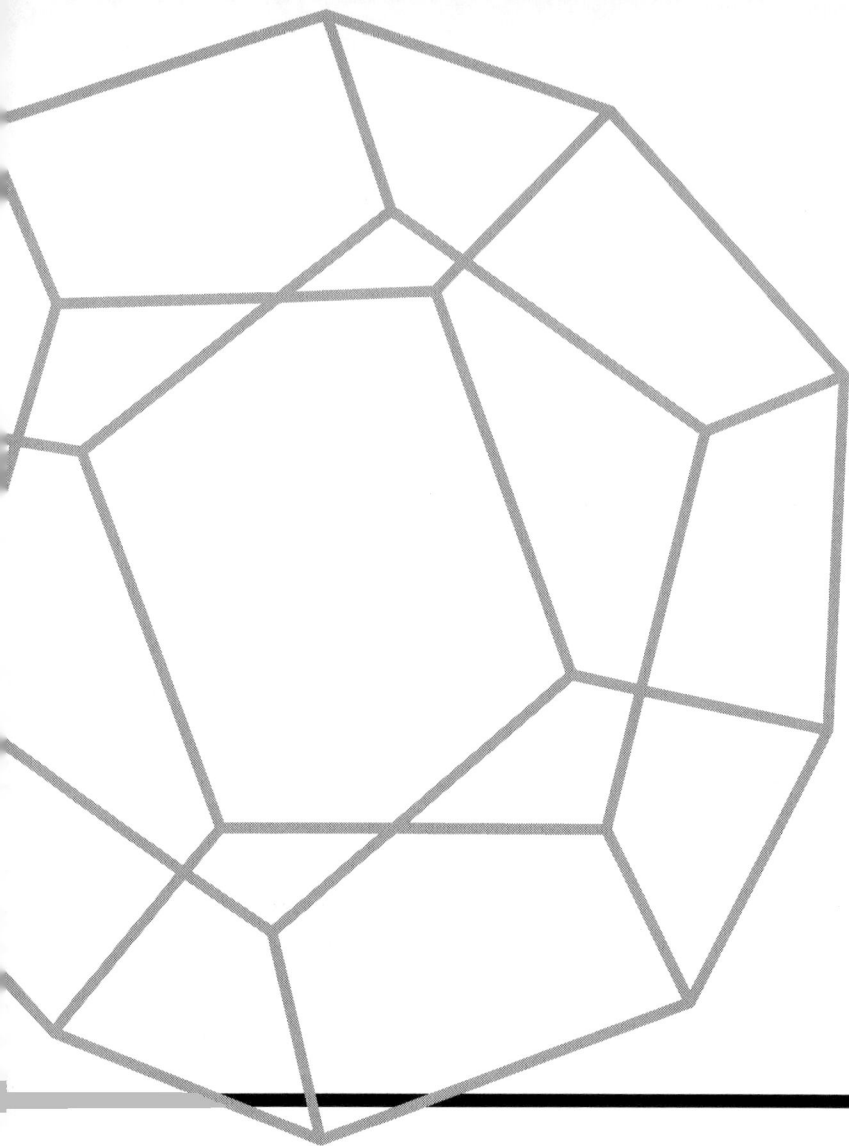

VERÓNICA
VILLATORO

📷 @veronikhope18
🅕 Verónica Hope
▶️ @Veriiit000
♪ @veronikhope

Nació el 18 de julio de 1982, hija de Blanca Nieves Álvarez Chevez y hermana menor de Ernesto Álvarez (ya fallecido 1995) y Eric Álvarez.

Proviene de una familia de muy bajos recursos, creció en diferentes barrios de El Salvador, entre ellos destacan: cantón Loma Larga donde vivió la mayor parte de su infancia y el cantón El Jaguey, donde estuvo hasta la edad de catorce años. De ahí pasó toda su adolescencia hasta llegar a la adultez viviendo en la Perla de Oriente llamado San Miguel. Cursó estudios universitarios.

En 2013 llegó a los Estados Unidos, país que le abrió las puertas para formar un hogar hasta el día de hoy.

Especializada en ser madre 24/7 desde el año 2022, le dedica la mayor parte del tiempo a su hogar que está formado por sus hijos, Andrea, Camila, Matteo, Ximena y su esposo Orlando.

Es certificada en Programación Neurolingüística como *Practitioner* (PNL) desde el año 2023 y ahora coautora del libro *Aprende a Decir No para Decirte Sí a ti*.

Decidió contar parte de su historia, inspirada en su niña interior herida, para compartir herramientas que le hayan ayudado a sanar, fluir, y aprender el para qué de las situaciones de vida que le han ocurrido.

Es amante del café, la playa, las montañas y del atardecer.

Rescatando a mi niña interior herida

Amado Dios, gracias por enseñarme que nunca estuve sola y que todo aquel tormento, desesperanza y hostilidad, era para crear a la mujer que soy hoy, fuerte, empática, resiliente, llena de bondad y amor.

Cuando era una niña, al cumplir cinco años, mi vida comenzó a tornarse de un tono rosa (que asocio con la inocencia) a marrón oscuro (este color me recuerda lo contrario a inocencia). Esto sucedía al tratar de entender cosas que, para mi edad, no tenía por qué preocuparme; como, por ejemplo:

* ¿Dónde estaban mis abuelos paternos?,
* ¿Por qué mis dos hermanos sí tenían abuelos y yo no?
* ¿Dónde estaba mi papá? (le llamaba papá a cualquier hombre que se cruzara en mi camino, dado que no sabía quién era mi padre).

Mi mamá nunca le dijo a nadie sobre el tema, ahora entiendo que ella lo ocultó debido a que el señor era casado y ella no quiso arruinar su matrimonio con mi presencia. Esto llevó a mi madre a alejarse de él y a ocultar por completo su embarazo. Tarde o temprano todo saldría a luz pues yo estaba creciendo y entendiendo mejor las cosas, así que no tuvo otra opción que decir la verdad.

Mi abuelo materno hizo todo lo necesario para contactarme con mi familia paterna. Hasta que un día por fin pude conocer a mi otra familia. Recuerdo que, como era de esperar, estaban atónitos de ver llegar una niña de seis años de la nada diciendo que era su nieta. Llamaron a mi padre, que ya tenía años en Estados Unidos. Él dijo sí, seguramente sí, que yo era su hija, aunque jamás tomó en serio su papel como mi padre, ni emocional, ni económicamente.

Yo estaba feliz de haberles encontrado, me apegué tanto a ellos que los amé como a nadie y todas mis vacaciones de verano me placía pasarlas en su acogido hogar. Con ellos me sentía cuidada y protegida, más adelante me entenderás *por qué* de este sentir. Aunque mi papá no me dio un lugar en su vida, le agradezco el haberme dado la dicha de tener unos abuelos lindos y especiales, que me acobijaron y cuidaron, los llevo en mi corazón para siempre.

Justo antes de cumplir seis años y de conocer a mi familia materna, comenzó un infierno en mi vida. Mi bisabuela materna, que siempre nos cuidó y a la que amé mucho, llamó a mi madre y le dijo que ya no podría cuidar de nosotros, sus hijos. Mi madre quien trabajaba en la ciudad desde sus catorce años para poder mantenernos a todos en casa tuvo que regresar y buscar otra manera de ganarse la vida y al mismo tiempo estar pendiente de nosotros.

En ese mismo año mi mamá conoció a la persona que se convertiría en mi aguijón. Tengo bien presente el día que lo vi por primera vez y me dijo: «Hola hija, yo seré tu papá» y yo en mis adentros dije: ¡Vaya! ¡Qué alegría, tendré un papá en casa al fin!

Mamá siempre fue una mujer muy trabajadora, pero débil del corazón, falta de amor, insegura y muy sufrida, por lo que pienso fue una presa fácil para él enamorarla y convencerla a vivir juntos, formando el «hogar» que ella soñaba tener. Al principio todo bien, como toda familia en luna de miel, pero la pesadilla para mí comenzó bien pronto.

Te advierto que lo que te voy a compartir, suena un poco fuerte, pero fue mi realidad. Posiblemente, también tuviste una experiencia similar o tal vez, es la vida de muchos niños actualmente. Esos niños no se atrevieron o no se atreven a hablar porque perciben que sus padres no les van a creer, no les van a apoyar e incluso les harán sentir peor.

Mi intención en compartirte parte de mi historia no es solo para sanar yo, sino también para alertar a muchos padres, dado que el abuso a muchos niños ocurre con las personas más cercanas de su círculo. Ayúdame a compartir este gran mensaje con el mundo.

Yo tenía una muñeca barbie, la que él utilizó para así aprovecharse de mi inocencia, pues al verme jugar, se unió a mí y comenzó a quitarle la ropa a la muñeca y me quitaba la mía como quien da una clase de anatomía, obviamente sin desnudar a sus estudiantes que en mi caso fue así, en secuencia de la muñeca, tocando partes de mi cuerpo que aún ni se desarrollaban, cosa que para mí era un juego.

Y así pasaban los días, meses, años y el abuso seguía. Mamá, él, y yo dormíamos en la misma cama y yo sentía como por las noches sus dedos tocaban mis partes íntimas y yo seguía pensando que eran formas de dar cariño y que era normal. Conforme fui creciendo, ya de unos diez años comencé a notar que eso no era correcto, y me puse a la defensiva, a lo que él y mi madre llamaban rebeldía, fue entonces cuando se desencadenó un sinfín de abusos emocionales y físicos.

Él, aparte de ser una persona abusiva conmigo, también era un alcohólico que llegaba a casa borracho con un machete buscando a mi madre y a mí para matarnos, por lo que debíamos estar alertas de huir, a cualquier hora del día o la noche cuando él llegara.

También decía expresiones sobre mí a mi madre tales como, «que mejor un rollo de alambre hubiera parido en vez de a mí», «que el alambre le hubiera sido útil para tender ropa porque yo no servía para nada», todo eso dañaba cada día mis sentimientos de seguridad, amor propio, confianza y se transformaba en ansiedad.

Tenía pesadillas al dormir y ataques de ansiedad en la escuela, algo que en ese entonces no entendía, pero ahora con mi experiencia lo comprendo. Hubo momentos en los que mi frustración y dolor se confundían con «rebeldía» Lo que conllevaba a castigos físicos y verbales.

Recuerdo un día que él estaba en una hamaca en casa, yo, ya cerca de once años, pasé caminando cerca y él estiro su mano y tocó mi trasero. Mi mamá estaba cocinando y logró al fin ver lo que estaba pasando, pero para mi sorpresa su reacción fue golpearme a mí e ignorar lo ocurrido por parte de él.

¡Mamá, no te imaginas el dolor que causó eso en mí!, porque creí que me ibas a defender y que mi pesadilla iba acabar, pero fue al revés, me sentí más abandonada y más basura de lo que ya me venía sintiendo, me sentí culpable, cuando lo único que esperaba era un abrazo y al fin ser rescatada de las garras del monstruo en que había caído. Todo fue peor, porque quien debía protegerme, me había dado la espalda y yo debía cuidarme sola.

Ahora mi corazón ha comprendido que mamá en aquel entonces hacía lo que podía y que no pudo defenderme como yo hubiera querido. Él era un hombre muy malo y que al igual que a mí, a ella la tenía intimidada, sin dejarla salir del martirio que le estaba dando.

Al cumplir mis catorce años, mamá decidió dejarlo por algún motivo que no sé. Yo me sentía la más sucia de todas las niñas de mi edad. Recuerdo una vez que me confesé con un sacerdote y le imploré perdón a Dios por sentirme la más vil, sucia y pecadora de mi edad.

Así mi vida siguió, siendo una linda joven físicamente, pero sintiéndome vacía por dentro, llena de inseguridades, traumas, ansiedad y pensando que era la niña más tonta del salón.

En plena adolescencia mi mamá trabajaba mucho para poder pagar mis estudios y casi no nos veíamos. En ese período tuve bastantes novios a los que dejaba rápido porque me sentía indecente, manchada y no merecedora de ningún cariño.

Cuando estaba a mediados de mi carrera en la universidad conocí al que fue mi primer esposo y padre de mi primera hija, matrimonio que duró en su totalidad ocho años, entre ellos cuatro años a distancia, me sentía una mujer no valorada, maltratada, sin poder opinar o hacer cosas tan normales como ir al gimnasio o salir con amigas a tomar un café. Lo peor de todo es que yo creía que eso era normal en un matrimonio.

Hasta que un día recapacité y dije no más y me llené de valor para dejarlo, a pesar de que sabía que dañaría a mi hija, pero pensé que lo haría por el bien de ambas.

Mi niña interior ya no soportaba más dolor y yo comenzaba a notarlo.

En 2013 llegamos a Estados Unidos y en el mismo año conocí a mi esposo actual, con el cual ya tenemos diez años de casados y tres hermosos hijos más mi hija, Andrea, que prácticamente él ha criado como su propia hija.

Al comenzar esta nueva relación, sola con mi hija en un país que no conocía y cargando conmigo los traumas de mi niñez. Sin darme cuenta, a mis treinta años sentía que mi hija de siete años era más madura que yo. Cada problema o discusión entre mi pareja y yo, me desahogaba con ella. No fue lo mejor que hice pues esto llevó a que su corazón se llenara de rencor en contra de mi esposo. Hoy en día, ha perjudicado la relación entre ellos dos, pues, aunque él la ama como a su propia hija, yo la envenené su corazón sin darme cuenta, lo que me entristece y busco reparar.

Como madre de tres niñas y un varón, he tratado de dar lo mejor de mí, incluso olvidándome de mí como mujer y como esposa, porque he llegado al extremo de ser la mamá leona que no permite que ni siquiera su padre corrija a mis hijos, por temor que los lastime como lo hicieron conmigo, lo que ha traído conflictos entre mi esposo y yo.

En el año 2021 entré en depresión al nivel de llegar a pensar en el suicidio, estaba agotada, lloraba por todo, no le veía sentido a mi vida. Aunque tenía un hogar, un buen esposo, unos hijos sanos, una casa hermosa, en fin, no nos faltaba nada.

De pronto pensé: «*Dios mío, no me gusta sentirme así, necesito hacer algo para mí misma, necesito rescatarme, porque, sino lo hago yo, nadie lo hará por mí*».

Recuerdo ir manejando con mucha angustia sobre mi sentir, comencé a buscar videos que me reconfortaran, fue ese día que comencé a decirme **Sí** a mí y decir **No** a los fantasmas del pasado que me seguían atormentado con el dolor, la rabia, la inseguridad y, sobre todo, con la falta de amor propio.

Me nutría de toda información que llenara mis vacíos y *comencé a entender* que:

**sí podía sanar, y que, solo perdonándome,
podría perdonar a los que me hicieron daño.**

En ese mismo año conocí a Elina Rees, en la presentación de su libro Reseteáte: reinicia tu mente y transforma tu vida, y en el año 2023 me inscribí al programa de PNL Reseteáte®. Allí aprendí las técnicas que me ayudaron a salir de ese vacío en el que estaba inmersa, me di cuenta de que **debo decirle No a:**

* Esas vocecitas en mi cabeza que me dicen que soy sucia, mala, tonta, y **cambiarlas por una nueva voz que me diga:**

*Tú puedes, eres amada, grandiosa,
capaz, feliz, amorosa.*

Comencé a **decir No a la pobreza y le dije Sí *a la rique-za, con afirmaciones* diarias que me generaban tranquilidad económica** y en un período de ocho meses mi esposo ya era dueño de su propia compañía. Por fin pude salir de trabajar, para entregarme de lleno a ser mamá y esposa.

Comencé a decir **No a mi orgullo y pedir perdón a las personas** que en algún momento les hice algún daño y le dije **Sí** a mi estabilidad emocional, soltando todo tipo de ataduras con mi oscuro pasado, perdonando para poder perdonarme a mí misma de mis traumas de la niñez. Perdoné mis fracasos como madre, entendiendo que estaba haciendo lo que podía con herramientas que no servían y que ahora que las tengo me prometo usarlas mejor.

Me dije **Sí *a mí* cuando tomé la decisión de prepararme académicamente en PNL,** obteniendo herramientas que no solo ayudan a mi vida como persona, sino que hacen mi papel de madre, esposa, amiga, hija, etc., ***más fácil.***

Me dije **Sí *a mi cuando me inscribí* en la escuela de inglés para aprender un nuevo idioma**, diciéndole **No** a las excusas que me decía cada vez que comenzaba y lo dejaba inconcluso.

Me dije **Sí *a mí cuando Elina me mandó la invitación para ser parte como coautora de este hermoso libro,*** diciéndole **No** a las dudas sobre cada desafío que tendré en este hermoso proceso.

Me dije **Sí *cuando abracé a la niña herida que tenía en mi interior*** y le perdoné cada momento que se sintió deshonrada, sucia, abandonada y sin amor; le animé a brillar y ser esa luz de inocencia que todo ser necesita para iluminar el mundo oscuro que a veces tenemos que cruzar, diciéndole **No**, a las mentiras que escuchó, a cada golpe que recibió haciéndole sentir culpable de su tortura. Le dije **No** a la incertidumbre que sentía con una vida vacía de amor, de perdón, de seguridad.

Me dije **Sí a mí cuando opté por mirar el lado positivo de cada momento,** situación o circunstancia de la vida, diciéndole **No** a los arranques de negatividad, dramatismo, inconformidad, entendiendo que en la vida siempre habrá momentos de adversidad y felicidad.

Y desde entonces te amo tanto mi querida niña, que miro la luz de mi vida en tus ojos, me dejo llevar por el amor que invade tu alma, entendiendo que el perdón es la principal sazón de la vida, que no hay paz sin perdón, ni perdón sin amor.

Mi amada niña, ama, ríe y llora cuando sientas el deseo, eso limpia tu alma y hace más ligero tu caminar, recuerda que estás en un cuerpo que siente dolor, ya sea físico o emocional pero que adentro de ti existe un espíritu inquebrantable que te recordará que todo es pasajero y que posees la habilidad para crear tu caminar, y cree con todo tu corazón en ese ser tan especial que está dentro de ti amándote y cuidándote.

Cuéntame tú:

* ¿Cuándo fue la primera vez que te has dicho Sí a ti y le has dicho **No** a algo o alguien que te ha quitado tu paz?
* ¿Ya te reconciliaste con esa niña interior y le dijiste Sí para abrazarla y **No** a los temores que lleva dentro?

Aquí te dejo las tres herramientas poderosas que me ayudaron a mí a decirme **Sí** y **No** a los demás.

1. **Autocompasión:** me di cuenta de que soy lo más importante que tengo en mi vida, que, sino cuido de mí y me rescato de vivir en el pasado, no podría cuidar de las personas que más amo en esta vida, mis hermosos hijos y mi esposo. Aprendiendo a tratar mi interior como a mi mejor amigo.

2. **Practico la atención consciente:** esto me ayuda a cuidar mi jardín interior de toda maleza que quiera entrar por mi boca, ojos o pensamiento, tales como frases negativas, noticias catastróficas, pensamientos de ira o tristeza.

3. **Practico afirmaciones poderosas junto con el agradecimiento:** cuando sentía que no era nada, me decía: «yo soy suficiente» y cada vez que me siento débil emocionalmente, las declaro con todo mi ser y agradezco por cada minuto de mi vida. Para mí es la oración más poderosa.

Mi frase
De anclaje es:

Nací otra vez cuando dejé de culpar a los demás y me responsabilicé de mí misma, sanando y dejando ir cada trauma en mi interior, centrándome en el presente y dejando ir el pasado.

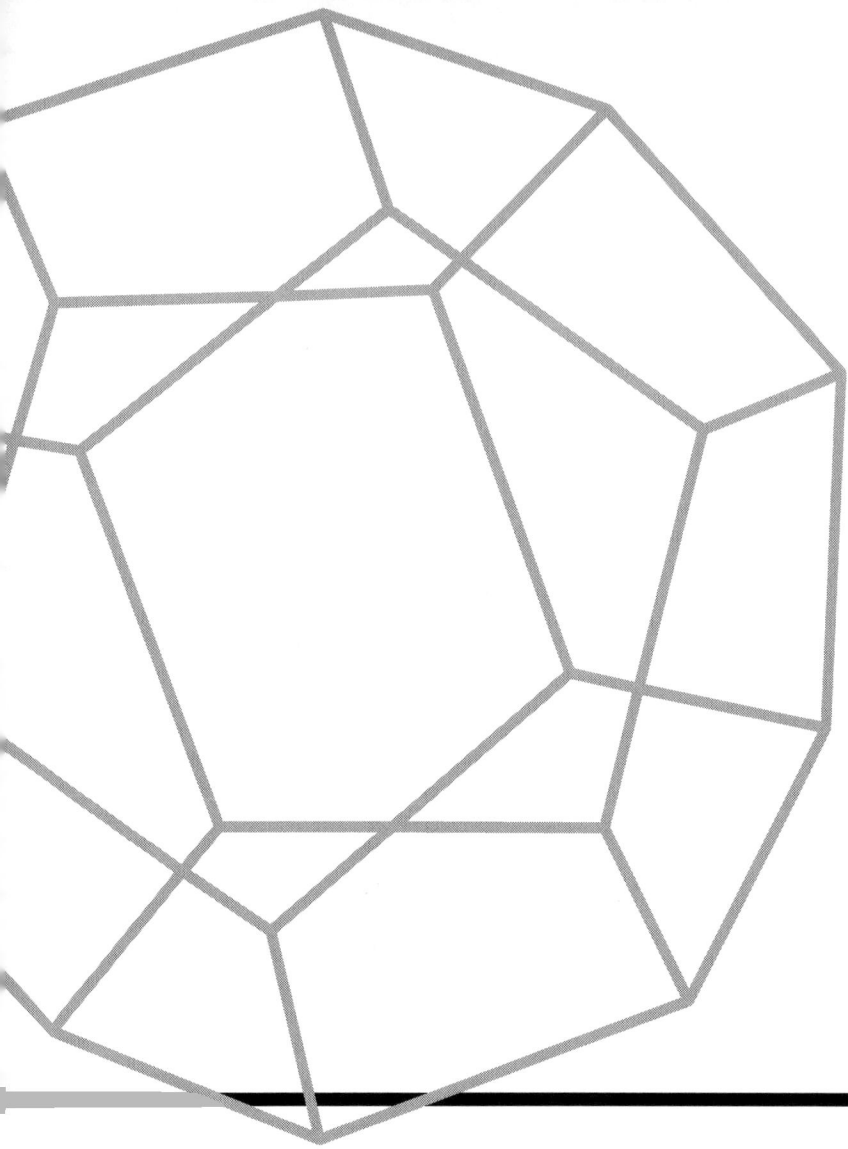

ROSSY J.
ARIAS

Nacida en Bogotá, Colombia. Ha vivido la mayor parte de su vida en los Estados Unidos. Su pasión por el desarrollo personal y talentos la llevaron a estudiar Administración de Empresas con una especialización en psicología industrial de la Universidad de Bellevue en Nebraska.

También cuenta con una Maestría en Liderazgo y *Coaching* de la misma Universidad. Con más de veinte años de experiencia en la industria de la alimentación, su actual cargo como gerente de operaciones la ha ayudado a guiar a su equipo a descubrir sus fortalezas y utilizarlas en su máximo potencial.

Actualmente encabeza un grupo de ciento cincuenta y cinco personas en una empresa que lidera la industria en el estado de Indiana. Su visión es trabajar su propio desarrollo personal para poder adquirir herramientas que le ayuden a guiar a otros en su proceso.

Cuenta con varias certificaciones de desarrollo personal como Programación Neurolingüística de la escuela Resetéate de Elina Reese y es facilitadora en Inteligencia Espiritual egresada de la escuela de Julio Bevione.

Lidera varios grupos de meditación con propósito de guía y desarrollo personal a través de la canalización y en función del alma. Imparte sesiones privadas para ayudar a descubrir talentos y dones innatos de personas que quieren explorar a profundidad su espiritualidad.

El No que me llevó a una nueva oportunidad: mi autenticidad

*Mi mundo real estaba lejos
de ser el mundo real de otros
niños a mi alrededor.*

Muchas veces me cuestioné por qué no veían lo que yo veía. Por qué ellos eran diferentes a mí y no percibían las cosas tan maravillosas que se mostraban ante mis ojos, que se reflejaban en mi mente y en mi piel, que me hablaban al oído.

¿Por qué yo sí y ellos no?

¿Sería verdad que estaba loca?

La escritura siempre fue y ha sido un método de escape y también de refugio, donde desde niña me sumergía horas y horas en palabras que salían de mi ser y me ayudaban a desahogar mis visiones. Siempre he escrito en lo que llamo diarios, me acompaño y veo mi proceso evolutivo entre páginas que en este capítulo compartiré contigo.

El primer **No**, lo recibí de mí misma. Rechacé desde muy joven mi clarividencia y mi habilidad extrasensorial por la necesidad de encajar y pertenecer a una sociedad que condenaba lo que yo era o percibía.

Desde muy joven fui entendiendo que ser auténtico y original no traía nada bueno; mis habilidades multisensoriales muchas veces fueron silenciadas por aquellos que más me amaban. Era normal escuchar de ellos cosas como:

* No digas lo que ves.
* No compartas tu opinión.
* La gente no lo va a entender y te juzgarán por ello.
* Pensarán que estás loca.
* Te meterán en un manicomio.

Así fui creciendo y volviéndome de niña a mujer, con un gran **No** en mí que me llevaba a hacer, en vez de ser.

Mi gran tarea se volvió en ser una niña complaciente y obediente, la que seguía las normas, la educada, la que no se salía de la raya. La mejor hija, la mejor nieta, la mejor estudiante, la mejor amiga, la persona que era impecable que solo buscaba perfección.

Aquella que se acomodaba a una sociedad tradicional, doctrinada y normativa que condenaba:

* La autenticidad
* Lo original
* Lo fuera de norma
* Lo no particular

Y así me fui perdiendo en un gran **Sí** para los demás y gran **No** para mí.

En mi adolescencia pude tener en frente la muerte en todas sus formas; a mis once años asesinaron a mi padre y a mis catorce años murió mi abuela, la mujer que me formó como persona y el gran amor de mi vida. El pilar de mis valores y creencias.

Desde muy joven descubrí qué era vivir con mis muertos y amarlos de otra forma, sus frecuentes visitas y su nueva forma me mostraba su proceso evolutivo, desde su estado natural del ser: El espíritu, me enseñaron la vida desde una visión multisensorial, más allá de los cinco sentidos.

Según avanzaba con los años y hacia mi adultez, encontré en ellos: refugio, paz, muchas enseñanzas y vi cómo ellos vivían conmigo en paralelo. También cambiaban y dejaban de ser lo que eran y evolucionaban. Mi abuela en sus repetidas visitas compartía conmigo lo maravilloso que es estar muerto.

Descubrí que morir, no era un final, era la continuidad del ser. Me di cuenta de que no podía estar tan loca y así seguí madurando y cambiando con mis muertos y con el mismo gran No en mi cabeza.

Desde niña supe que no quería una vida normal y convencional. Siempre quise ser diferente, auténtica, guiada por la luz divina de Dios que siempre me acompañaba, que se dibujaba siempre delante de mí y me mostraba la gran tarea que debía emprender mi alma en este cuerpo y en este planeta llamado Tierra.

Nunca creí en las reglas convencionales de una sociedad tradicional, en el matrimonio tradicional y menos por la iglesia. La iglesia, la religión, mi mayor pelea, la gran estructura y creencia que nunca quise seguir y que lejos me mostraba lo que era la relación con Dios. Esa relación que yo conocía directamente con Él.

¿Pero qué creen? Como niña buena y obediente, me casé por la iglesia católica.

Siempre quise danzar y ser psicóloga, pero no una psicóloga común con los mismos formatos tradicionales educativos y doctrinados. Yo quería estudiar la mente y la persona desde otra perspectiva, la holística y transformadora que tocara el tema espiritual.

Me cautivaba la idea de cómo unir el ser espiritual con la personalidad, cómo está el ego y la mente al servicio del alma. Sin embargo, como una niña obediente, estudié Administración de Empresas, la carrera que siempre quiso estudiar mi madre. Aquella que me sacaría de pobre. ¡Qué equivocada estaba! Muy lejos de la realidad y de mi ser.

Mi vida se volvió rutinaria, monótona, aburrida, la misma historia de muchos, que dejamos de vivir nuestras historias para vivir la historia de los demás. Y así en lo cotidiano de los días me fui perdiendo más y más, apagando cada día mi luz, mi alma. Haciendo sin parar y viviendo en lo que yo le llamo el 3D, un estado consiente que solo se ve puramente a través de lo físico. Una más, la ruedita del hámster que no para, que solo vive muriendo y no se atreve a morir para vivir.

Estaba muy lejos de entender que solo muriendo es que renacemos, solo muriendo aprendemos a despertar. Solo muriendo aprendemos a vivir. Nos lo dice muy claro San Francisco de Asís en su oración: «Y en morir nacemos a la vida eterna».

A mis treinta y tres años mi ser estaba apagado, sin luz. Más perdida que gallina en un acuario. Recuerdo mucho no tener motivación para vivir más que mi hijo. En ese entonces ya era mamá. Era una mujer dedicada a su hogar y a su esposo, a ser madre abnegada. Había dejado la universidad. Trabajaba sí, nunca dejé de hacerlo. Creo que fue lo mucho o poco que conservé de mí.

La venda que tenía en mis ojos me decía que lo había logrado todo. Todo lo que una sociedad imponía, la familia feliz. Pero ¿Por qué era tan infeliz?, ¿Por qué me sentía tan sola?, ¿tan vacía? Todos los días me lo preguntaba. Ya para esa edad había desistido de mi don. Desistí de creer en mí, de escuchar mi intuición, decidí castigarme por mis visiones. Muchas veces sentí que tenía esquizofrenia. Mi gran No se había apoderado de mí.

Una noche cualquiera, a las 12 de la madrugada desperté ahogada, sin aire, con ganas de morir al instante. Prendo el televisor y empezó el llamado de mi ser. Encuentro a un escritor que estaba promocionando su libro, Respira y sal de tu crisis, de Julio Bevione. Su energía me cautivó, lo que explicaba me llamaba. Tenía todo el sentido de lo que siempre había sido el llamado de mi alma.

Lejos estaba de entender que era uno de mis primeros peldaños que me ayudaría a salir de la crisis en la que iba a caer. Alrededor de mí, todo se iba desmoronando. Después de quince años de matrimonio mi relación llegó a su fin, y con ella, el fin de esa niña buena. En ese proceso termino de perderme. Perdí mi dignidad, mi valor propio, lo poco que me amaba. Moría lentamente.

En ese instante, a mis treinta y cinco años empezó la transformación. Recuerdo que, sin saber, compré un diario que tiene la oración de serenidad, «Dios concédeme la serenidad de aceptar las cosas que no puedo cambiar, el coraje de cambiar las cosas que, si puedo, y la sabiduría para saber la diferencia».

En sus primeras páginas escribí:

Yo, Rossy Jesmith Arias, decreto que seré fiel a mí misma. Que no haré nada que no esté acorde a mis valores y principios como persona. Decreto que me amo y me respeto, que valoro mis pensamientos y mi persona. Que no quebrantaré mi paz, ni la de mi hogar por nada ni por nadie. Tengo que cambiar mi presente, para disfrutar mi futuro. Al final, escribo integridad: Pensamiento, deseo, palabra y acción.

Para ser coherente e íntegra conmigo misma:

Lo deseo, lo pienso, lo digo, lo actuó. Me volví fiel a mi congruencia.

Durante mi período de divorcio descubrí lo perdida que estaba y decidí embarcarme en el viaje de encontrarme a mí misma por medio del autoconocimiento.

Lo primero que hice fue un *boot camp* matrimonial, que me enseñó más de mí que del matrimonio fallido que había tenido. Descubrí que no era íntegra, que me rechazaba profundamente. Que la mayor traición vivida había sido de mí a mí misma. Y de allí, surge la aventura de descubrir qué era ser íntegra, coherente y congruente.

* Aprendí a decir **No** cuando no quería.

* Aprendí a decir **No** cuando no sentía.

* Aprendí a decir «**No**, muchas gracias» cuando alteraba mi paz.

Me dediqué a la tarea de estudiar y aprender lo que era el autoconocimiento, el amor propio, lo que era valorarse. Y sí, ¿cuántos libros no te dicen lo mismo? ¿Cuántas personas no te hablan de lo mismo?

Yo quería saber el cómo: ¿C**ó**mo soy integra? ¿Eso cómo funciona? ¿Cómo lo compruebo y lo afirmo? ¿Cómo lo vivo? En mi búsqueda intrínseca de la verdad de mi ser se me olvidaba el pequeño detalle de aceptar mi gran **No**. Ese que de niña me impuse y enterré en lo más profundo de mi ser.

El cómo se hacía más fuerte ¿cómo soy más integra? La respuesta a esa pregunta me llevó a descubrir mi primer valor, concientizarlo y vivirlo. En el camino a aprender a ser más íntegra, **aprendí a decir que No a los demás, a darme mi gran Sí** y a abrir las puertas a una nueva oportunidad de vida, esa que me llevó al despertar de mi espíritu y al gran renacer de mi ser.

Cuando integro la congruencia a mi estilo de vida, también integro los decretos que me ayudan a afirmar mis deseos, con pensamientos, palabras y acciones. Utilizar los decretos para ayudarme a establecer mis valores y deseos ha sido parte fundamental del decirme **Sí** a mí.

Un ejemplo fue el decretar cómo quería volver a amar y escribí lo siguiente como parte de mi proceso de integridad y amor propio:

Decreto amar sin rencor y libremente, sin ataduras o apegos, sanamente sin herir, con el corazón y no superficialmente, con alegría y no con tristeza, sin miedo, con acciones y no solo palabras.

Mis decretos me han ayudado a mantenerme firme en mis convicciones, lo que no vibra con lo que decreto no lo acepto y no lo recibo.

Al principio sentía culpa y dudaba mucho. A través de la práctica me he dado cuenta de que la culpabilidad era solo una forma programada de mi cerebro que me decía: cuidado, vas a ser rechazada, no te van a querer. Integridad y amor propio, un camino que tomé decretando y accionándolo. Supe que ese decreto de amar no era solo para los demás, era la forma en que quería amarme a mí.

En mi camino de amor propio, emprendí mi tarea de inteligencia espiritual, empecé a escuchar el llamado de Dios directamente, mis visiones y viajes astrales se volvieron más frecuentes, las enseñanzas de los maestros de luz se intensificaron. Se abrieron las puertas a diferentes dimensiones.

Empecé a escuchar esa voz que me recuerda que dentro de mí hay un espíritu, un alma, que ve, que siente, que puede vivir en un mundo multisensorial que la hace sentirse viva. Recuerdo y reconozco el valor de la meditación.

Desde los trece años, mis guías espirituales me enseñaron a meditar y desdoblarme, sin embargo, nunca hacía uso de esto ya que la cultura latina y la sociedad de donde me crie lo llamaban esoterismo o brujería. Muchas veces fui llamada bruja.

Ya más consciente, recuperé la habilidad de meditar por horas. Y con ella vinieron muchas respuestas al cómo. Recuerdo que en una meditación recibo este mensaje:

«Rossy Arias, te identifico porque sabes quién eres, un ser de infinita luz, ayudar y motivar. Amar y proteger es tu misión. Empieza por ti. Haz lo que amas y no lo que te esclaviza».

Cuando la verdad de tu ser te abraza, te abarca deprisa, no para, no le importa quién crees que eres. Solo te pega fuerte y te sacude el alma, cambia tu vida. No se calla, a veces habla más duro. Cuando estás en silencio te grita sin miedo. Y cuando apagas la luz para no querer verla, te muestra lo que en la luz no quieres ver.

Ahí en la oscuridad y en el silencio, aparece tu sombra, se escucha esa voz, muy cerca de tu corazón y en la boca del estómago. La intuición y con ella mi clarividencia, esa que por años y desde muy joven rechacé.

En la oscuridad paré de luchar contra mí, y de rodillas corté toda cadena de esclavitud a las creencias y estructuras sociales que me hacían daño, que no me dejaban ser libre.

Saqué a la niña del manicomio donde la metí y en medio de las lágrimas la invité a que fuera ella, a que sin miedo se reconociera.

La liberé de las ataduras económicas impuestas por los demás, de los sacrificios laborales, de la esclavitud de la vanidad y lo material. Escuché una voz que me dijo:

«Escógeme a mí y yo te proveeré, escógeme a mí y sigue tu corazón. Yo te daré lo que necesitas. El que busca encuentra, mira en tu interior y no rechaces lo que ves, ya que es la visión de tu corazón».

Siguiendo mi **don**, aceptando mis visiones, aprendí amarme, a escogerme y a decirme **Sí**. Siendo clarividente, viviendo una realidad muy diferente a muchos y sabiendo decir: «**No**, gracias», cuando sé que ahí no es.

Disfrutando mi presente y permaneciendo en él, he sabido construir una Rossy más amorosa, que se acepta y acepta a los demás, que se escucha y, por ende, escucha el llamado de su alma.

He aprendido a disfrutar mi clarividencia, ponerla al servicio de la humanidad y a usarla con aquellos que la solicitan, algunas veces sin darse cuenta. Aquellos momentos que llamamos *Diosidencias*.

Han sido muchas mis herramientas, aquí te comparto algunas que uso a diario:

1. **Reconociéndome en todo momento a través de mis decretos.**
2. **Haciéndome preguntas poderosas** como las que compartí en esta historia.
3. **Escuchando la voz de mi intuición que nunca me falla**, a través de la meditación, y, ante todo, no cerrar mis ojos a Dios y sus grandes trabajadores de luz.

Me di cuenta de que muriendo es que pude renacer y perdiéndome fue que me encontré.

Que la vida es una experiencia y uno escoge como vivirla. Yo escogí: vivirla con autenticidad.

Mi frase

Que la vida es transitoria y solo la muerte es la verdad ya que de ahí venimos y allá vamos, porque muriendo a cada instante es que volvemos a renacer y de allí surge la vida eterna.

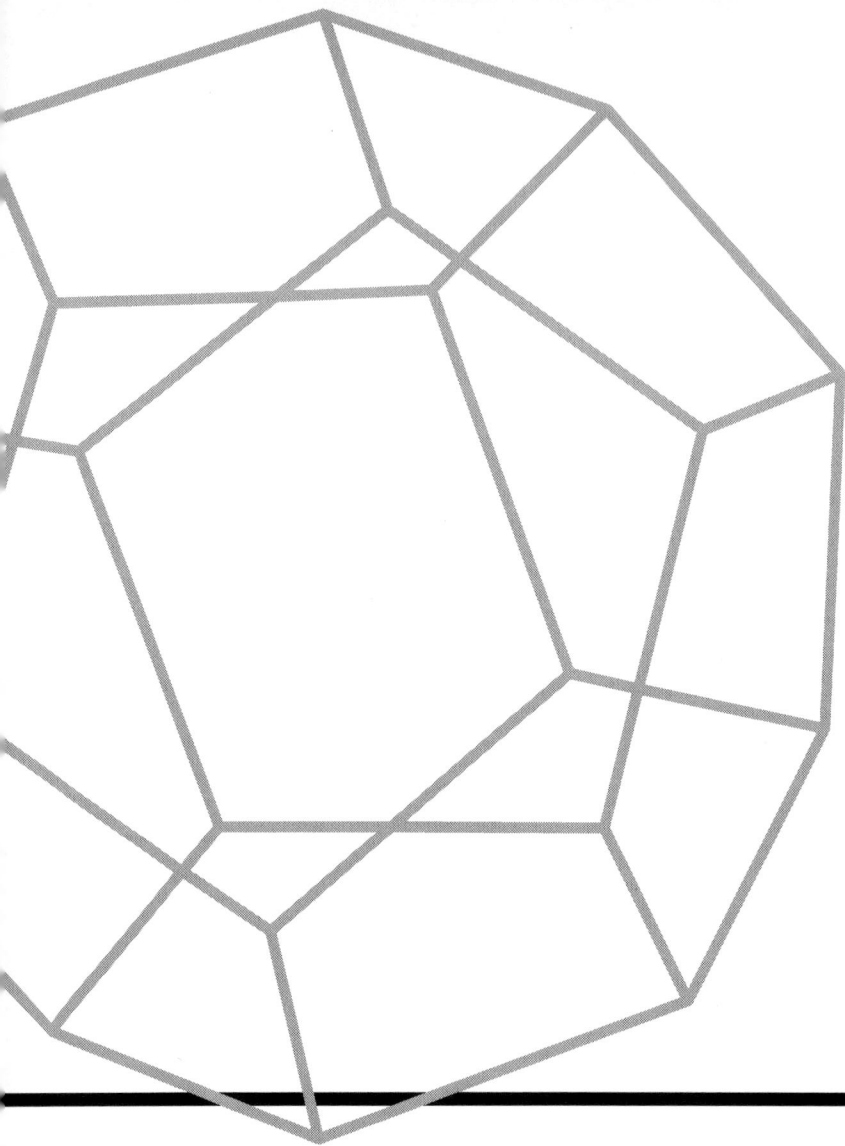

MARÍA EUGENIA
FRENCH

O riunda de los llanos venezolanos y con una herencia indígena que define su esencia. Nació y creció en la ciudad de Barinas, rodeada de familia y amigos que han sido su gran soporte a lo largo de su vida. En 1990 se mudó al centro del país, específicamente a la ciudad de Maracay, en donde realizó sus estudios universitarios. En 1995 obtuvo su título de Ingeniero de Sistemas en la Universidad Bicentenaria de Aragua y en 1997 inició su carrera profesional en la industria petrolera. Se convirtió en experta de planificación y posicionamiento de pozos para perforación direccional y formó parte de proyectos importantes en la faja petrolífera del Orinoco.

En el 2003, una transferencia de trabajo temporal a Estados Unidos se convirtió en permanente. Esta experiencia significó una transformación que determinó el curso de su vida. El 19 de abril del 2003 contrajo matrimonio con su actual esposo, con el cual se instaló en la ciudad de New Orleans. A mediados del 2005 decidió volver a la universidad para realizar uno de sus sueños, ser Ingeniero de Petróleo. En el 2009 obtuvo su título en Louisiana State University, lo cual le permitió desempeñar diversas posiciones en ingeniería de perforación, revestimiento y reparación de pozos con diversas compañías de servicios y operadoras.

Desde el 2011 reside en Houston, Texas, donde comenzó a desarrollar su pasión por los programas filantrópicos. Hoy en día, aparte de trabajar como ingeniero para Halliburton desde el 2014, también está activamente involucrada en diferentes organizaciones sin fines de lucro. Actualmente, es voluntaria de RedM, recientemente se unió al equipo de Wellness for Growth Foundation y desde el 2022 hasta el 2024 sirvió como presidente de la Junta Directiva de la Orquesta Filarmónica Latino Americana de Houston.

En su tiempo libre, Maru disfruta viajar con su esposo alrededor del mundo, ir de crucero con sus amigas, ir de *hiking* para conectar con la naturaleza y celebrar cada momento de la vida.

Su crecimiento personal se ha convertido en su proyecto favorito y por esta razón, en febrero del 2024, se registró en el programa Resetéate de Elina Rees para certificarse como practicante de Programación Neurolingüística.

El mejor regalo

Nací en la ciudad de Barinas, del estado Barinas, en Venezuela.

Cada 24 de julio, en mi casa se celebraba el evento más importante del año, mi nacimiento. Tengo muchas memorias de las fiestas que mi mamá y mi papá me hacían para celebrar mi cumpleaños. Comenzaba con que mi papá me despertaba con la canción *Las mañanitas*. Mi mamá me hacía los vestidos más hermosos para ese día y en la tarde, todos mis amigos del vecindario venían a mi fiesta con muchos regalos. Recuerdo lo tanto que la disfrutaba.

Yo tenía una infancia «normal», con una mamá y un papá, los dos trabajaban y proveían todo lo que necesitábamos. Tuvimos una casa propia, cada uno de ellos tenía un auto, yo iba a la escuela y cada mes de agosto nos íbamos de vacaciones a la playa. Este era un viaje que tenía una parada obligada. El primer día viajábamos por alrededor de siete horas hasta que llegábamos a la casa *de* una tía materna, muy querida. El segundo día, continuábamos hasta nuestro destino final.

Así transcurrieron mis primeros quince años de vida. Era una niña muy feliz, hija única súper consentida (por mi papá, principalmente), rodeada de amor y protección.

Cuando entré en los años de adolescencia, comencé a comparar mi vida con la de la de mis amigas del colegio. Y ahí cuestioné la perfección que existía en mi núcleo familiar. Nunca vi o escuché a mis padres discutir, pelear y mucho menos alzar la voz o faltarse el respeto. Yo sentía que mi vida era como demasiado perfecta y sin ningún tipo de problemas para ser real.

Ahora les quiero contar lo que pasó cuando yo apenas había recién cumplido mis dieciséis años. Ya me había graduado de bachiller y estaba planificando mis estudios universitarios. Eran los primeros días de agosto de 1990 cuando sin previo aviso,

...me enteré de que mis padres no eran mis padres biológicos.

Fue la primera vez que yo escuché la hermosa historia de amor entre dos hermanas de mi familia materna.

Siempre tuve ese sentimiento de «no sé qué es, pero aquí hay algo raro». También sentía como que mi familia me veía diferente, definitivamente había algo que no me cuadraba.

La historia cuenta que:

Como mis padres que me criaron no podían tener hijos, una de mis tías le prometió a mi mamá (su hermana), regalarle su primer hijo(a) para que lo(a) criaran como suyo(a). También me contaron que esa promesa la hizo mi tía en sus años de adolescencia y la mantuvo hasta el momento de cumplirla.

Todo este descubrimiento ocurrió durante una conversación que no sé cuánto duró, solo recuerdo muchas lágrimas, un abrazo apretado como ningún otro y un sentimiento dentro de mí que decía «por fin, ya lo sé».

Luego de saber quién era mi madre biológica, pregunté...:

¿...quién es el papá?

Hoy reconozco que estaba completamente disociada de la situación. **Mis preguntas eran en tercera persona, como si no fuera conmigo,** pero así aprendí un poco más de mi nueva familia paterna.

Al principio, yo estaba fascinada con la historia que acababa de escuchar, mi reacción fue querérselo contar al mundo entero. Así que al día siguiente fui y se lo conté a mis vecinos que eran mis mejores amigos. A mí me encantó la historia, yo la veía increíble, yo me sentía tan única, especial y fuera de lo común, por el solo hecho de no tener una familia tradicional. Mi ego de adolescente me hizo sentir grande e importante, así como la actriz principal de mi propia telenovela.

¿Cómo no iba a estar fascinada con mi historia?

Después de ser *hija única*, ahora tenía cinco hermanos, uno de ellos era uno de mis primitos que era ocho años menor que yo y a los otros cuatro, no veía el momento de conocerlos. Sí, mi segunda reacción fue querer conocer todos con los que yo estaba ligada consanguíneamente. Ahora tenía muchos más tíos, tías, primos, primas, abuelos y hasta sobrinas. Todavía revivo mi emoción cuando lo recuerdo.

Al poco tiempo, tuve la oportunidad de conversar con mi madre biológica, se podrán imaginar mis nervios y emoción. No sé cómo explicar lo que sentía cuando estaba frente a ella escuchando su versión de la historia.

Saber que esta tía tan querida para mí (y que visitábamos religiosamente todos los agostos) me había parido, era fascinante e increíble, era como estar en una telenovela. Ella me confirmó la historia que mi mamá me había contado. También me habló un poco más de mi papá biológico y de la relación que habían tenido. Esa vez me contó que después de que yo nací, esa relación se terminó y cada uno tomó caminos diferentes.

Pasaron unas semanas antes de conocer a mi papá biológico. Creo que ha sido una de las citas más emocionantes que he tenido en mi vida. Lo que sentí fue muy diferente a cuando hablé con mi mamá biológica. A ella ya la conocía como mi tía y yo la quería como alguien muy especial en mi vida. Este señor, por el contrario, era un completo extraño, sin embargo, mis ansias por saber más de él eran grandísimas.

Él venía con un paquete grande ya que me estaba trayendo cuatro hermanos a mi vida. Lo único que conocía de él, era a su papá. Yo tenía una relación con mi abuelo paterno sin saber quién era él. Te cuento, mi mamá visitaba frecuentemente a una de sus mejores amigas que vivía con sus padres y yo iba con ella. En esa casa me consentían, me hacían arroz con leche, me querían mucho y hasta me daban regalos en Navidad. Bueno, el papá de esa amiga de mi mamá era mi abuelo paterno.

El conocer a mi papa biológico, me abrió la puerta para conocer a los hermanos que ahora yo tenía y eso me daba mucha emoción, pues pasé de ser hija única a tener varios medios hermanos. Tenía una hermana diez años mayor que yo, ella estaba estudiando medicina, era casada y para esa época ya tenía dos hijas, ¡yo era tía!

Los otros tres hermanos eran hijos del único matrimonio de mi papá biológico, dos varones de como siete y diez años y una hermanita menor, que tenía como cuatro años, no recuerdo bien sus edades, pero va por ahí. Así mismo, conocí al resto de la nueva familia paterna.

Mi inocencia a los dieciséis años, no me permitió magnificar las consecuencias que traía el compartir con otros mi origen y querer conocer a toda esta nueva familia.

Hablar libremente del tema, involucraba exponer a mi gente amada al escarnio público, significaba: sacar a luz el secreto mejor guardado por mi familia (y que todo el pueblo ya sabía). Por otro lado, relacionarme con mi nueva familia consanguínea, hería sentimientos, por dieciséis años yo le pertenecía solo a mi mamá y a mi papá, a nadie más.

Te confieso que, por momentos, mi historia de vida me ha hecho tan feliz e infeliz a la misma vez, me ha hecho sentir infinitamente afortunada y desdichada al mismo tiempo.

El mensaje fue muy confuso para mi mente adolescente, cuando la adrenalina de lo nuevo pasó, me conseguí en un conflicto interno, que no supe cómo manejar.

Nunca busqué ayuda emocional para digerir todo esto, pretendí ante los ojos de mi mamá y mi papá que todo era «normal», yo igual los seguía amando y además ellos eran los que yo consideraba como tal.

*Así que, ¿qué hice yo con
mi historia bonita?
La convertí en una historia de horror.*

Comencé como dice el dicho: a buscarle la quinta pata al gato.

Llené mi corazón de rabia, comencé a verle todo el lado feo al abandono de mi madre biológica. Experimenté el abandono y lo reconocía como herida, pero lo que no fue obvio para mí, fue descifrar que yo también tenía en mi subconsciente la herida profunda de ser «la excluida» de mis dos familias.

Mi diálogo interno fue mi peor enemigo, lo alimentaba preguntándole a mis amigas que tenían hijos si a ellas se les ocurriría regalar un hijo. Obvio, todas respondían no, lo cual reafirmaba mi dolor y mi herida del abandono. Yo me preguntaba:

*¿cómo fue posible que mi madre
biológica me haya regalado?
¿Por qué no me quiso?*

Pasé mucho tiempo en mi vida tratando de buscar la respuesta al porqué, ignorando, el para qué.

Les preguntaba a miembros de mi familia paterna cuál era el lado de su historia y lo que conseguía era alimento a mi rabia. Yo no tenía las herramientas necesarias, ni la madurez para pedir ayuda. Así que mi herida del abandono, la hice profunda, cree una relación de amor y dolor con el drama.

A donde yo llegaba, necesitaba contar mi historia y lo hacía desde el dolor y el victimismo, quería que la gente supiera lo que me habían hecho.

En esa época, tenía resentimiento hacia mi abuela materna. Por años le achaqué la culpa de mi desgracia. Ella era la autora intelectual, culpable de que mi mamá biológica me había regalado, de que mis padres biológicos se habían separado y no habían formado una familia para criarme y quererme. Yo no había tenido una relación con mis hermanos porque a ella no le había dado la gana y había sido la bruja que había confabulado para que yo tuviera la historia de horror que estaba viviendo. Esa fue mi percepción.

Yo sentía que había nacido bajo la premisa de las mentiras, todo era una mentira y culpé a mi abuela severamente de haber obligado a toda mi familia materna a mentir acerca de mi origen.

La herida del abandono se profundizó a lo largo de mi vida, así como también la herida de haber sido excluida de mi familia biológica.

Por muchos años sufría por situaciones que no lo ameritaban, la herida de la exclusión florecía. Por ejemplo,

* Sí una amiga me ignoraba las llamadas, no me invitaba a todos los eventos que hacía en su casa o cuando

simplemente yo sentía que debían prestarme la atención y considerarme en su vida, como yo lo hacía.

* Cuando terminó mi primera relación amorosa importante fue devastador.
* Cuando en el trabajo no me incluían para ciertos eventos.

En todos esos momentos, era más fácil no hacer nada e ignorar mis heridas.

Ahora quiero contarte:

¿Cómo salí de mi relación tóxica conmigo misma y cómo aprendí a decir No para decirle Sí a mi nueva versión?

Sin duda alguna, el compartir mi historia de vida con personas extrañas a mí, con mis amigos y con mi familia ha sido sanador, aun cuando evité hablarlo con mi mamá por casi treinta años.

Con el tiempo, me di cuenta de que ya no «necesitaba» hablar de ello desde el dolor.

Hoy en día yo decido: cuándo y con quién conversar de mi historia de vida desde el amor.

Hoy más que nunca estoy muy orgullosa de mi origen, admiro a mi madre y a mi padre por:

* Haberme aceptado en su vida como el mejor regalo que Dios les dio.
* Haberme recibido en su corazón.
* Criarme como su hija tal cual, como que si me hubiesen engendrado.

Para mis padres, yo he sido su todo y lo aprecio y valoro. Mi gran aprendizaje, con mi historia de vida ha sido que: Solo yo tengo el poder de interpretar, percibir y describirla. Yo decidí verla como una historia hermosa, con muchas emociones encontradas que hoy día puedo manejar y con un mensaje que aún continúo descifrando.

De una manera orgánica, yo había comenzado a sanar mis heridas al contar mi historia, sin embargo, no fue hasta hace seis años que realmente comencé a decir **No:**
* Al drama.
* A la victimización.
* Al resentimiento.
* A no seguir conectando con las heridas de abandono y exclusión.

Mi transformación y camino de crecimiento personal y autoconocimiento comenzó con mi primer viaje a la ciudad de Sedona, Arizona, que hice con un grupo maravilloso de mujeres llamado Hiking Místico.

Ese viaje comenzó antes de llegar allá, yo me obsesioné con unas fotos que vi de las majestuosas montañas. Me embarqué en un viaje en donde yo no tenía ni idea para dónde iba o con quién, dónde me iba a quedar o qué actividades iba a hacer. Sin embargo, mi alma sabía qué quería lograr con este llamado de las montañas.

Necesitaba liberarme de algo, mi subconsciente pensaba que ese viaje era la oportunidad de enfrentar de manera consciente mi vida. Era el momento ideal para sacar de mis adentros todo eso que tenía guardado y escondido.

En el segundo día del viaje, fuimos al Horse Shoe Bend. Allí decidí acostarme boca abajo en una piedra. Al principio me sentí tan fresca y relajada, pero, sin darme cuenta, a medida que pasaban los minutos fui sintiendo algo dentro de mí, era como un río caudaloso con rápidos que estaba revuelto. Comencé a llorar sin ninguna razón evidente, no era tristeza, no era ningún sentimiento negativo, solo quería llorar incontrolablemente y así lo hice por el resto del día y casi que por el resto del viaje.

Esa noche decidí hablar otra vez de mi historia con mis compañeras de viaje. A partir de allí, abrí una brecha en mi historia de vida y comencé mi proceso de sanación después de casi treinta años. Comencé a decir **No** para decir **Sí** a mi nueva versión sana.

Me di cuenta de lo bendecida y afortunada que había sido en mi vida. Para ser honesta, mi historia de vida no es tan especial como mi versión adolescente pensaba. A mucha gente le ha pasado algo muy parecido a mí y todavía sigue pasando.

Estos casos de hijos regalados/adoptados son más comunes de lo que yo imaginaba. Así que me di el permiso de cambiar mi diálogo interno, saqué a mi ego de adolescente y le di entrada a mi versión adulta, ya no me pregunto el ¿por qué? de todo lo que sucedió, sino el ¿para qué?

Dije **No** al resentimiento y a seguir conectando con las heridas de abandono y exclusión cuando perdoné a mi linaje femenino. Las mujeres de mi familia materna hicieron lo que ellas pensaban era lo mejor para mí. Cuando entendí que:

* Sus acciones venían desde el amor, dejé de juzgarlas.
* Ellas hicieron lo que pudieron con las herramientas que tenían, ese día le di la bienvenida, otra vez a mi nuevo yo.

Gracias bisabuela, abuela, mamá, tías y a todas mis mujeres, las honro hoy y por siempre.

Cuando me liberé, me convertí en mi mejor proyecto de vida y me dediqué a conocerme, reconocerme, aceptarme, perdonarme y amarme.

He invertido en mi crecimiento personal y eso me ha permitido primero, entender mis heridas para luego iniciar el camino a la sanación espiritual.

Aquí te dejo una pregunta de reflexión:

¿Si no te conoces a ti mismo, cómo puedes ayudarte?

Te quiero dar las gracias por llegar hasta aquí en este fascinante capítulo que escribí con mucho amor para ti, con el que he reído y llorado bonito. Espero, de todo corazón, que te aporte y te unas a mí, a seguir construyendo la mejor versión de ti. Para ello quiero compartirte las siguientes herramientas que me han servido:

1. **Autoconocimiento:** invierte en ti, atrévete a conocerte usando la herramienta que te llame la atención, con la que conectes y enamórate de ti. Todo lo demás que desees lograr llegará a ti. Te sorprenderás, los resultados son mágicos.

2. **Relación con la madre tierra**: yo sentí el llamado de las montañas, sí, así como lo lees y desde ese momento mi relación con la naturaleza ha sido hermosa y sanadora. Respirar el aire fresco y puro de un bosque, despertar con el canto de los pajaritos, oír la lluvia en la selva, caminar en la playa, sentir el agua y la arena en los pies han sido solo algunas de mis bendiciones.

3. **Pregunta poderosa usando el para qué:** aprende a formular las preguntas adecuadas y lograrás que tu diálogo interno se convierta en tu aliado. Cuando me pregunté el para qué de mi historia de vida, finalmente entendí que uno de mis propósitos era la sanación de mi linaje femenino.

Mi frase

Yo alimento mi fortuna.

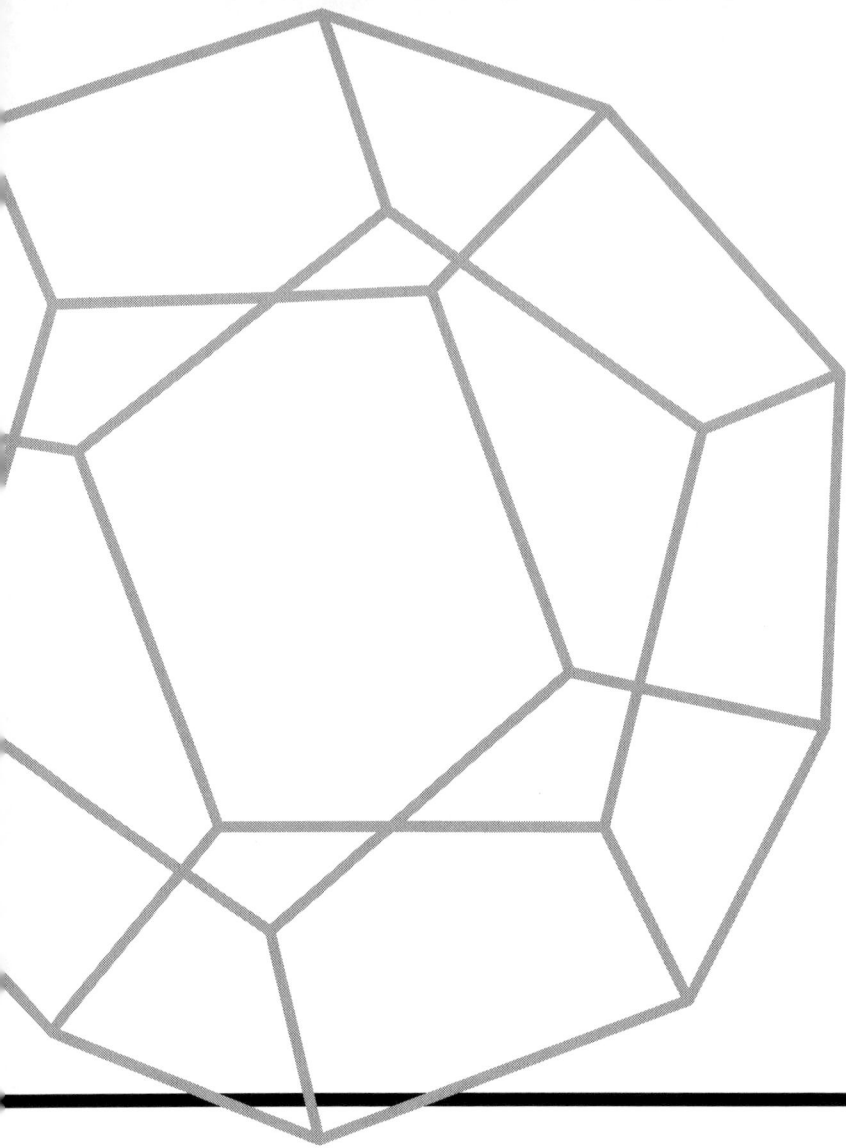

ANA
GUERRERO
DE VARGAS

🌐 https://frcsflorida.com/
🎤 Imperfectamente feliz autism mom
🎤 Desentoxica tu mente
📷 @frcsflorida
📷 @Imperfectamentefelizautismmom
📘 Imperfectamente feliz autism mom
📘 frcsflorida
▶ @frcsflorida

Presidenta y fundadora de Family Resources and Consultation Services, LLC., coautora del libro *Elígete a ti: 75 herramientas para priorizarte*. Fundadora del grupo de apoyo para padres y familiares con hijos especiales: Todos unidos luchando por una misma causa. Creadora de los *podcasts*: *Desintoxica tu mente / Imperfectamente Feliz Autism Mom*.

Graduada en Ciencias y Psicología (*Cum Laude*), Universidad del Este, Tampa, FL. Certificada en *coach internacional* en Programación Neurolingüística PNL. Tiene diplomados en inteligencia emocional, psicología positiva, meditación y *mindfulness*. Es motivadora, conferencista, activista comunitaria y defensora de los derechos humanos.

Nacida en Santo Domingo, República Dominicana. Encontró su pasión y misión de vida brindándole apoyo emocional a padres, madres y familiares de personas con necesidades especiales. Fue parte del comité de directiva de Dominican Association Of Tampa (DAOT) y vicepresidenta de la misma organización en dos ocasiones. Ha colaborado con diferentes organizaciones nacionales e internacionales tales como: Fundación Luz y Esperanza por el autismo, en Santiago, RD.

Tiene experiencia en servicios comunitarios. Actualmente es la *community relationship manager* (gerente de las relaciones comunitarias) en Experienced Autism Alliance, una organización sin ánimos de lucro. Hoy en día continúa con las prácticas de programación neurolingüística, sesiones de *coaching* y conferencias de motivación y desarrollo personal.

Ha sido invitada a diversos programas de radios y televisión, nacionales e internacionales, tales como: Génesis 680 A, Emisora Hispana. En el programa *Todo Tampa Bay*, Noticiero Telemundo 49, en el programa de televisión *Esta noche Mariasela*, transmitido por Color Visión, Santo Domingo, DR. Mi gente Tampa BAY TV, Centro Tampa. Periódico Hispano, Canal 9 Bay News y participó en la primera Feria del Libro Internacional en la ciudad de Bahía de Tampa Bay, Florida.

Yo no soy la mujer maravilla, soy una maravilla de mujer

El ser madre de dos personas maravillosas diagnosticadas con autismo, me ha ayudado a aprender y desarrollar diversas habilidades, tanto en el ámbito profesional como personal.

En la primera edición del libro *Elígete a ti: 75 herramientas para priorizarte*, en el capítulo El poder de la resiliencia de una madre con dos hijos especiales, les compartí parte de mi historia y cómo fue mi experiencia al recibir el diagnóstico de mis dos personas favoritas, mis dos grandes tesoros: La diva de mi vida y el coqueto de mi corazón.

Sin embargo, en esta obra quiero compartir contigo el *proceso transformador* después de mi separación de pareja, donde comencé a descubrir las maravillas que existen dentro de mí. Esa experiencia me dio el poder para seguir adelante; y he aprendido a reconocer que: yo no soy la mujer maravilla, soy una maravilla de mujer.

Amarte, cuidarte y pulir cada día tus fortalezas como un preciado diamante, es la base para encontrar el valor en las diferentes esferas de nuestras vidas: personal, familiar y laboral; mantener el equilibrio en estos tres pilares es fundamental para conservar la magia maravillosa que yace en tu interior.

En mi caso, la adolescencia estuvo marcada por expresar mis ideas de forma contundente y defenderlas frente a los demás; como sabrán, en ocasiones, esta forma es vista por nuestra sociedad como una manifestación de rebeldía y el propio núcleo familiar te impulsa a reprimir estas expresiones. Lo que me llevó a colocarme en el lugar de la otra persona, pero aun así en esa etapa de la vida, no logré comprender ni ser comprendida.

Hoy en día, miro dentro de mí a esa adolescente luchadora e inteligente, muy avanzada para su época y me siento orgullosa de ella, la abrazo y la felicito. Esa es una de las razones por las cuales le dedico este libro y la honro por ser una joven que sabía lo que quería desde temprana edad, aunque muchos no la entendían y solo se enfocaban en su rebeldía.

Ana adolescente supo poner límites a quienes trataban de humillarla o invalidarla, reconocía su valor y vivía a plenitud con una sonrisa llena de sueños y esperanzas.

Estando en la flor de mi juventud, decidí casarme enamorada, con un joven soldado del ejército de los Estados Unidos, ambos con el profundo deseo de superación y de crecer juntos. Un año después, tuvimos a nuestra amada diva, una niña querida, buscada y deseada. Desde muy joven aprendí que la educación es poder y la llave de muchas oportunidades, por lo que motivé a mi esposo a que se matriculara en la universidad y cuando estaba de servicio militar en otro estado o país yo me proponía objetivos sencillos de lograr en poco tiempo, con el propósito de alcanzar mi meta personal a largo plazo: quería terminar mi carrera de leyes, que había iniciado en mi país, República Dominicana.

Como mujer migrante, aunque tenía la barrera del idioma, mi primer logro fue pasar el examen teórico para adquirir la licencia de conducir, el segundo y, después de dos intentos, fue el examen práctico, que lo pasé gracias a una amiga colombiana, esposa de un coronel retirado, él le había obsequiado de cumpleaños un carro del año. Recuerdo que cuando mi amiga me llevó a tomar el examen me dijo:

«Anita, no me vayas a chocar el carro, recuerde que usted sabe manejar y como su carro es grande, yo le voy a prestar el mío porque yo sé que usted va a pasar ese examen. Así que tranquila, mi hija, que usted este examen lo va a pasar».

Y así mismo fue, pasé el examen práctico y ella estaba tan feliz como yo.

Luego me inscribí en clases de inglés, pero por más que trataba de entender el idioma persistían las dificultades. Al poco tiempo nos mudamos a Tampa, Florida, y mi siguiente meta fue encontrar una escuela de cosmetología en español y continuar con las clases de inglés. Completé la carrera de cosmetología pasando dificultades, porque estaba prácticamente sola con la niña mientras su papá estaba de servicio en otro país y yo estaba pasando por el proceso del diagnóstico del espectro del autismo de mi hija.

Finalmente no pudimos cambiar de base así que nos quedamos estacionados en el estado de la Florida. Aunque no era de mi agrado permanecer allí, lo vi como una oportunidad para continuar creciendo y tener los servicios que mi hija necesitaba. Inspirada en mi hermosa diva, tomé la decisión de no continuar la carrera de

Derecho que empecé en República Dominicana e iniciar otra carrera, Psicología. Fue un gran reto, pero me llena de orgullo el ver que paso a paso pude lograr mi meta de largo plazo, que primero empezó con la intención de comprender el diagnóstico de mi hija y con el tiempo me volví la esperanza para muchas familias con hijos especiales.

Siempre voy a estar muy agradecida con todas las personas que, de una u otra forma, me ayudaron a lograr mi sueño. Cada experiencia que he vivido en mi vida me ha enseñado a ser más fuerte. Un ejemplo de mi fortaleza no solo fue recibir el diagnóstico del espectro de autismo (TEA) de mis dos hijos, sino también la separación de mi esposo. Fue en ese momento que me tocó buscar dentro de mí e identificar de dónde venían esos sentimientos que sentía de:

* tristeza
* miedo
* y libertad, a la vez.

Hasta que lo encontré; ¡no lloraba por mi expareja!

Mi corazón se rompía, cada vez que veía a mis dos tesoros llorando desconsolados por su papá. O, cuando mi hijo menor miraba por la ventana esperando que llegara su padre.

Para mí fue muy fuerte trabajar dentro y fuera de casa, tratando de mantener un equilibrio, entre ser madre soltera de dos personas especiales, continuar con mis responsabilidades laborales e ir *viviendo mi proceso de duelo de la separación.*

En ese momento comprendí que los seres humanos no sabemos lo fuerte que somos, hasta que ser fuerte es la única opción que tenemos y rendirme, para mí, nunca fue ni será una opción. Así que tenía que continuar luchando por mí y sobre todo por mis hijos, que son mis dos grandes tesoros, que amo hasta el infinito. Algo que siempre llevo presente es que su bienestar depende de mí casi en su totalidad.

Tomé la decisión de vivir este proceso evolutivo de la mano de dos profesionales. Solo cuando me sentí lista lo compartí con mis personas de confianza, porque no fue un proceso fácil de asimilar y no quería escuchar comentarios positivos ni negativos de nadie. Me estaba preparando para mi nueva vida.

Me anclé de esa frase de Frida Kahlo que dice:

«Échame tierra y verás cómo florezco».

Me la repetía una y otra vez todos los días, soy: *una maravilla de mujer, esto es solo un proceso.*

Ante esto, hacía un ritual matutino:

* Me daba besos yo misma todos los días al despertarme.
* Me miraba al espejo y me decía palabras positivas.
* Si antes les expresaba mi amor a mis dos tesoros, ahora lo hacía tres veces más fuerte.

Un momento que nunca voy a olvidar fue cuando mi hijo menor se escondía para que yo no lo viera llorando y lo hacía por dentro para que no se escuchara. A pesar de ser un niño pequeño, siempre demostró su sentir al ver que sus padres ya no estaban juntos, de igual forma pasó con mi hija mayor y eso me causaba tristeza.

Trataba de comprenderlos y estar más tiempo con ellos, sabía que su conducta tenía nombre y apellido y eran los nombres de sus padres. Algunas veces me sentía culpable de verlos sufrir, luego comprendía que todo era un proceso y que íbamos a estar bien otra vez, que era el momento de poner en práctica la paciencia y dejar que todo fluyera de la mejor manera posible.

Al observar a mis dos hijos vivir la ausencia de su padre, me trasladó a mi niñez, cuando viví el abandono de mi padre, a la edad de siete años.

Yo lloraba mucho por mi papá y no comprendía porque si decía que yo lo era todo para él, se fue. Por muchos años pensé que mi madre era la culpable de que mi papá ya no estuviera conmigo y fue hasta mis catorce años que volví a conectarme con mi papá, a través de un tío. Cuando llamé a mi papá y escuché su voz, después de tanto años, fue como si volviera a vivir otra vez. ¡Estaba feliz de estar conversando con mi padre! Hoy en día continúo en comunicación con él y mis hermanos.

Sin embargo, cuando mi hija mayor nació, comprendí a mi madre. Entendí que mi padre se alejó de mi porque así lo deseaba y empecé admirar a mi madre y a valorar todo lo que hizo por mí y también por mis hermanos.

Explico esta etapa de mi vida porque me permitió comprender a mis hijos, dos niños con TEA no verbales, que expresaban su dolor al no tener a su papá con ellos. Al ver a mis hijos, viviendo ese proceso, fue una experiencia muy desagradable, que ninguna madre desea vivir.

La realidad es que no hay que estar casados para continuar desempeñando el rol de ser padres, pero no todas las personas comprenden que se puede tener una relación sana de paternidad después de terminar una relación.

Yo amé con toda mi alma a mi expareja y tan pronto nos separamos ese amor se fue transformando y empecé a verlo solo como el padre de mis hijos. Sus actos fueron trasformando mis sentimientos hacia él y matando cualquier posibilidad de una reconciliación. Y, sobre todo, tenía claro que no quería volver a ver a mis hijos sufrir otra vez. Y eso no cambia que continuemos siendo los excelentes padres que siempre hemos sido para nuestros niños.

Así que inicié mi proceso de sanación a través del agradecimiento y el perdón. La gratitud es uno de mis valores principales y durante mi separación lo desarrollé más aún. Yo tenía la rutina matutina de practicar la meditación, la respiración, el escaneo corporal y el autorreconocimiento.

Con todo lo que conlleva una separación, recordé que las personas llegan a nuestra vida por un propósito, que cumplen y luego siguen su rumbo. Así que le abrí la puerta del perdón, no solo para mí sino también para mi expareja, que al final de nuestra relación se transformó en mi gran maestro de vida y todo por no poner en práctica los límites sanos al intentar ayudarlo, me estaba hundiendo yo también.

Hice conciencia de que: antes de esperar que alguien cambie debía empezar primero por mí.

Y fue precisamente lo que hice, me enfoqué en mí y en poner en práctica la programación neurolingüística. Aplicando estas tres principales herramientas:

1. **El silencio:** es poderoso y aprendí a usarlo a mi favor, aun en mis tiempos más difíciles. Regalándole mi ausencia a esas personas que no valoraron mi presencia y dejándolos donde ellos mismos se colocaron. Me tocó ponerme en modo oruga de vivir el doloroso y a su vez maravilloso proceso de convertirme en una mariposa. Comprendí que ningún dolor es para siempre y que después de una tormenta sale el arcoíris. Así que tomé la decisión de disfrutar mi evolución, sonreír y ser feliz aun viviendo un proceso difícil como lo es una ruptura de una larga relación, donde amé y de esa misma forma sentía que era correspondida. Había una realidad, ya todo había terminado y tenía que aceptarlo y seguir adelante.

2. **El autocuidado:** es vital para el bienestar de cada individuo en la sociedad. No solo debemos cuidar de nuestra salud física y mental sino también espiritual.

Cuidar esos tres pilares de mi vida me ayudó a mantener un balance. Mi conexión con Dios fue vital para perdonarme por aceptar tratos que no me merecía y a perdonar a las personas que, en su ignorancia y sin darme la oportunidad ni de hablar, me juzgaron, aun sin saber mi historia.

Les puedo compartir que fue hermoso mantener la calma durante la tormenta, aunque al principio no fue fácil, lo logré y le quité el poder a los comentarios negativos y solo me enfoqué en mi bienestar y el de mis hijos. En elevar mi carrera y poco a poco lo he estado haciendo con mi empresa: Family Resources And Consultation Services, LLC. Hice tantos entrenamientos, cursos, diplomados, que no solo me ayudó a aprender sino también a mantener mi mente ocupada de una forma saludable.

Además, tuve la bendición de tener el apoyo de mis cuatro amigas, a las que quiero con todo mi corazón y que fueron un apoyo fundamental en mi vida para poder salir adelante. Simplemente para mí son parte de mi familia. El soporte incondicional de mi madre y de mi familia que, a pesar de la distancia, siempre dicen presente y fueron vital para superar este proceso, porque solo no se llega a ningún lugar. Tuve la bendición de tener a mi círculo vitamina, que me ayudó a levantarme.

3. **Las afirmaciones positivas:** No podían faltar en mi proceso evolutivo, ya que soy una fiel creyente de que las palabras tienen poder. Todos los días buscaba una frase de afirmación positiva y en algunas ocasiones yo

misma creaba mi propia afirmación. Recuerdo que me repetía una y mil veces:

Eres la protagonista de tu vida, eres una artista que está haciendo su propia obra de arte, así que ponle los colores que deseas a tu obra y disfruta la vida. Porque la vida es bella y no puedes permitir que nadie la viva por ti... Eres una mujer fuerte, mucho más de lo que piensas y no puedes darte el permiso de rendirte, así que nunca te rindas y sigue a delante. No estás sola, Dios está contigo en cada momento y con tus hijos también, así que no tengas temor al cambio que lo que viene es mejor.

La programación neurolingüística me ayudó hacer ese clic para cambiar mis pensamientos: de ser la salvadora de otros a concentrarme en mí.

Cuando modifiqué mis pensamientos todo cambió y fue fluyendo de una manera increíble. Continué teniendo dificultades, pero mi actitud de responder a las dificultades era distinta. Ya tenía bien definido lo que quería y entre mis opciones no estaba el regresar a una relación de donde me sacaron sin darme explicaciones, desprendieron mi corazón y lo rompieron en pedacitos, sin anestesia. Viví un proceso tan doloroso que me prometí volver a ser feliz y cuidar de mis dos grandes tesoros, que son mis hijos.

Poco a poco fui retomando mis cosas y creando una nueva vida con mis hijos y mi madre. Reinventándome y reorganizándome todas las áreas. Viviendo a plenitud como si fuera el último día.

El aprendizaje que obtuve tras el divorcio fue mucho. Para mí no fue un fracaso, fue el cierre de una etapa de mi vida donde tomé la decisión de sanar ese dolor, reconectar conmigo, con mi esencia y de continuar haciendo lo que me apasiona, servir, ayudar y transformar vidas.

Un mensaje que les dejo a todos los lectores de este libro: *Aprende a Decir No para Decirte Sí a ti*. No es por casualidad que estás aquí, leyendo estas líneas.

No tengas miedo a volver a vivir, **sé cómo el águila, que se arranca las plumas una a una y desgarra su pico para volver a vivir más años. Siempre vive sin miedo al** *qué dirán y no permitas que nadie viva tu vida por ti.*

Mi frase

Poderosa es y seguirá siendo:

Dios es mi amparo y fortaleza. Mi pronto auxilio en las tribulaciones, por tanto, no temeré mal alguno porque mi Dios estarás conmigo.

Salmo 46

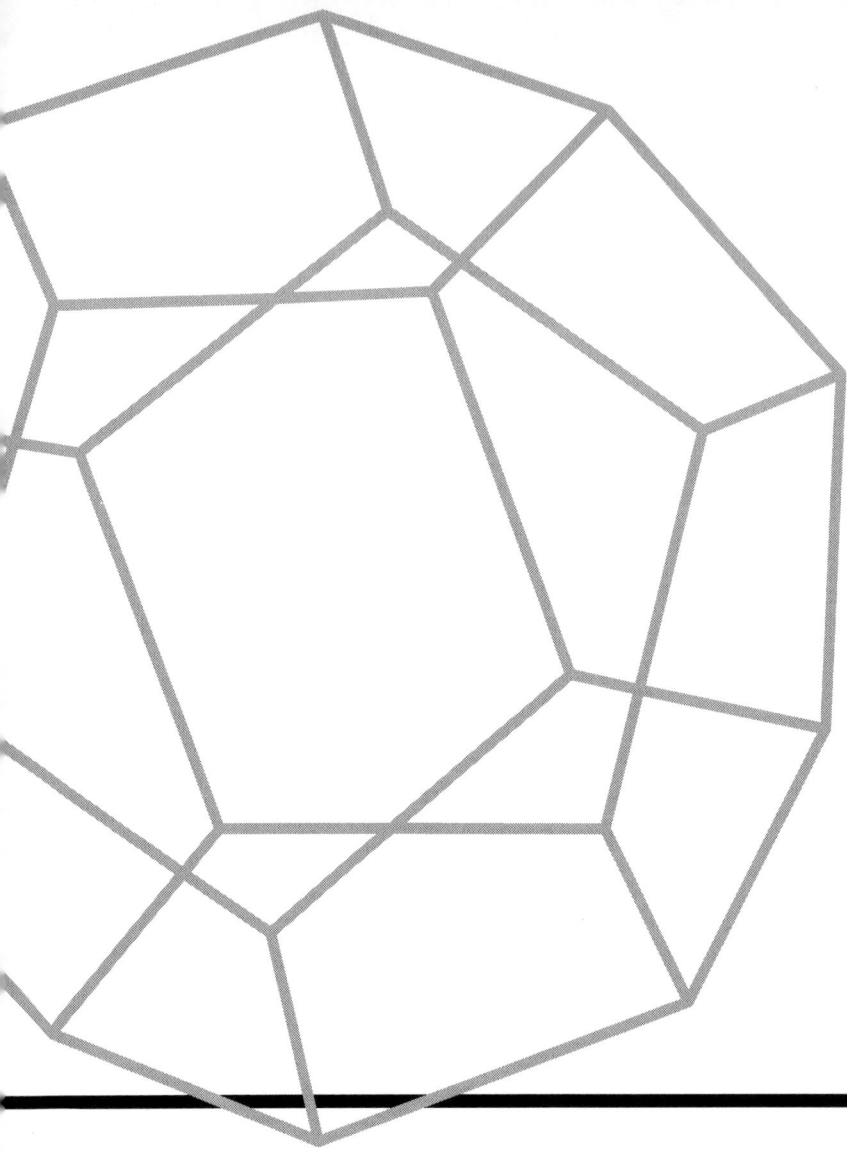

MARIELA
RAMIREZ

⊙ @marielaramirezostos
f Mariela Ramirez

Nacida en Maracay, Venezuela. Es una mujer alegre, soñadora, empática, determinada, aventurera por naturaleza y fiel a ella, lo que la lleva a lograr todo lo que se propone. Esposa de Juan y madre de Angela y Valery.

Abogada de profesión, con una maestría en Ciencias Jurídicas y Militares. Desarrolla una parte de su vida en la administración pública y otra como abogada en libre ejerció en materia Inmobiliaria. Posteriormente, comenzó una carrera como asesor inmobiliario en RE/MAX Diamante de Venezuela, lo que la llevaría a estudiar y prepararse para ser una de las mejores vendedoras de su estado y de Venezuela.

Fue reconocida como Top Producer Nacional e Internacional y estuvo presente en la convención internacional de RE/MAX, en Orlando Florida, en el año 2021.

Luego de su decisión de emigrar, demostró su resiliencia y se convirtió en una mujer multifacética. Obtuvo la licencia de real estate en el 2022.

Es practicante de Programación Neurolingüística desde el 2022, de la Escuela de Elina Rees Resetéate. Actualmente forma parte de su *Team de Expansión Evolutiva*, donde acompaña a hacer las admisiones a los nuevos estudiantes.

Es una eterna aprendiz, ama el crecimiento personal y siempre está en constante evolución, aplica sus conocimientos en todos sus roles. Entendió que el camino inicia en aprender a amarse, conocer sus valores no negociables, establecer límites sanos.

Eligio abrazar su historia personal, honró su pasado y, en consecuencia, conectó con uno de sus propósitos de vida, el cual es ayudar a otros y compartir sus dones y talentos.

El arte de aprender a amarte

Agradezco a mi pasado, honro cada parte de mi historia y sé que todo tuvo un para qué. Hoy tengo la vida que tanto anhelé. No soy diferente a ti y lo que me llevó a escribir es:

* Ser símbolo de inspiración para mis hijas y también ayudar a otros a entender el cómo decirnos **Sí** nos acerca a vivir la vida que merecemos.
* Empoderarme de mi historia y a través de ella, acercarme a mi propósito de vida.

El camino para aprender amarte no es fácil, es un viaje hermoso a la reconciliación, amor propio, compromiso y, finalmente, la paz. Aun mi camino continúa, seguiré sanando mis heridas y mientras eso ocurre te relataré una parte de mi historia de vida, donde dije un **No** rotundo, para decirme **Sí** a mí.

Nací en Maracay Venezuela, maracayera de nacimiento y *gocha* de corazón. Mis padres y hermana son andinos, soy la pequeña de la casa. Recuerdo mis vacaciones en San Cristóbal, Venezuela, de allí mi amor por esa ciudad. A mi memoria viene cada reunión familiar, siempre había un gentío en casa, navidades inolvidables y el sabor de la sopa de pollo de mi abuela, es única. Con esa sopita podía sanar desde un rasguño hasta una herida en el corazón.

Mi madre y padre hicieron lo mejor que pudieron con las herramientas que tenían para ese momento. Mi mamá, un temple de mujer, dura como una roca y a la vez muchísima paz en su corazón. Ella es mi mejor amiga y mi cable a tierra, una mujer que entregó su libertad por cuidarnos, amarnos y protegernos. Siempre priorizó a mi hermana y a mí, por encima de sus necesidades personales.

Mi padre es un hombre alegre, trabajador y bochinchero, eso lo herede de él. Cuando tenía doce años mis padres decidieron divorciarse y no de la mejor manera. Mi papá se fue y pasó bastante tiempo para nuevamente volvernos a ver y conectar. Mi infancia fue única y especial, hoy los honro con un amor incalculable y me permito hacerlo un poco diferente.

Cuando me gradué de bachiller me fui a San Cristóbal a vivir, estudié Derecho, y en la universidad hice amistades de valor. Me gradué de abogada, empecé a trabajar en una empresa del Estado, allí ya había cumplido con dos de los «deben ser» que mi mamá me enseñó: «hija, estudie para que sea alguien en la vida. Y dos, consiga un trabajo estable para que se jubile con dinero», ¡Guao, me faltaba el tercero!: «Cásate y ten hijos».

Es así como, a los veinticinco años edad, sin haberme casado, ni tener con quién hacerlo, esos «deben ser» me hicieron empezar una carrera contra el tiempo, desde buscar esposo hasta decidir tener un bebé. ¡Allí me casé con el papá de mi hija! Hoy lo recuerdo con risas y sé, que tal y como ocurrió, fue lo mejor que podía pasar, con las herramientas que tenía para ese momento. El matrimonio duró nueve años. La verdad es que el padre de mi primera hija es un gran maestro para mí.

Nació mi hija, mi motivación. Ella con su luz iluminó e ilumina mi vida: una niña que sabe lo que quiere y a dónde va, unos dicen que es igual a mí, la verdad es que es única. Mi maternidad, al igual que mi primer matrimonio, transcurrió con ausencia de mi parte, fui una mujer súper apasionada en el trabajo, lo que me llevó a mudarme varias veces lejos de mi hija y su padre. Mi niña creció con un papá presente y una mamá ausente.

Entiendo que mis ganas de ser una mujer exitosa se sobreponían a las de madre y esposa, así fue como tomé la decisión de pedir un traslado a San Cristóbal, pero me destituyeron. Con eso se fueron mis sueños de llegar a ser jueza, una gran desilusión y enorme tristeza para mí. No obstante, me acercaba a cumplir mi rol de madre y esposa a cabalidad, como debe ser.

Es cuando una de mis amigas de la universidad, y además exitosa vendedora de inmuebles, inauguró su propia oficina y me invitó a formar parte de su equipo de trabajo. Era una buena oportunidad de tener tiempo de calidad con mi hija, conectar con la mujer exitosa que soñaba ser, no viajar más por trabajo y ser una mamá presente, así que acepté su invitación. Me dediqué y estudié para ser una de sus mejores vendedoras.

Me convertí en una mamá presente y tenía una carrera como vendedora de inmuebles en ascenso. Por otra parte, mi matrimonio estaba sumamente fracturado, hoy entiendo que al escoger la pareja desde «el deber ser» y no desde el amor, no había mucho que salvar. Decidimos divorciarnos sin traumas.

Por si fuera poco, hubo una depresión posterior a esa decisión.

Ahora puedo ver qué fue lo mejor que podía pasar, ya que abrió un interés en mí por aprender a conocerme, sanar mis heridas de abandono, llenar mi vaso de mí y, finalmente, amarme verdaderamente.

Luego de mi divorcio en el 2019, me dediqué más que nunca a ser mamá a tiempo completo y a trabajar. Incluí el deporte en mi vida, corría y andaba bicicleta. Mi carrera como de vendedera estaba en su mejor momento, recuerdo que soñaba con ser la número uno en mi oficina y *Top producer internacional* para ir a recibir mi premiación en Las Vegas, Estados Unidos.

De hecho, después de largas horas de terapia y trabajo interno, aprendí a quitarle el protagonismo al otro, me hice responsable de mis elecciones, desde los padres que elegí, mis parejas sentimentales, mis trabajos, entre otros. Dejé de verme como una víctima y asumí toda mi responsabilidad. Empecé a conocerme cada día más y como consecuencia a amarme, con todas mis luces y sombras.

A medida que más me amé, mi vida se llenó de un tono diferente, podría decir que estaba donde quería estar, mi hija, mi trabajo y además hacia equipo con dos grandes amigas.

En ese momento ocurrió algo, recibí una llamada que cambiaría mi vida totalmente. Era octubre del 2020, el año de la pandemia, cuando el padre de mi hija me dijo que había decidido quedarse a vivir en Miami, Florida, y que me viniera a vivir con él y la niña. De inmediato mi respuesta fue: «No. Te llevo a la niña de vacaciones, pero a vivir, no».

En ese momento seguía con mi trabajo interno, mis ventas eran buenas, vivía en un correcorre total para cumplir en el aspecto de mamá y profesional. Llegó diciembre de 2020 y sí, resulta que fui la número uno, lo que tanto soñé se había cumplido. Te cuento que me veía y sentía hermosa, usé mi vestido de color preferido, coral, fue uno de los mejores días de mi vida.

Al irme de la premiación me despedí de todos, los abracé y lo que pensé que sería un hasta luego, se convirtió en un: *adiós para no volver*.

Llegué como muchos a este país, yo venía por un mes de vacaciones. Al tener quince días aquí mi hija me dijo que...

...me regresara sola, porque ella se quedaba a vivir con su papá. Que viniera para su cumpleaños, y a pasar navidades, pero que ella no volvía a Venezuela.

No pude evitar llorar porque todo lo que conocía desde que nací estaba en mi país de origen: mi mamá, a la que le dije nos vemos en un mes, mi papá, hermana y sobrinos, de los cuales no me despedí, tampoco de mis amigas, mi carrera exitosa, mi equipo de trabajo, mis clientes, mi casa. Me desprendí sin anestesia de todo lo que conocía en ese momento y...

¡No pude decirle que NO a mi hija!

Estaba totalmente desconectada de mí, no quería separarme de ella nuevamente. Así fue como me convertí en ama de casa y mamá a tiempo completo, cosa que nunca había hecho. Me sumergí en la tristeza durante varios meses.

Aun así, como Dios no obra por casualidad, recibí una llamada de mi amiga diciéndome que, por mi trabajo del 2020, fui premiada como Top Producer Internacional y que aprovechara que estaba en Miami y fuese a la Convención Internacional, donde compartiría con los mejores vendedores del mundo de esta franquicia. ¡Imagínate, que emoción! Empecé a indagar dónde sería y para mi mayor sorpresa, siempre la hacen en Las Vegas, Arizona, Estados Unidos, pero por ese año la harían en Orlando, Florida.

Lo que yo no sabía era todo lo que Dios tenía preparado para mí. Te cuento, he sido testigo del poder incalculable que Dios tiene en mí, me regaló lo que me correspondía por derecho divino, sigue leyendo.

Yo ya vivía en Miami, lo que significaba que estaba muy cerca. Seguidamente conecté con un viejo amigo que vivía en Orlando, un novio que tuve a inicios del año 2000, pero con quien quedó una linda amistad. De hecho, habíamos hablado un par de veces durante todos estos años, pero no lo veía desde el año 2012. Un hombre calmado y que siempre con respeto me decía que él, con una mujer como yo, seguro podría tener una relación seria.

Ir a la convención me devolvió la alegría y me conectó con la Mariela exitosa, que logra sus sueños. Fue un nuevo despertar, ver cómo podía también desarrollar lo que me gustaba aquí en Estados Unidos. Sin embargo, debía esperar toda la documentación requerida, que implicaba despedirme por completo de Venezuela y tomar la decisión de quedarme en este país.

También, volver a conectar con Juan, un caballero de los que están en peligro de extinción, un amigo con el que podía ser auténtica y al que repetidamente le dije que no podía tener una nueva relación con él porque aún no estaba lista.

Regresé a Miami y llegó la hora de buscar trabajo. Recuerdo que limpiaba una tienda gigante, esto me hacía sentir agobiada. Luego, una gran amiga a la cual le agradezco me pidió que trabajara en su empresa y allí me desarrollé por un tiempo. Una nueva aventura para mí, empezando no desde cero, sino con la experiencia, dones y talentos que Dios me dio.

Ya trabajando las cosas comenzaron a pintar mejor, aunque no del todo, ya que vivir con el papá de mi hija, era un reto.

Cuando aprendí a amarme y tuve las herramientas para volver a mí las veces que fueran necesario, ya yo sabía: lo que no quería ser y a dónde no quería volver a estar, es por ello que decidimos separarnos del todo. Un momento decisivo en mi vida.

Nuevamente la vida me colocaba en la posición de decidir. Volver a Venezuela, sin mi hija no era opción. Quedarme en este país era la opción, solo sé que en ese momento confié en que Dios sabía que él tendría un mejor plan para mí, el que yo en ese momento no podía ver.

Luego de un fin de semana en la playa, con Juan y mi hija, llegué a dormir y antes de hacerlo le pedí a Dios que me mostrara el camino. Oré y me acosté. Esa noche soñé que iba caminando de la mano de Juan y un bebé, no recuerdo nada más, solo sé que me sentía en feliz, amada y en paz. Al día siguiente, la decisión fue de decirle **SÍ** nuevamente al amor en mi vida.

Un mes después nos hicimos novios y me pidió que viviera con él en Orlando. Corrí a hablar con mi terapeuta, ella me hizo ver que había trabajado mucho para sanar mi amor propio y la relación con la pareja. También, me recordó que Dios me estaba regalando una nueva oportunidad, que no lo pensara tanto y siguiera mi intuición.

La vida me estaba dando una segunda oportunidad para amarme y de amar verdaderamente a otro. Llegó el momento de decirle a mi hija que mamá se había enamorado y que nos íbamos a vivir a Orlando y ¿adivinen qué? Me dijo que no, que ella no se iba a ir del lado de su papá. De nuevo, el destino me colocaba en decidir **Sí** o **No**. Si me quedaba viviendo con mi hija, por no separarme de ella, o me decía **Sí** a mí y a mi nueva vida.

La verdad lloré, pensé muchas veces en seguir viajando y no irme a Orlando. Pensé en que me podía mudar a Miami y no vivir más con el padre de mi hija, pero **No**, en este momento seguí lo que decía mi intuición:

Con todo mi amor de madre le dije a mi hija vámonos o me voy sola, ella me contestó: «vete sola mamá».

Decidí irme a Orlando. No había pasado un año de esa decisión, cuando mi hija se mudó con nosotros. Ese mismo año, me casé y el día de mi matrimonio, mi hija con sus ojitos llenos de lágrimas me dijo: «*que se sentía muy feliz de que mamá había encontrado al amor de su vida*».

Un nuevo amor, una nueva vida y además una bendición, mi segunda princesa, ella llego a demostrarme que los milagros existen. Y sí, mi vida se llenó de más colores, una razón más para agradecerle a Dios, ahora mi familia es una de cuatro.

> *Me dije Sí a mí, sí a lo que me merezco,*
> *sí a amarme verdaderamente,*
> *amo intensamente a mi esposo*
> *y a mis hijas. Hice las paces*
> *con mi pasado y los honré.*

En ese momento me permití hacerlo diferente, rompí con el deber ser de que las mamás deben estar con sus hijos hasta que crezcan y se casen, así esta decisión las haga infelices. A lo largo de mi vida siempre me guie por el deber ser, por mis heridas no sanadas, pero sabía que había algo mejor para mí y hoy lo vivo.

El camino para amarte nunca termina, con tantos cambios profundos en mi vida, tomé otra decisión importante para mí, durante mi segundo embarazo, seguí invirtiendo en mi crecimiento personal, no podía permitirme que viejos patrones y creencias, me siguieran limitando. Porque, aun cuando todo era maravilloso, había cosas por sanar.

Como dice Elina Rees en su libro *Resetéate®: reinicia tu mente y transforma tu vida* :

Tú eres más que tu historia de vida.

Así llegó la programación neurolingüística a mi vida. Empecé a estudiar de nuevo, ahora soy PNL practicante, pertenezco a la comunidad Reseteate® y al *Team de Expansión Evolutiva* de Elina Rees, asimismo, hice mi licencia de bienes raíces.

Ahora bien, como la vida no es lineal, después del nacimiento de mi segunda hija, experimenté lo que llaman una depresión postparto, que no entendía cómo era ni de dónde venía, solo sé que me dolía en lo más profundo de mi ser.

Recordé todo lo aprendido en la certificación de Programación Neurolingüística, **las respuestas están dentro de ti**, usé las herramientas, también empecé a ir a clases de yoga y a terapia con una *coach* de bienestar. Finalmente logré superar mi depresión, soy fiel creyente de que invertir en mí, nunca será caro.

Mis condiciones, necesidades y prioridades de vida cambiaron. Mi concepto de una mujer exitosa es llegar a mi hogar a abrazar a mi esposo e hijas, conectar con personas, estudiar, evolucionar, seguir en el camino del autoconocimiento, sanando mis heridas y descubriendo mis propósitos de vida. Y sí, ser la estrella que ilumina mi vida y la vida de otros.

Siempre supe que existía un propósito más grande que yo, esperando allá afuera. No podía dejar pasar el llamado de Dios a contar mi historia y que tú, que hoy me lees, sepas que existe una manera diferente de hacer las cosas, amándote, haciéndote responsable de todo lo que pasa en tu vida, dando amor y recibiéndolo.

Vivo un día a la vez, honrando mi pasado, amando mi presente y soltando las expectativas de mi futuro. Hoy vivo la vida que tanto soñé.

Te comparto mis tres herramientas, que me conectaron con la mujer que soy hoy:

1. **Romper con el «deber ser»:** y con todas las ataduras, creencias limitantes que me enseñaron desde pequeña y que solo me alejaron de lo que realmente quería y sentía.

2. **Aprendí a amarme:** cuando amé mis luces y mis sombras, conocí mis valores no negociables, establecí límites saludables con todos a mi alrededor, solté el control y el perfeccionismo. Entendí que la calidad de amor que recibes de los demás es aquella que tienes dentro de ti, el amor es recíproco, siempre y cuando lo cultives en ti primero.

3. **Cree y siente en el poder de tu intuición**: esa misma que te conecta con el poder de Dios.

Mi frase

Vivo la vida como un aprendiz, sintiendo mi intuición, la misma que me conecta con el poder de Dios.

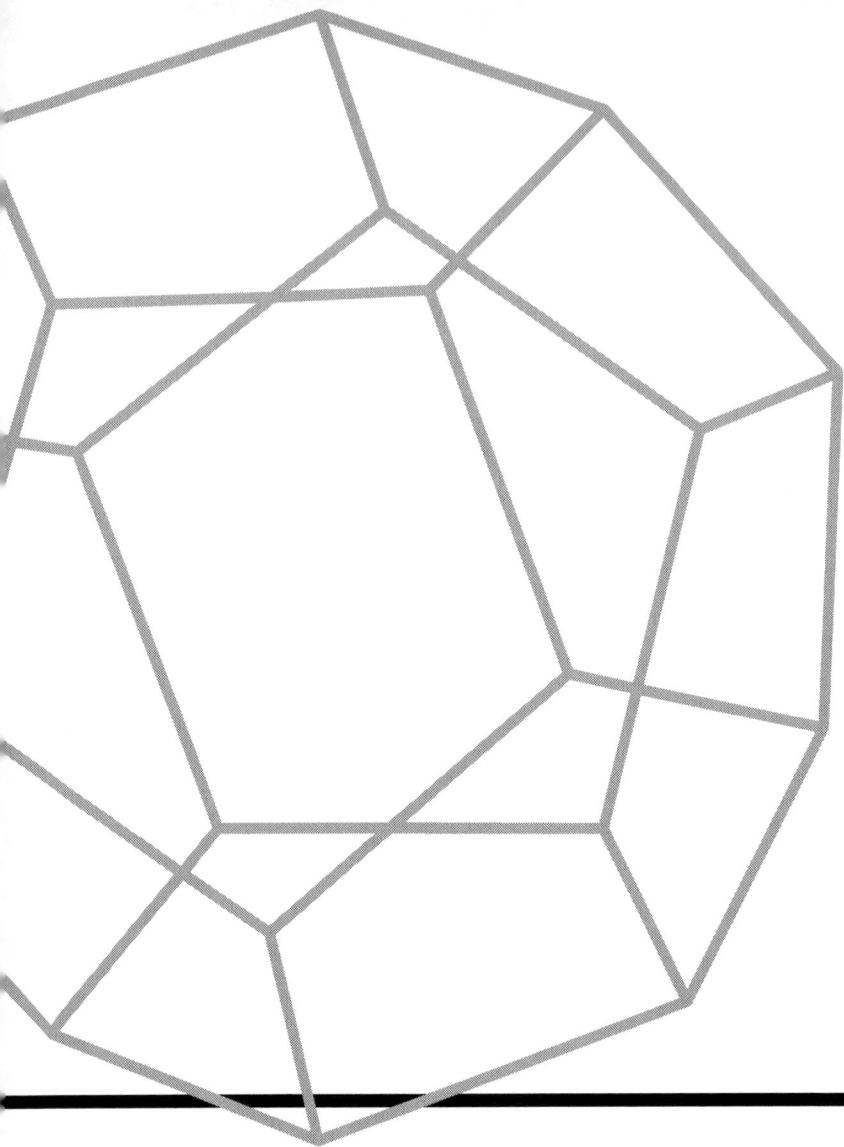

JOANNA
BUSTAMANTE
RODRÍGUEZ

○ @joanna_bus
𝕏 @joannabrpr

Completa en el año 2019 su certificación como practicante de Programación Neurolingüística (PNL) bajo el programa Resetéate® de Elina Rees. En 2024, decide incursionar en la escritura enfocada a la autoayuda, como coautora del presente libro: *Aprende a Decir No para Decirte Sí a ti: 75 herramientas para decir no amablemente*.

Cursa la carrera de Ingeniería de Petróleo en la Universidad Central de Venezuela y obtiene una maestría en Ingeniería en la Universidad de Texas, en Austin, Estados Unidos. A través de veintiocho años, Joanna se ha desarrollado profesionalmente en el campo de la Ingeniería de Petróleo y ha adquirido experiencia global en múltiples cuencas petrolíferas en diversos continentes como Suramérica, Europa y Norte América. Ha trabajado en empresas trasnacionales como Chevron, Repsol, Marathon Oil y Occidental Petroleum (OXY).

Su amplia experiencia a lo largo de su carrera ingenieril incluye proporcionar entrenamiento y mentoría a cientos de profesionales de disciplinas geotécnicas en el área de estimación de reservas de petróleo y gas. Asidua colaboradora a nivel empresarial para lograr óptimos resultados en equipo.

Creyente del continuo aprendizaje, del trabajo de crecimiento personal y de cultivar la cultura general, a través de la poesía, la música y los idiomas.

Corredora aficionada e intermitente para apoyar diversas causas, como la lucha contra el cáncer de mama. Ávida viajera, mochilera y peregrina, con miras a enriquecer la espiritualidad y aprender sobre la historia y costumbres de diferentes culturas y países.

El poder liberador del No: el camino para serte fiel

Alguna vez te has preguntado, ¿por qué en la etapa de los niños de dos años, los «terribles dos», ellos dicen **No**, frecuentemente?

Para los niños de dos años decir **No** es una forma natural para expresar su independencia y establecer límites. Están comenzando a explorar su autonomía y a comunicar sus preferencias. Es una señal de que el niño está empezando a desarrollar su identidad, su individualidad.

Sin embargo, a medida que pasa el tiempo, algunos de nosotros perdemos esa capacidad si se quiere innata de decir **No** y olvidamos establecer límites sanos.

Inicio este relato con esa pregunta ya que te hablaré un poco sobre mi niñez. Era el año 1972, cuando nací en Santiago de León de Caracas. Aún siento nostalgia cada vez que recuerdo el imponente cerro Ávila que la bordea y que desde muy pequeña miraba embelesada desde el patio de casa de mis abuelos, donde vivía con mis padres.

Soy la hija mayor de dos padres muy jóvenes con las mejores intenciones y mucho amor hacia mí, que además cargaban con pérdidas enormes, las cuales sin percatarse arrastraron a mi esencia, lo que ocasionó que surgiera un sentimiento profundo de pérdida que me acompañó durante gran parte de mi vida.

Dejo volar mi mente con El Ávila de fondo, me remonto a mi niñez esforzándome por recordar cuándo comencé a olvidarme de decir que **No**.

Pienso que fue alrededor de los once años cuando una crisis matrimonial entre mis padres me impactó profundamente. Pienso que cuando nos desconectamos de nosotros mismos y dejamos de ser fieles a nuestros valores perdemos la capacidad de decir **No** asertivamente.

Mi evocación se convierte en una secuencia de memorias, proyectando como una película, las innumerables ocasiones en las que:

...intoxicada por el dolor y la rabia, no supe decir No de manera oportuna, ni amorosa, sino que intenté fallidamente decir que No de manera iracunda.

Menciono mis reacciones ya que estas provocaron numerosos eventos conflictivos y épocas muy complicadas y en buena parte contribuyeron al colapso total de lo que, hasta el mes de junio de 2016, conocía como mi vida.

*Esta es la historia sobre cómo aprender a **decir que No me ha ayudado a reconciliarme conmigo misma** y a serme fiel respetando mis valores y mis propios límites sanos.*

Desde niña he tenido una mente inquisitiva y una imperiosa necesidad de ser independiente, de cuestionar las cosas, de aprender. Mis mayores influencias durante la niñez fueron de alguna manera contrarias, por un lado, mis padres apoyaban mi educación y estimulaban mi desarrollo fomentando mi independencia. Me decían siempre que estudiara y así lo hice; pero, por otro lado, en mi núcleo familiar y mi familia extendida, preponderaban situaciones en donde las mujeres eran:

* sumisas,
* dependientes y
* controladas.

Mientras crecía, escuchaba quejas y críticas acerca de los miembros de mi familia, incluyendo a mi padre, sobre sus conductas, sus falencias y sus desaciertos. Con dolor experimenté esas equivocaciones y el sufrimiento de mi madre. El sentimiento de pérdida y desamparo se exacerbaba e iba acompañado por un sentimiento de desconfianza que se arraigó en mí como una daga punzante.

Como hija mayor, fui espectadora en primera fila de conductas de mucha crítica, control y dependencia, tanto financiera como emocional, en mi núcleo familiar, las cuales con el tiempo me generaron un profundo rechazo hacia cualquier tipo de control que se quisiera imponer sobre mí.

Tuve una adolescencia complicada, principalmente por confrontaciones con mi padre, ya que no quería ser controlada y sentía que debía rebelarme, que se me trataba con injusticia, que era una víctima. Cuando me refiero a ser controlada, hablo de que mi padre, probablemente por patrones culturales, no quería que saliera, que tuviera novio, que me llamaran por teléfono, entre otras cosas.

Sentía, que mi padre no confiaba en mí ni en mi criterio, sentía que yo no daba motivos para tantas restricciones. Era buena estudiante, responsable y obediente. Por mi carácter rebelde e inquisitivo, nunca he creído en que, por ser mujer, debo ser limitada.

Vivía en una lucha constante, además asumí el papel de defensora de mi madre, quería que reaccionara. Pensaba que debía protegerla y, sin quererlo, empecé a involucrarme en situaciones que no estaban acordes a mi edad.

La dinámica familiar era a veces difícil y aunque me duele decirlo, me hacía pensar con frecuencia, que lo mejor que podía pasar era que mis padres se divorciaran. Todas esas situaciones tuvieron un impacto negativo en mi autoestima, empecé a lidiar con el sobrepeso desarrollando una tendencia a comer para apaciguar mi ansiedad.

Aunque tenía muchas cosas que agradecer y una gran cantidad de aspectos positivos en mi vida, yo no lo veía claramente y con frecuencia experimentaba pesimismo y tristeza. Crecí desencantada de lo que veía del matrimonio y mi sentimiento de desconfianza me provocó una inmensa sensación de soledad. Antagónicamente, también me provocó una exagerada necesidad de encontrar a alguien en quien confiar totalmente, que no me fallara inunca! lo cual era una expectativa irreal que, con el tiempo, quise imponer en mis parejas.

Hoy día entiendo con empatía, que mis padres hicieron lo mejor que pudieron. Agradezco las oportunidades y el amor que tanto ellos como mis abuelos paternos me brindaron. Ellos cuatro indudablemente, ayudaron a forjar el camino que he recorrido para llegar a donde estoy.

Afortunadamente, también hubo muchas buenas enseñanzas y momentos bonitos como cuando solíamos ir a la playa los cuatro (mis padres, mi hermana y yo) a disfrutar las hermosas costas del Caribe. Las Navidades también eran especiales en mi casa. Atesoro recuerdos de ratos inolvidables con mi mamá y con mi hermana, llenos de risas. Tuve además la fortuna de contar con buenas amistades, de las que recibí cariño y apoyo.

Eventualmente, dentro de los altibajos de mi vida y con la ayuda de mi familia, culminé mi carrera universitaria y a los veintitrés años ya era ingeniera, tenía un buen trabajo, me mudé a una nueva ciudad, vivía sola y mi vida estaba llena de oportunidades.

Sin embargo, durante esos años, arrastraba las secuelas de haberme sentido víctima gran parte de mi vida. Mi carrera como ingeniera tenía una excelente proyección, conseguí ir a hacer un postgrado en Estados Unidos, lo cual me permitió catapultarme para trabajar en el mercado internacional. A la vista de un observador externo, todo iba viento en popa, pero en mi interior las cosas no estaban bien.

Me faltaba algo, nunca estaba realmente feliz con lo que tenía.

Había atravesado por varios fracasos sentimentales (especialmente mi primer amor) que me habían dejado con el corazón roto y alimentaban aún más mi baja autoestima.

En el fondo:
* Pensaba que nadie me quería.
* Me sentía insegura.
* Vivía con miedo.

Por alguna «razón», mis relaciones siempre eran complicadas y estaban cargadas de drama. *No veía que «esa razón» en parte era causada por mí misma.*

Unos años después, cuando regresé de hacer el postgrado en Estados Unidos, comencé una relación con quien se convirtió en mi esposo y padre de mis hijos. Nuestro noviazgo coincidió con la decisión de salir de nuestro país, dada la situación político social. La relación también tuvo sus conflictos, pero a pesar de ello, sentíamos afinidad y amor el uno por el otro y decidimos casarnos.

Al poco tiempo, en un país extranjero en Europa, nació nuestra amadísima primera hija. Tenerla sin duda ha sido una de las mayores alegrías de mi vida. Desde que estaba en el hospital recuperándome de un largo trabajo de parto y una cesárea de emergencia, comencé a sentir la ausencia de mi entonces esposo. La mayor parte de la responsabilidad de cuidar a mi hija recaía sobre mí y cuando regresé a trabajar, comencé a sentir el rigor de balancear mi vida profesional con mi papel de madre.

En esa época empecé a exigirme más y más, quería ser una buena madre, una buena esposa, una buena ingeniera, una buena hija, una buena hermana, etc. Lo quería hacer todo y quería que todo saliera bien, esa autoexigencia inmisericorde fue alimentando mi inconformidad conmigo misma y con mi matrimonio. Yo simplemente no sabía decir que **No**, quería complacer a todos y hacerlo todo tan «perfecto» que no me daba pausa ni sosiego. Era implacable conmigo misma.

El matrimonio comenzó a sufrir los estragos de la ausencia de mi esposo debido a sus largas jornadas de trabajo y desde allí comenzaron mis continuos reclamos. De nuevo sentía que:

* era una víctima,
* que no era amada,
* que estaba abandonada,
* que mi esposo no me consideraba,
* que no había igualdad en los deberes de la pareja como padres,
* que no se me escuchaba.

Pensaba que debía defenderme. Mis reclamos estaban llenos de exigencias, me decía a mí misma que yo no iba a ser sumisa. Y, sin darme cuenta, me estaba comportando como mis padres y siguiendo los mismos patrones, quería controlar, pero a la vez aceptaba lo que no debía y me quedaba en una situación que no era sostenible. No existía trabajo personal individual tanto por parte de mi esposo como mío.

Sin embargo, mi anhelo por tener una familia era más fuerte que mi capacidad de ver que las cosas no estaban funcionando y la persona que yo era en ese momento *no tenía las herramientas* para manejar la situación de una mejor manera.

Ahora entiendo, que tanto el que era mi esposo como yo, hicimos lo mejor que pudimos en aquella época.

Cuando mi hija tenía casi dos años, nos mudamos a Estados Unidos por trabajo, y dos años y medio después nació mi maravilloso segundo hijo. Esta vez la vida me presentó un nuevo reto, mi bebé estaba enfermo y a las dos semanas de nacido fue sometido de emergencia a una cirugía de corazón abierto.

Fueron días muy duros en el hospital de niños. Ver a mi bebé, de dieciocho días de nacido, conectado a un respirador, fue una experiencia aterradora. Hubo momentos en los que estaba en cuidados intensivos, que no sabíamos si se recuperaría, pero las ganas de vivir de mi hijo eran inmensas y logró salir adelante. El periodo postoperatorio fue complicado, no entraré en tantos detalles, pero lo que te puedo decir sobre esto, es que la enfermedad de mi hijo fue algo que cambió mis perspectivas de la vida para siempre. Sus primeros tres años fueron muy difíciles, se enfermaba con mucha frecuencia. Vivía continuamente preocupada por su salud y por su desarrollo y, aunque en ese momento no lo sabía, yo sufría de estrés postraumático.

Quería dejar de trabajar y estar con él, pero no sabía decir que **No**. Mi esposo no estaba de acuerdo, quería que yo siguiera trabajando, traté de dialogar, pero la comunicación no era efectiva, así continué por cuatro años más. Estaba exhausta, descuidada, con más sobrepeso, no dormía bien y le había perdido el amor a mi profesión. Ya no quería vivir así. La enfermedad de mi hijo había cambiado mi perspectiva de lo que necesitaba en ese momento, en el que pensaba que no era tan crítico generar más dinero y que mi contribución al seno familiar sería más importante si me quedaba en casa cuidando a mis hijos, al menos por un tiempo. Comencé a darme cuenta de que lo que estaba viviendo no estaba alineado con mis valores, con los principios fundamentales sobre los que para mí era mi familia.

Se fue acumulando dentro de mí una sensación de estar presa y controlada, hasta que ya no puede más y exploté. Todo ese rechazo al control que experimenté durante mi adolescencia volvió a manifestarse. Fue allí cuando llegó el punto de quiebre en mi vida, decidí, casi unilateralmente, renunciar a mi trabajo, lo cual generó una reacción en cadena, las discusiones se intensificaron y mes y medio después, en junio de 2016 (aunque nunca pensé que lo haría) mi entonces esposo y yo nos separamos.

Dos años después culminamos el divorcio. Mi decisión de renunciar no fue la causa exclusiva de la separación, pero sí contribuyó de manera notable. Fue muy doloroso cuando nos separamos. Fue como si me lanzase de un precipicio, me encontraba confundida y desorientada. Ese acto de «rebelión» en el que dije «ya basta», aunque abrupto lo considero un acto de valentía, una operación de autorrescate. Renunciar a mi trabajo fue mi primer gran **No**. Pero los tiempos turbulentos no terminaron allí, durante casi tres años mi vida estuvo cargada de drama y confusión.

Un año y medio después de la separación conseguí un nuevo trabajo y fue allí, en lo que considero mi punto más bajo, que comenzó mi verdadera búsqueda para cambiar mi vida. El principio de mi reconstrucción. El proceso de sanación que comencé en aquel entonces, usando programación neurolingüística (PNL) y el pro-

grama Resetéate®, ha sido largo y en ocasiones doloroso, he descubierto múltiples aristas de mi personalidad
que antes eran desconocidas para mí.

*Abrir los ojos, mirar mis áreas
oscuras, mis errores y cuestionar mis
creencias propició cambios en mí
que aún me siguen sorprendiendo.*

Mi proceso de sanación ha requerido compromiso de
mi parte, especialmente ante los retrocesos, que son
totalmente normales. Ese primer gran **No**, era solo la
punta del iceberg. Hasta el día de hoy sigo asumiendo
mi cuota de responsabilidad y las consecuencias de di-
vorciarme del padre de mis hijos, pero hoy lo veo como
una lección que necesitaba aprender para crecer y trabajar en convertirme en la persona que merezco ser.

Mi trabajo personal continuará mientras viva, se han
presentado y seguirán surgiendo retos a través del tiempo, lo bonito es que ya no lo veo como una lucha, sino
como una gran oportunidad.

*Trabajar en mí ha sido la mejor
decisión que he tomado y ha sido el
mejor Sí, que me he podido decir.*

Mi enfoque de la vida es mucho más brillante y positivo
que cuando comencé este camino para serme fiel hace

ya ocho años. Quiero concluir reconociendo quién soy y de dónde vengo.

Inicié mi relato evocando al cerro Ávila, en Caracas-Venezuela y así lo culmino. Honrando a todos mis antepasados quienes seguramente también contemplaron esa imponente montaña caraqueña y, al igual que yo, cavilaron buscando refugio en su majestuosidad para calmar sus tribulaciones. Hoy le hago honor a todos ellos y agradezco infinitamente la existencia de quienes he amado y me han amado.

Esta historia quiero dedicársela a todos ellos. También quiero extenderle mi más profundo agradecimiento, a todos lo que me han apoyado a lo largo de mi vida.

Ahora te cuento sobre tres herramientas que aplico para decir que **No** y decirme **Sí** a mí misma.

1. **Decirme No a mí misma, me pongo límites sanos:** digo que **No** a negociar mis valores y no transgredo mis propios límites sanos. He trabajado en conocerme y saber cuáles son mis detonantes. Si sé que una situación o una conducta en alguien es un detonante para mí, digo que **No** antes de caer en una circunstancia perjudicial. De igual manera, para establecer mis propios límites sanos, aprendí a practicar la autocompasión, a ser considerada conmigo misma.

2. **Digo No desde el respeto, cuido mi lenguaje y mis reacciones:** no digo que no de manera iracunda sino de manera amorosa. No es solo decir que **No**, es cómo decirlo. Para lograrlo, hago meditación, respiro y me tomo tiempo para responderle a otros calmadamente. Evito responder de manera impulsiva.

3. **Me hago preguntas poderosas:** ¿Para qué quieres hacer esto? ¿Cuál es el objetivo? Dependiendo de la respuesta que me doy decido si decir **Sí** o **No**. Algo clave fue aprender a soltar la necesidad de complacer a otros lo cual está directamente vinculado a la baja autoestima. Entendí que quienes me aman y me respetan, eventualmente aceptarán un **No** cuando sea necesario.

Mi frase

Hoy elijo tenerme compasión, quererme y celebrar mis logros de este día.

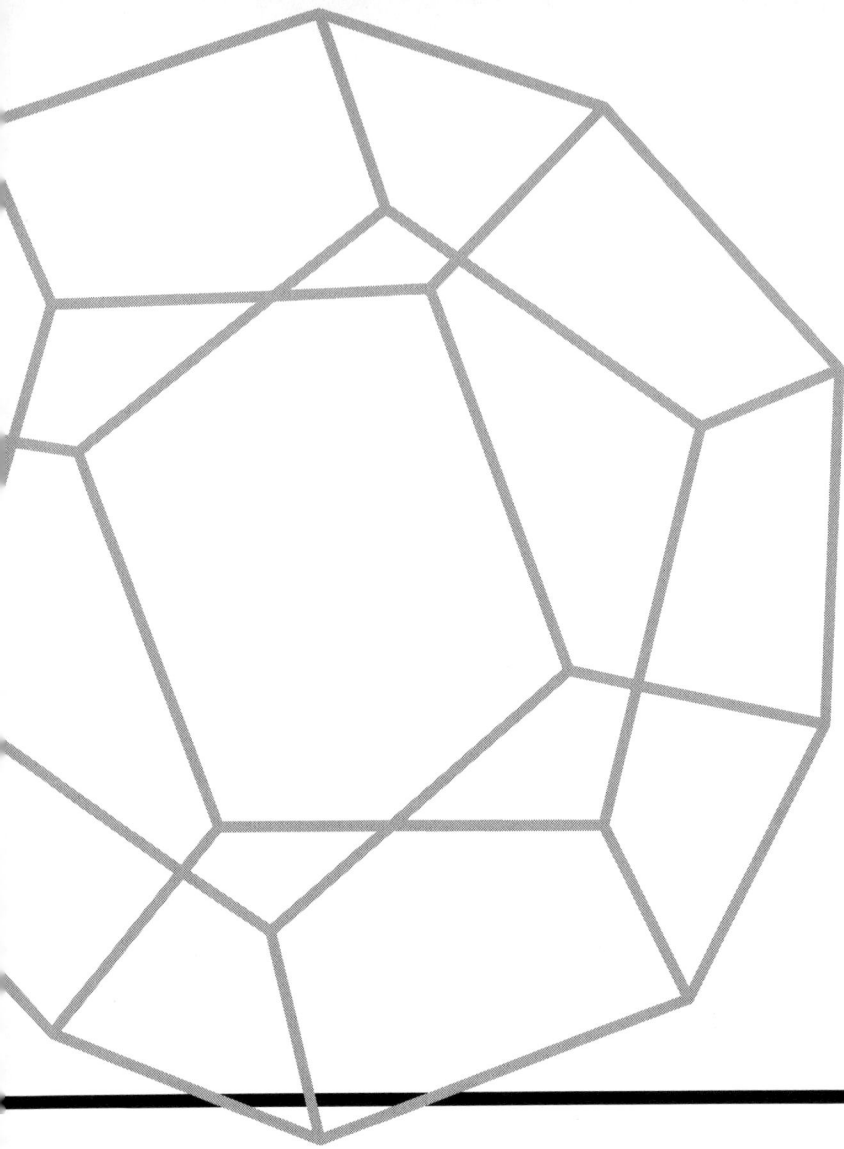

ADALGIZA
CABRAL

Coautora de los libros *Elígete a ti: 75 herramientas para priorizarte* y *Aprende a Decir No para Decirte Sí a ti, 75 herramientas para decir no amablemente.* Es graduada de Programación Neurolingüística (PNL) y forma parte del *Team Resetéate* de la escuela virtual de Elina Rees como *coach* acompañante de los nuevos estudiantes.

Voluntaria desde hace más de quince años en la organización de seminarios Caminos para triunfadores, fundada por Choy Wong, donde se potencia al ser humano a descubrirse a sí mismo mediante la inteligencia emocional y desarrollo de consciencia. Ha participado en otros seminarios entre ellos, Inner Forte: Vive tu fuerza interior, que fue creado por Yvonne Dayan. Obtuvo un título en Bioneuroemoción por el instituto Europeo Enric Corbera.

Se considera una persona comprometida con el desarrollo personal y espiritual. Su crecimiento personal la ha llevado a otro nivel de consciencia por lo que continúa creciendo interiormente. A través del camino hacia el aprendizaje descubrió que el amor y la felicidad están dentro de ella. Le encanta leer libros de superación personal.

Es dominicana y reside en Estado Unidos. Se graduó de *hunter college* con una licenciatura en Economía.

Vive a plenitud

*¡Siento mucha alegría de que estés
aquí leyendo mi historia!*

Me llamo Adalgiza, soy una mujer alegre y me encanta bailar. Amo la naturaleza. Disfruto de ver las montañas, los árboles, oler las flores, mirar las estrellas, escuchar el sonido de los pájaros al amanecer y, por supuesto, me gusta caminar descalza en la orilla de la playa. Conectar con la naturaleza me lleva a otro nivel. Es decir, me conecto con esa parte mía, que es más grande que yo y que aquí deseo compartirte una parte.

A través del camino hacia el aprendizaje he descubierto que me gusta escribir. Escribir me conecta con la creatividad. Vivo en constante cambio, a través de autoconocerme he podido evolucionar para vivir en alegría, armonía y plenitud.

Ahora transpórtate a tu niñez. ¿De qué edad te ves? ¿Qué era lo que más te gustaba hacer?, ¿cuál era tu juego favorito?, ¿quién jugaba contigo? Si pudieras hacerlo de nuevo ¿lo harías? ¿Y con quién lo harías?

A mí me gustaba subirme en un árbol para mecerme en una de sus ramas, para luego experimentar y sentir la brisa, la sensación del sube y baja lo disfrutaba mucho, me hacía reír a carcajadas. Otra cosa que me divertía cuando niña era montarme en una yagua de palma.

Te cuento: crecí en un campo. En la casa en donde vivía tenía diferentes frutas, solamente tenía que salir al patio e ir al árbol que me apeteciera para disfrutar de una fruta totalmente dulce, fresca y deliciosa. Entre ellas: naranjas, mangos, guineo, piña, peras, aguacate, limoncillo, guanábanas, chinola, entre otras.

Se cosechaba diferentes clases de víveres. También una planta llamada yerbabuena me encantaba por el olor a menta. Además, mi abuelo paterno tenía una finca de café. Aún recuerdo el proceso del café, paso a paso. Y por supuesto no podían faltar las vacas para ordeñar y tomarme esa rica leche.

Lo único que me faltaba era la presencia de mi padre porque en esa etapa de mi vida estaba en Estados Unidos, en busca de un mejor porvenir para mí y mi familia. Objetivo que logró, trayendo a New York a toda la familia.

Cuando mi padre no estaba en casa, mi abuelo paterno se encargaba de estar pendiente de mí y de mis hermanos. Sin embargo, eso no duró mucho tiempo ya que mi abuelo falleció cuando yo tenía seis años.

La muerte de mi abuelo fue muy dura para mí, me afectó demasiado, siento que desde ahí se comenzó a apagar mi niña interna.

Como niña no entendía y lo único que deseaba era que mi abuelo despertara del sueño que, según yo, él estaba. Mi abuelo era muy juguetón, me hacía reír mucho, pasaba mucho tiempo con él. Además, yo era su nieta consentida, por lo que me sentía la favorita.

Al hacerme una adulta poco a poco me fui olvidando de esa niña interna que llevo dentro, por lo que llegué a un punto de *desconectarme de mi propio ser.*

Ya no sabía quién era, sentía un vacío y no sabía cómo llenarlo. En ese momento no entendía qué me estaba pasando. Lo que sí te puedo decir es que sentía una amargura profunda, con una insatisfacción que no entendía. Sin darme cuenta, había caído en la tristeza sintiéndome completamente sola.

¿Alguna vez te ha pasado que te sientes solo?

Si es así, ¿cómo lo has superado? ¿O qué has hecho para cambiar eso que sientes?

¿Qué es el vacío o herida emocional? Es una sensación que cada persona la experimenta de diferentes maneras. Hay quienes la sienten en la garganta, otras en el estómago o en el pecho. Puede ser que en ocasiones la hayas reconocido, pero en la mayoría de los casos no sabes cómo ha surgido. Aquí es importante identificar el origen de esa sensación. ¿Qué fue eso que te marcó? Una vez sepas cómo surgió el siguiente paso es buscar la manera para sanar de raíz. En otras palabras, es llegar al origen de esa emoción. En muchos casos, la persona no es consciente de esa herida emocional.

En mi caso, me di cuenta de esa herida emocional ya siendo una adulta. Cuando en verdad la raíz de esa herida surgió en mi niñez. Aunque tengo una familia grande, ya que somos diez hermanos, en ese tiempo ese vacío -como yo lo llamo- nadie lo podía llenar. Solo yo tenía las respuestas para sanar, pero no sabía cómo buscarlas y, mucho menos, cómo arreglar el desorden emocional en el cual me encontraba.

Recuerdo que un atardecer estaba recostada en la cama, sentía un nudo en la garganta y con ganas de llorar. En ese momento, una de mis hermanas entró a la habitación y me preguntó: «¿qué te pasa?» Yo no sabía qué decirle, pero mi tristeza se notaba en mis ojos. Ella se acercó y me dijo «Ada, quiero que te des la oportunidad de hacer un seminario de crecimiento personal. Yo lo hice y descubrí muchas cosas en mí. Estoy segura de que te va a ayudar a encontrar la respuesta que tú estás buscando». Ahí fue donde comencé a darme un **Sí** para interiorizar y profundizar en mi ser.

Tomé la decisión de decirme no más a ese vacío que sentía.

¿Cómo lo logré? Comencé a tomar seminarios de superación personal en los cuales empecé a:

* descubrirme a mí misma,
* sanar mi pasado,
* hacer las paces conmigo,
* honrar a mis padres,
* conocer mis emociones,
* respetarme a mí misma,
* soltar creencias limitantes y patrones familiares, entre otras.

En esa búsqueda de seguir creciendo fue como encontré la Programación Neurolingüística PNL Resetéate®, con Elina Rees. Recuerdo que en una orientación

que Elina estaba dando dijo «vamos a hacer una pequeña meditación, si tú eres de la persona que no afinca los
pies en el piso cuando está sentado, te pido que los afin-
ques». Yo sentí que ella me estaba hablando a mí.

*Con la PNL conocí mis valores no negociables, po-
ner límites sanos, comunicarme de una manera
asertiva. Aprendí qué es el compromiso propio, ser
coherente, ser fiel a mí, nivel de escucha cuatro y
mucho más. La PNL es el ingrediente que me faltaba para completar mi ser. Por lo que conocerme
mejor me abre a un mundo de posibilidades.*

Imagínate una cebolla llena de capas. Yo era esa cebolla que se fue deshojando y mientras iba quitando capas, aprendía más y más de mi ser interno. Al llegar al
fondo, es decir, a la raíz o a la última hoja es cuando me
di cuenta de quién verdaderamente soy. Esto lo descubrí gracias a que me di un **Sí** para hacer la certificación
de PNL. También allí aprendí a decir **No** a otros para decirme **Sí** a mí.

¿Cómo identificar los vacíos emocionales?

El primer paso es reconocerlo y ser atento contigo mismo. Comienza por identificar tus propios sentimientos y
necesidades. Presta atención a tu diálogo interno. En algunos casos puede estar relacionado con un evento que
te pasó cuando eras niño. Tal como un divorcio de tus
padres, una pérdida de un ser querido, un padre ausente,
diferentes tipos de abusos, te hayas mudado a otro país
donde acostumbrarte a una cultura e idioma diferente no

haya sido algo tan agradable u otra situación que hayas experimentado en tu vida.

Observa si es un conflicto contigo mismo o si está haciendo algo que va en contra de lo que deseas, piensas y sientes, eso puede generar conflicto interno. Segundo paso, dedícate tiempo a ti mismo para conocerte en lo emocional y mental. Un buen conocimiento sobre ti mismo te llevará a un equilibrio emocional. También, buscar ayuda profesional puede resolver eso que tanto te limita para tener una vida amorosa contigo.

Aprender a decir **No,** no es una tarea sencilla. Sin embargo, es importante que aprendas a hacerlo ya que te traerá beneficios para la salud tanto mental, física y emocional. Desde mi experiencia de vida es esencial aprender a hacerlo porque esto te permitirá mejorar tu relación contigo y con los demás. ¿Y cómo se logra? A través de la práctica y autoconociéndote.

A continuación, te muestro un ejemplo con una experiencia que me sucedió. Es aquí donde me tocó poner en práctica los conocimientos y las herramientas aprendidas.

Recuerdo que una gran amiga me pidió que si yo podía prestarle mi nombre para una adquisición de bienes por un período de tiempo, para después transferirlo a su nombre. ¿Por cuánto tiempo? La verdad no sabría decirte. Le dije «dame unos días para pensarlo». Entré en un conflicto interno porque mi mente me decía «mira todo lo que ella ha hecho por ti y tu familia, no puedes negarte». Mientras que mi corazón sentía lo contrario.

Me dejé envolver pensando que iba hacerle un bien, en cómo se iba ella a sentir si yo no aceptaba, que no era justo para ella. ¿Sabes qué es lo más triste? Que en ese momento me olvidé de mí. Así que, contradiciendo mi corazón, le dije que aceptaba. Luego de haber dado esa respuesta entré en un conflicto más profundo sintiéndome peor ya que duré dos días que no dormía.

Como resultado, me encontraba angustiada y sin paz mental. Me pregunté ¿qué fue lo que hice? ¿Por qué había dado esa respuesta ignorando mi corazón?

Ahí caí en cuenta en el error que había cometido y de lo importante de seguir mi intuición. Inmediatamente reaccioné y la llamé. Le pedí disculpas porque había dado mi palabra. Le dije «lo siento. Sé que te había dicho que sí, pero no me he sentido bien después de la respuesta que te di. Así que busca a otra persona que pueda apoyarte con eso». Al terminar la conversación sentí liberación y tranquilidad.

Luego eso me llevó a analizar los pensamientos y emociones que sentía en ese momento por lo que evalúe tres cosas:

1. ¿Cómo me sentía?
2. ¿Qué pensamientos tenía en mi mente?
3. ¿Qué me decía a mí misma?

Estos tres pasos me ayudaron a tener claridad con la respuesta que le había dado a mi amiga. Me di cuenta de que la respuesta fue un **Sí** solo por agradecimiento, por miedo a perder su amistad y que se sintiera herida. Pero, ¿dónde quedan mis sentimientos? No estaba siendo honesta conmigo. ¿A quién estaba engañando? ¿Para qué hacer ver algo que no sentía?

Al mismo tiempo, me percaté de que al haberle dicho **Si** me estaba traicionando a mí misma. En otras palabras, no estaba siendo coherente ni fiel a mí, no estaba respetando mi principios y valores. Adicional, eso era a largo plazo por lo que me podía perjudicar para mis propios planes personales. Te pregunto ¿en qué parte de tu vida le dices **Si** a otros solo para cumplir? Y si es así en ¿dónde quedas tú?

Además, en otras ocasiones cuando he dicho **Sí**, contradiciendo lo que siento, ha sido mi cuerpo quien ha sufrido las consecuencias. Me ha sucedido que he terminado agripada, con dolor de cabeza, en algunos casos sin energía.

Al reprimir mis emociones, estas no desaparecen, sino que se quedan dentro de mí a nivel inconsciente. En el momento menos esperado, esa emoción reprimida va a salir con fuerza, ya sea a través de enojo, ansiedad, estrés, sintiendo dolores en algunas partes de mi cuerpo. Presta atención a tus emociones. Si te parece puedes investigar qué sucede cuando reprimes tus emociones.

Beneficios de haber dicho que **No** a esa experiencia:
Me liberé de una responsabilidad que no me pertenecía. Aprendí a decir **No** amorosamente, a comprender que mi paz no es negociable, a saber honrar mis sentimientos y mantenerme en equilibrio emocional. Sobre todo, comprendí que soy la única responsable de mantener mi paz interna.

Aprender a recibir un No, es importante.

Cuando me voy de vacaciones para otro país acostumbro a traer regalos a familiares y amistades más allegadas. En uno de esos viajes compré un regalo para alguien muy especial. Al entregarlo, la persona me dijo: «lo siento, no puedo aceptarlo. Quiero ser sincero, es mejor que te lo diga y que escojas a otra persona a quien dárselo». Al tener integrado el saber decir **No**, me di cuenta de que también recibir un **No** lo tengo integrado. Me sentí tranquila y le agradecí a esa persona por su honestidad.

Para mí fue una gran lección porque eso me llevó a indagar en mí y a preguntarme si yo soy realmente sincera con otros cuando recibo un regalo. Te pregunto ¿qué haces cuando recibes un regalo? ¿Lo aceptas solo por no decirle que **No**, aunque no te guste? ¿Lo aceptas por agradecimiento? ¿O te atreverías a decirle lo que sientes? ¿Qué harías?

Te comparto tres herramientas que han aportado mucho a mi vida y que aún continúo utilizando para tener una vida más tranquila. Espero que sea de mucho aporte para ti.

1. **No asumas y no te tomes nada personal:** en una conversación, ya sea laboral o familiar, siempre es bueno preguntar a la otra persona **«¿qué quieres decir con lo que estás diciendo?»** Quizás para ti significa una cosa y para la otra persona significa algo totalmente distinto. Toma pausas en tu vida para darte tiempo, identificar cómo te sientes. Te recuerdo que eres el único

responsable de mantener tu paz, tanto mental como interna.

2. **Sana tu pasado y la relación con tus padres:** es la base que te llevará al éxito de tener una vida plena. Estás en este mundo gracias a que tus padres se «unieron» para darte lo que hoy tú llamas vida. Tus padres te dieron lo mejor de ellos, de acuerdo con sus creencias y formación. Es decir, lo que ellos consideraban mejor para ti en ese momento. Recuerda que no podían darte lo que no tenían. Si tus padres no recibieron amor y abrazos, tampoco podían dártelos. Aquello que te gusta y lo que no te gusta de tus padres también está integrado en ti porque, te guste o no, eres parte de ellos.

   Lo bueno es que al hacerte consciente tienes el poder de cambiarlo, ya sea un hábito, un patrón familiar, una creencia limitante o una programación. Una vez lo identifiques y logres cambiarlo, estarás rompiendo cadenas que te servirán tanto para ti como para tus descendientes.

3. **Mantén tu copa llena de amor:** es el siguiente paso para alcanzar el equilibrio tanto emocional como mental. Cuando hablo de conocerte a ti mismo me refiero a comprender tus fortalezas y abrazar tus debilidades. Es un acto de amor propio de aceptación y respeto. Es reconocer que está bien equivocarse pero que, al mismo tiempo, es mirarte compasivamente e incluso perdonarte, es cuidar de ti (en lo físico, emocional, mental y espiritual).

Te regalo este ejercicio que utilizo para activar la alegría:

Consiste en hacer una lista de los momentos más alegres de tu vida. Ejemplo: un logro que obtuviste, bailar canciones que conecten contigo, una celebración, cuándo fue que te reíste tanto que tus risas se escuchaban a carcajadas y que hasta dolor en el vientre sentiste. ¿Lo recuerdas? Ahora haz tu lista y conecta con esa energía dejándola sentir en tu corazón. Tómate unos minutos para vivir ese momento, intégralo. Luego observa: ¿cómo te sientes? ¿Qué notaste? Quiero que sepas que la alegría te da poder, motivación, confianza y energía.

Vivir en plenitud es estar en el ahora, es disfrutar la jornada de tu trayectoria del día a día. Es cuidar tus pensamientos y tus sentimientos para vivir una vida en balance. Es comprender que eres un ser de luz lleno de amor que vino a este mundo con un propósito y con una misión a darse lo mejor de sí para luego darle a otros lo mejor de lo mejor. Es importante saber cómo mantener la alegría interna, y ¿sabes qué? La respuesta está en tu ser.

Mi frase
Que me define:

Conquistarme a mí misma es una aventura de por vida.

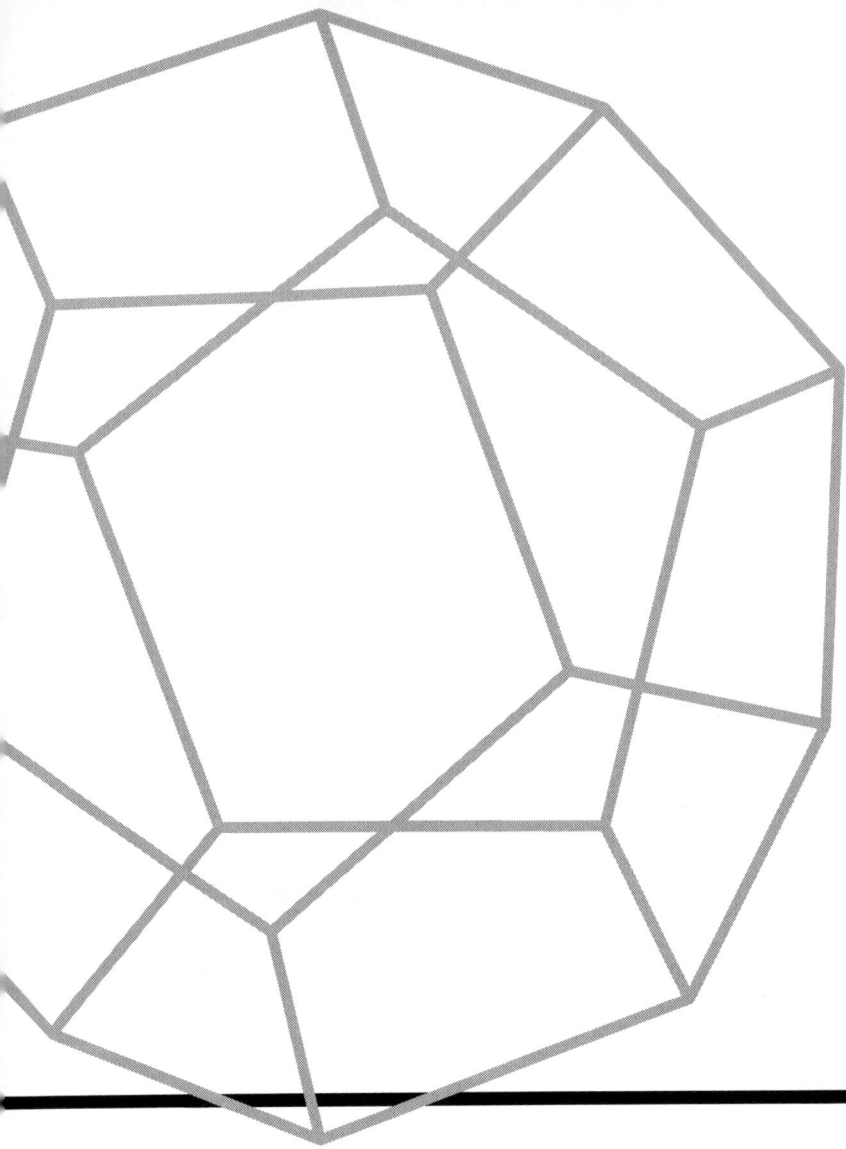

JENNIFER J.
DIETSCH

Página web: www.wealthylc.com

📷 @jenjdietsch

📷 @wealthylifec

📘 Wealthylife coaching

💼 Jennifer Dietsch

Jennifer Dietsch, empresaria, inversionista, consultora de negocios, filántropa, *coach* de finanzas personales y certificada en PNL (Programación Neurolingüística). Cuenta con maestría en Administración de Empresas y Mercadotecnia, con más de veinte años de experiencia en desarrollo de negocios y estrategias de crecimiento empresarial.

Nació en Ponce, Puerto Rico y creció en Santo Domingo, República Dominicana. Tiene tres hijos que son su motor y mayor inspiración: Camille, Sebastián y Gabriel.

Es cofundadora y CFO del Center for Adult Medicine and Preventive Care, un centro médico de medicina preventiva para adultos, localizado en Passaic, Nueva Jersey, donde sirve a la comunidad hispana desde 2008.

Es cofundadora y directora para los Estados Unidos de la fundación Cor Unum Missio USA. Una fundación sin fines de lucro que ayuda a personas de muy escasos recursos, principalmente niños, proveyéndoles alimentación y formación espiritual católica. La organización cuenta con un comedor propio que diariamente suministra desayuno y almuerzo a más de setenta niños en un sector extremadamente marginado en la ciudad de Cali, Colombia.

Apasionada por aprender sobre crecimiento personal, espiritual y financiero está convencida de que todos merecemos vivir una vida abundante, próspera y plena; su propósito es transmitir sus conocimientos a todas las personas que quieran lograr vivir en plenitud.

A través de su compañía Wealthy Life Coaching, ofrece acompañamiento y guía a las personas que desean construir una relación sana, abundante y expansiva con el dinero, para así lograr la vida que por derecho divino merecen.

¿Es posible decirle No al ego?

Mi infancia fue muy hermosa. Recuerdo con amor las caminatas con mi padre al final del día y nuestras largas conversaciones; el cantar canciones, mientras papi tocaba su guitarra y mis antojos de cena hecha solo por él.

Aunque me sentía especial y privilegiada de vivir sola con mi papá, para la mayoría de las personas era extraño que una niña fuese criada sola por su padre. Para la sociedad esa responsabilidad era asignada a la madre.

Siempre fui muy consentida por él, hasta el punto de tener mi habitación para todo, menos para dormir, ya que prefería dormir en un colchoncito en el suelo, al lado de la cama de papi, hasta los quince años.

A los veintiuno me gradué de mercadotecnia y seis meses más tarde me casé con el que fue mi esposo por veinte años y padre de mis tres hijos.

En el 2001, mi aun esposo inició su residencia médica en Medicina Interna y, un año más tarde yo, junto a mi primera hija que en ese momento tenía cuatro años, nos mudamos a los Estados Unidos, a la ciudad de Nueva York.

Decidí dejar a mi familia, amigos y carrera profesional atrás, para acompañarlo a él, en la búsqueda de su sueño americano. Ese sueño se convirtió con los años en el mío propio, con la meta de alcanzar un mejor futuro para nuestra familia.

Mientras estaba embarazada de mi tercera hija, decidimos emprender, aunque todos decían que era el peor momento. Estados Unidos estaba pasando por una crisis inmobiliaria y financiera.

Decidimos abrir una práctica Médica, The Center for Adult Medicine and Preventive Care abrió sus puertas el 15 de septiembre del 2008, apenas doce días después del nacimiento de nuestra tercera hija.

Los primeros seis meses fueron difíciles, pero un año más tarde nuestros ingresos eran el doble que cuando ambos éramos empleados. Así seguimos avanzando, creciendo y prosperando con los años.

¡Logramos el sueño americano! La casa grande con piscina, que era la sede de las fiestas, la familia de hermosas fotos para Facebook, dos viajes en familia cada año, un viaje de pareja anual, tres hijos sanos y creciendo felices. Los motivos sobraban para estar agradecidos.

Éramos activos en la iglesia católica, parte del Camino Neocatecumenal, que es un movimiento de redescubrimiento del bautismo y de formación permanente en la fe, donde mi exesposo era el salmista/cantor y ambos éramos parte del equipo de catequistas.

En varios momentos llegué a pensar que mi vida era tan perfecta, que algo iba a pasar para que eso cambiara, porque dentro de mí pensaba que no era normal.

Sin esperarlo, eso que en varios momentos temí, pasó el 28 de mayo del 2018. Recibí un mensaje de texto, donde decía que mi aún esposo mantenía una relación con otra mujer. Mi primera reacción fue de asombro e incredulidad, sin embargo, dentro de mí algo me dijo que era verdad.

Todo pasó muy rápido, en menos de dos semanas había confirmado que todo era real. En julio se fue de casa y, a finales de agosto, él inició el proceso de divorcio. Sentí que me lanzaron al vacío, que todo lo que había construido y planificado para el resto de mi vida se desvanecía dentro de una pesadilla, de la cual quería despertar, pero no podía.

Fueron noches interminables sin poder dormir, agotada y sin fuerzas de tanto llorar, preguntándome una y mil veces por qué a mí, por qué de esa forma. Sin entender cómo era posible que lo más «sólido» que tenía en ese momento, mi matrimonio, se desvanecía como un castillo de arena, sin yo poder hacer nada.

Mil preguntas pasaban por mi mente: ¿podré sobrevivir sola? ¿Dónde quedan todos los planes para nuestro retiro? ¿Tendré que cargar con el título de una mujer divorciada? ¿Estaré sola mi vida entera? ¿Me estoy condenando a vivir en pecado mortal toda mi vida? ¿Jamás volveré a comulgar?

También llegaban otras ideas a mi mente. Pensaba que varias veces en los veinte años de matrimonio sentí que no era feliz y hasta llegué a contemplar en mi mente, la opción del divorcio. Sin embargo, solo la idea de que mis hijos tuvieran padres divorciados y que yo repitiese el patrón de los míos, era razón más que suficiente para desechar cualquier idea de divorcio y seguir luchando por mantener mi matrimonio.

Crecí escuchando que quienes provienen de un hogar de padres divorciados, tienen mayor probabilidad de divorciarse. Siempre me decía que yo iba a ser diferente.

En un principio, la rabia, el dolor y la impotencia de no tener control de lo que siempre pensé que controlaba, me hizo tomar decisiones estúpidas. Desde imprimir fotos de ambos juntos y enseñarlas a todo el mundo, hasta pelear y golpear puertas en la oficina, delante de los pacientes. Comprobé que esas emociones pueden impulsarte a tomar acciones que uno jamás de otro modo, hubiese hecho.

Pensé en dejarlo todo, abandonar mi trabajo como administradora de la práctica médica, hacerle la vida imposible, negarle el divorcio, tratar de quedarme con todo, poner a todo el mundo en contra de él, mudarme de estado, entre otras ideas creativas.

Mi mente no paraba de buscar una explicación lógica a lo que estaba pasando... era totalmente ilógico que él no me quisiera más. Pensaba que era ilógico que él no valorara a una mujer como yo; trabajadora, inteligente, educada, atractiva, buena ama de casa, excelente anfitriona, entre otras virtudes (ja, ja, ja).

Mi ego era tan grande, que hasta llegué a pensar que a lo mejor todo esto estaba ocurriendo porque algo malo le iba a pasar a él, quizás una enfermedad (**cancelado**) y que Dios, como me amaba tanto y cuidaba de mí y mis hijos, había permitido esta situación para que nos acostumbráramos a estar sin él.

Pensándolo bien, era hasta gracioso cuando oraba y le daba gracias a Dios porque él me estaba preparando por si algo peor pasaba. Honestamente mi imaginación, orgullo y ego eran más grandes que yo, ¡y eso que mido casi 1,75 metros!

Gracias a mi padre celestial con el tiempo, todos esos pensamientos empezaron a perder fuerza en mi mente. Fui entendiendo que yo no era el centro del universo de nadie, que no fuera yo misma y me di cuenta de que el no cambiar me haría más daño a mí y luego a mis hijos, que a nadie más.

Dios en su infinito amor y demostrando una vez más que siempre está a mi lado, puso muchos ángeles en mi camino. Tuve mucho apoyo por parte de mi familia y mis amigos. Conocí personas que llegaron a mi vida, como instrumentos divinos, para enseñarme, guiarme y mostrarme que todo iba a estar bien.

Decidí confiar.
Decidí vivir un día a la vez...

En ese momento reaccioné y me di cuenta de que había una realidad muy cercana a mí. Había personas sufriendo igual o más que yo. Esos eran mis tres hijos.

Si para mí fue una sorpresa todo lo que pasó, para mis hijos fue peor. Ellos estaban acostumbrados a ver a sus papás juntos, trabajando mucho por un plan común, involucrados en la iglesia, haciendo viajes juntos, siendo la familia feliz.

Para ellos no tenía sentido que su padre, al cual siempre tuvieron en un pedestal, fuese capaz de destruir su matrimonio y dejar a su familia, por una relación que apenas llevaba unos cortos meses, sin luchar por reconstruirla.

Ver el sufrimiento de mis hijos me dio el impulso para empezar a ver las cosas desde otro ángulo. Como, por ejemplo, ver a Sebastián, mi segundo hijo, con rabia y deseos de venganza. Ver esa actitud negativa en él me hizo entender que, si yo seguía mal, ellos iban a seguir mal. Mi amor por ellos fue el motor para querer tomar el control de mi vida y acelerar mi proceso de sanación.

Decidí volver a la oficina, que dejé por espacio de casi dos meses. Cada semana era una nueva aventura.

Los viernes llegaban los sentimientos de soledad, de abandono, de vacío, de rechazo y se iban intensificando entre sábado y domingo. Trataba de ocupar mis fines de semana en actividades con mis hijos, haciendo ejercicio, tomando cursos y clases en línea, todo eso se fue convirtiendo en mi nueva realidad, en mis nuevas rutinas.

Empecé a trabajar con una terapeuta, con un sacerdote que se convirtió en mi director espiritual, me inscribí en varios cursos de amor propio y superación personal, escuchaba *podcasts*, charlas sobre autoayuda, relaciones sanas, duelos, cómo superar rupturas y muchos otros temas relacionados.

YouTube se convirtió en mi mejor amigo. Empecé a oír audiolibros de autoayuda como: *Las 5 heridas del alma*, *Límites*, *Los cuatro acuerdos*, *Reflexiones del ser*, *Conversaciones con Dios*, *No más codependiente*, *El club de las 5 de la mañana*, *Hábitos Atómicos*, entre muchos otros. Esos libros fueron expandiendo mi mente, callando esa voz interior tóxica y dándole un sentido a mi vida, en un momento en el que pensé que carecía de sentido, de propósito y de dirección clara.

Poco a poco fui callando esa voz interior, ese impulso justiciero que reaccionaba en automático sobre la base del dolor que sentía. Entendí que la que reaccionaba no era yo, sino mi ego herido.

Me fui llenando de mí, atendiéndome e iniciando una relación conmigo misma, que hacía tiempo tenía descuidada.

Lo más retador fue callar la voz de mi ego. Esa voz que me decía:

* «No es justo que, a mí, que soy tan buena, que he hecho tanto por él, me hiciera esto».
* «Esa mujer no me da ni por los tobillos, ¿cómo él ha sido capaz de cambiar diamante por espejito?».
* «Él está cometiendo el mayor error de su vida, se va a arrepentir».

Mucha gente se enteró de lo que había pasado. Los pacientes me veían entrar a la oficina, unos se acercaban y me decían: «lo siento mucho, cómo es posible que eso hubiese pasado», otros me miraban con cara de pena, otros con cara de asombro y había el que me preguntaba, «¿qué haces aquí?, pensé que estabas separada del doctor».

Su sorpresa era aún mayor cuando les decía que estábamos separados (luego divorciados) y que, a pesar de eso, todavía estaba trabajando con él.

Hoy miro atrás y me siento total y profundamente agradecida por todo lo que he vivido en estos últimos seis años.

Le doy las gracias infinitas a Dios por haber escuchado mis oraciones años atrás. Donde le decía que quería crecer espiritualmente y le pedía que aumentara mi fe, mi sabiduría y mi nivel de consciencia. Nunca pensé que fuera de esta manera, pero Dios sí lo sabía y fue exactamente lo que necesitaba.

Agradezco al que fue mi compañero de vida por veinte años y que siempre será parte de mi vida, por los tres tesoros que compartimos. Él me impulsó a iniciar este hermoso camino hacia la sanación y el crecimiento personal.

Gracias a él empecé a descubrir el verdadero amor de mi vida, yo misma.

Con los meses y luego años fui entendiendo que mientras más **le decía No** a mi ego,

No a mi necesidad de victimizarme,

No a quedar como la buena,

No a querer siempre tener la razón,

No a controlar todo a mí alrededor,

Mi vida se volvía más consciente, más expansiva, más empática, más en paz, con más amor... estaba aprendiendo verdaderamente a decirme Sí a mí.

El decirme **Sí** a mí me permitió ver que mi realidad externa, no era más que un reflejo de mi realidad interna y que la única responsable de lo que me estaba pasando era yo misma. Era yo porque nunca puse límites claros, permitiendo actitudes y acciones que estaban en contra de mis valores.

Al decirme **Sí**, entendí que nadie me hace nada, sino lo permito y que lo que me afecta no es lo que hagan o dejen de hacer, sino mi interpretación personal de los hechos.

Cuando me dije **Sí** empecé a descubrir lo que me apasionaba, lo que me hacía feliz, con qué me sentía plena. Empecé a amar cada vez más la naturaleza y comencé a conectarme con ella.

Entendí que todos, absolutamente todos, hacemos lo mejor que podemos con las herramientas que tenemos y que nuestras acciones están determinadas por nuestro grado de consciencia.

El interiorizar y aplicar ese pensamiento, ser más compasiva, amar más y juzgar menos, me ha ayudado a vivir una vida con más paz y plenitud.

Siempre me he sentido muy especial para Dios, soy su niña mimada y sabía que, por derecho divino, merecía generar abundancia y prosperidad en mi vida. Empecé a educarme más sobre finanzas e inversiones, comencé a invertir en el mercado de valores, en cuentas de alto rendimiento, fondos del gobierno, criptomonedas, empresas en expansión y otras estrategias financieras.

Comencé a invertir en bienes raíces y a construir un portafolio de propiedades con el propósito de que en unos años logre alcanzar mi libertad económica.

Mientras más abundante y próspera me sentía, más nacía en mí la necesidad decirles a todas las personas a mi alrededor, que ellos también podían lograrlo. Y empecé a compartir lo que me estaba funcionando con las personas más cercanas.

Decidí hacer la certificación de PNL, inicialmente para seguir trabajando en mi crecimiento personal, romper patrones mentales limitantes y explorar mi verdadero potencial. La certificación me ayudó a verbalizar lo que mi corazón sentía. La PNL me dio el impulso y la seguridad que necesitaba. Elina Rees, fue uno de esos ángeles que Dios puso en mi camino. Toda la vida le estaré agradecida por creer en mí y animarme a hacer la certificación.

Entendí que ya era tiempo de darle vida y materializar lo que de forma informal y espontánea había estado haciendo por años. Que mi propósito de vida no era solo el de administrar una compañía o de acompañar a mis hijos en su crecimiento o aconsejar a mis amigos en sus finanzas personales; sino también

Compartir con el mundo lo que me está funcionando para crear una vida abundante, próspera y expansiva.

Entendí que existe una gran necesidad de educación financiera, que muchas personas temen buscar ayuda por temor a que los asesores financieros solo quieran tomar ventaja vendiéndoles el producto o servicio que a ellos más les conviene.

Me apasioné con la idea de servir a través de ser *coach* personal financiero. Acompañando a las personas en su proceso individual que va más allá de aumentar ingresos, bajar gastos y/o deudas y tener un presupuesto. Poder ayudarles a reconocer sus creencias limitantes con el dinero. Acompañarlos a que fortalezcan su amor propio y merecimiento, para que puedan conectar con la verdadera abundancia y prosperidad.

Así nació Wealthy Life Coaching, con el propósito de impactar, educar y acompañar a las personas hacia la vida abundante y próspera que merecen.

Si yo he podido decirle **No** a mi ego, para decirme **Sí** a mí, y a través de eso encontrar mi propósito de vida y de expansión, **¡Tú también puedes!**

Te invito a que, si resuenan contigo, integres en tu vida estas tres herramientas que han sido claves para mí:

1. **Vivir en gratitud:** para mí, la gratitud nos mantiene en el presente. Agradecer nos conecta con el amor y conectarnos con el amor es conectarnos con la fuente infinita, con la divinidad, con Dios.

2. **Juzgar menos, comprender más:** entender que todos somos iguales, que somos chispas de la misma divinidad. Comprender que todos hacemos lo mejor que podemos en función del grado de consciencia que tenemos. Mientras más juzgo a los demás, más me juzgo a mí misma.

3. **Ser coherente:** mantener una relación armoniosa y comprometida con uno mismo. Siempre tratar que nuestros pensamientos, sentimientos, palabras y acciones estén alineadas. Vivir en coherencia es un trabajo constante, nos ayuda a expandir nuestra consciencia y nos acerca más a Dios.

Mi frase

Mi mantra personal, que he utilizado los últimos cuatro años *de mi vida para decirme* **Sí** a diario es:

Soy abundante y próspera en todas las áreas de mi vida y disfruto de una vida felizmente plena en armonía, salud, amor y paz.

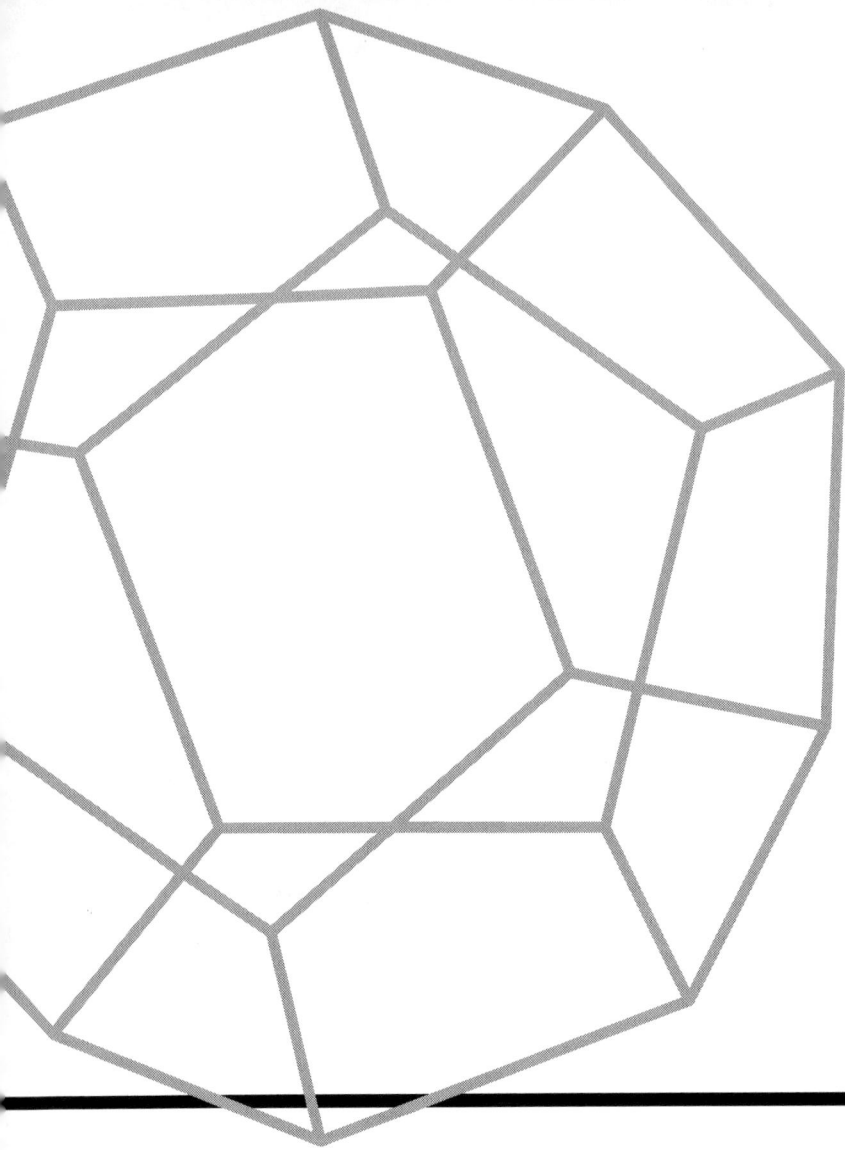

LILIANA
BEVERIDO

🌐 www.lilianabeverido.com
📷 @lilianabeverido
📘 liliana.beverido
✖ @LiliBeverido
♪ @lilibeverido
in Liliana Lozada- Beverido

N ació en México y emigró a los Estados Unidos hace veinticinco años. Licenciada en Ciencias de la Comunicación y graduada de la Universidad Autónoma de San Luis de Potosí, al graduarse de la universidad trabajó en televisión y radio.

Al emigrar a los Estados Unidos se desarrolló en el campo de la belleza y tiempo después comenzó su carrera profesional en empresas como especialista en Relaciones Públicas y Comunicación. Su pasión por el desarrollo, impulso y empoderamiento de la mujer la llevaron a cofundar, en el 2014, la organización sin fines de lucro AMHIGA Hispana.

Liliana es conferencista internacional y coautora de dos *bestsellers*. En la actualidad ejerce su pasión: guiar a las personas a convertirse en su mejor versión y crear la vida que desean en su práctica privada como Hipnoterapeuta Clínico certificado, *coach* en PNL (Resetéate®), maestra de Meditación y *Mindfulness*. Es especialista en gestión emocional. Creadora del movimiento y *podcast* *She se puede*.

Bailarina e instructora de salsa y otros ritmos latinos, pasión que comparte con su esposo, Jason. Para Liliana, el rol más importante y enriquecedor de su vida ha sido el de convertirse en madre de tres hijos: Carlo, Lucía y Gianluca, quienes han sido el regalo más maravilloso que la vida le ha dado.

El arte de dejar de resistir y comenzar a existir

Quiero comenzar esta historia haciéndote una pregunta:

¿Qué es esto con lo que luchas en la historia de tu vida, eso que resistes, que niegas, quisieras desaparecer, eso que te rehúsas a mirar?

Te invito a que mantengas la pregunta presente y observes tus sensaciones.

¿Qué dice tu mente y tu corazón?

No tienes que contestarla ahora, permite que se abra el campo y permite a la información llegar.

Esta pregunta llegaba mucho a mi mente cuando comencé el camino de la sanación de mi historia. Honestamente, no sabía cómo contestarla, creo, prefería no hacerlo, resultaba incómodo, doloroso reconocer lo que en realidad viví.

Había voces que me decían que mejor ni mirara, que dejara el pasado y me enfocara solo en la gratitud, en mi familia y que con ello fuera feliz. Pero la realidad es que, a pesar de esto, algo no encajaba, había tristeza muy profunda.

Había llegado a mi vida el momento donde:

Mi alma pedía mirar lo incómodo, lo que estaba manifestando las crisis emocionales, la depresión, la ansiedad, la enfermedad.

Vengo de una familia se pudiera decir, tradicional. Mis padres eran muy jóvenes cuando nací y como muchos padres jóvenes se dieron a la tarea de terminar de crecer juntos, convertirse en adultos y solos, sacar adelante a una familia.

Hoy soy mamá de dos hijos y sé que esto de ser padres no es «hacer enchiladas», como decimos en México. Requiere mucho amor, pero sabemos que el amor solo no es suficiente, necesitamos compromiso, paciencia, adquirir herramientas para afrontar esta etapa de nuestra vida, entre otros ingredientes. No hay receta perfecta. Lo que sí creo es que requiere mirar y sanar aquello que necesite ser mirado y sanado para poder *maternar* o *paternar* desde una versión mejorada de nosotros mismos.

El trauma que se vive en una familia donde sus miembros están heridos y cegados por la ira, los abusos, el dolor, las lealtades o la falta de consciencia es tan destructivo como el fuego incesante que lo consume todo, este fuego arrasa con generaciones enteras.

Hasta que un día nace un *trailblazer* o pionero, esa persona que se detiene y elige enfrentar al fuego de una manera distinta, busca, aprende e integra las herramientas que necesita para no ser consumido, ni a su familia. El fuego se detiene ahí, con esa persona valiente.

Este *trailblazer* viene a abrir caminos en tierras inhóspitas para que los que vienen detrás tengan la posibilidad de crear una realidad diferente, transforma su vida y a las generaciones futuras, regalándoles un nuevo amanecer.

Tal vez ese valiente, el *trailblazer* eres tú. No existen las coincidencias y por alguna razón divina hoy estás leyendo esta historia, este libro.

Este fuego del que hablo es el que yo sentía en mi interior y peor aún, en mi exterior, en todo mi cuerpo.

Una mañana de noviembre del 2018, desperté con la sensación de estar literalmente ardiendo en llamas. Imagina la quemadura de sol más fuerte, de esas que con un solo roce sientes un dolor inmenso. Ahora imagínala en todo tu cuerpo. Lo diferente aquí es que nunca tomaste sol, no existe causa aparente para entender qué es esto que te está sucediendo. Sí, te confieso fue aterrador.

No soportaba las sábanas, la cama, la ropa, tuve días, semanas, meses de total confusión, miedo, mucho dolor, desesperanza y desesperación. No aguantaba que alguien me tocara. Contemplé la muerte, yo que me decía tan optimista. Pensaba «si es así como voy a vivir mi vida, no quiero vivir». No podía ver la salida. Sin embargo, había días que me miraba al espejo, miraba a mis hijos, a mi esposo, a las amigas que me cuidaban con tanto amor y pensaba: «hay algo diferente, no te rindas. Vale la pena, vales la pena».

En esa desesperación quise quitarme el pelo para ver si así se iba el cosquilleo y dolor que sentía en la cabeza que me estaba volviendo loca. Una mañana me levanté decidida a agarrar la máquina de cortar el cabello y quitármelo todo, al mirarme al espejo algo me detuvo, algo me decía que quitaría el síntoma, pero no la raíz del problema.

Me senté en el piso y rompí en llanto, grité, supliqué porque esto se fuera, porque terminara.

Así pasaron los días, sin comprender que pasaba, pero sintiéndolo todo. Fui a terapia, tenía tiempo yendo, mi terapeuta me mandó al médico para descartar cualquier condición que tal vez se estuviera manifestando de esta manera. Mis exámenes médicos salieron perfectos.

Mientras, el fuego seguía quemándome, mi cuerpo seguía gritando de dolor, había días o momentos en que desaparecía, pero en el momento menos pensado, regresaba y lo hacía más fuerte que nunca.

Comencé a aislarme, dejé de trabajar, porque no podía controlar los episodios.

El fuego tenía su propia agenda

Pensé que podría manejarlo, yo experta en controlarlo todo para que nunca nadie se diera cuenta de nada, pero esto se salía de mis manos.

En los días que estuve en cama, fui de la negación, la resistencia y el rechazo, a permitirme explorar qué había en lo profundo, más allá de lo físico, de la razón.

En esta etapa de exploradora, descubrí una sensación que iba creciendo. Me sentía furiosa. Mi terapeuta me pedía que describiera lo que experimentaba.

Le dije:

Hay momentos en que veo una bola de fuego frente a mí, no entiendo por qué o para qué veo esto.

Ella contestó: «dime ¿qué te gustaría hacer con ella?»

Le contesté— ¡quiero aventarla, aventársela a alguien!—, grité llorando.

¡No la quiero!, pero no hay nadie, es mía. Hay días que siento ira incontenible y no es hacia nadie en particular, solo la siento en *todo mi cuerpo*.

Comenzaba a aprender a meditar y un día llegaron estas preguntas:

* ¿Te has permitido sentir enojo por lo que viviste en tu niñez? Me quedé atónita, sabía que no,
* ¿Te has permitido enojo al reconocer todo lo que alguien tan pequeño tuvo que afrontar? Contesté llorando, no.
* ¿Cómo permitírmelo cuando lo he enterrado para protegerme, para que no doliera más? Si al permitírmelo, juzgaría a mis padres, a mis cuidadores.
* ¿Cómo si al permitírmelo traicionaría la enseñanza familiar, las cosas que no se dicen, no suceden?

Viví un proceso inmensamente retador e incómodo que provocaba miedo, dolor y culpa.

Pero descubrí que más miedo y dolor me daba el seguir viviendo de esta manera.

Realmente amaba mi vida y estaba dispuesta a mirar lo que había que mirar y sanar.

Meses después fui diagnosticada con Síndrome de Sensibilidad del Sistema Central y trastorno disociativo como resultado de estrés postraumático severo.

El diagnóstico me ayudó a comprenderme, a entender el por qué, decían que yo era «asintomática» ya que nunca sentía los síntomas al estar con una enfermedad grave. Entendí que no vivía en mi cuerpo, había pasado años de mi vida disociada de mí para no sentir, para protegerme y que nadie me lastimara.

El dolor, la desesperanza y el miedo fue tanto que siendo muy pequeña vi como única opción salir de él para sobrevivir. Mi esposo me decía cuando a veces hablaba de mis experiencias, «creo que realmente no has comprendido la magnitud de lo que viviste» y tenía razón. Comencé por aceptar a «la prueba de fuego» como una invitación para mirarme a profundidad, según yo, siempre la vi y acepté mi historia, pero había mucho que me había negado a mirar, resistida a aceptar.

Soy superviviente de abuso sexual infantil por diez años de mi vida. Mi abuela fue cómplice de mi bisabuelo. A los doce años, mi hermana Ana acababa de nacer y mirándola tan linda, pequeña e indefensa, usé todo el amor que sentía por ella para encontrar mi voz y decidí hablar. A mi corta edad elegí decir **No** a todas las amenazas, a la incertidumbre, al miedo y decir **Sí** a contar lo que estaba sucediendo, pero no solo era yo.

Fui la última persona de la que él abusó y eligió convertirme en su confidente, contándome a detalle la historia de todos los niños que había abusado. Eran décadas de abuso, conocidos de sus hijos, familia hasta la tercera generación que yo representaba. Eran años, tantos y en gran mayoría, era mi familia. Comprendí por qué sentía tanta furia. Era mi furia, sí, pero también la furia de muchos. Todos ellos sabían este secreto y también como yo eran víctimas, pero no pudieron encontrar su voz y este fuego se fue expandiendo de generación en generación, hasta que, al reconocerlo, cesó.

Recuerdo ir manejando y llegaban recuerdos, las lágrimas rodaban y me preguntaba si realmente había vivido todo eso, si eran trucos de mi mente, era tanto lo que sentía que me detenía en alguna tienda y me distraía viendo cosas, hablando del clima con personas, todo para disociarme y no sentir, no creer que sí, esa había sido mi realidad, era mi vida.

En esos meses de la «prueba de fuego» tuve episodios de regresión instantánea que me invitaron a mirarlo todo, algunas veces tenía la suerte de que mi esposo estuviera a mi lado y le pedía que me tomara la mano y no me soltara, eso me anclaba al presente, a mi cuerpo, a lo hermoso que también era mi vida.

Atreverme a mirar, reconocer, abrazarlo todo como fue, aceptarlo y vivir en total rendición ante lo que viví, elegirme, fue el acto más amoroso y valiente que he hecho por mí, después de haber denunciado mi abuso.

Elegí decir **No** a todo lo que me decían que era y cómo tenía que ser mi vida, para poder decir **Sí** a mi vida como fue, como elijo que hoy sea. Esto trajo lágrimas y mucho dolor, pero también trajo una inmensa paz, trajo consciencia, empatía y amor conmigo misma, comprensión, contención.

Al usar la palabra rendición no me refiero a darme por vencida, sino a lo que llaman *surrendering* que es la aceptación total de todo como es, sin querer cambiarlo o invalidarlo, porque, así como es, es perfecto y creo ahí radica la verdadera libertad. Eso que me empeñaba a no mirar, eso con lo que luché la mayor parte de mi vida en desaparecer, en evitar, en resistir, estaba privándome de vivir en mí, de gozar la vida en plenitud, de existir.

Muchos vivimos en esta lucha con nuestro principio de realidad, en esta negación de lo que vivimos o hemos vivido y vivir rechazándonos, resistiéndonos a sentir, a aceptar, no es vivir. Así que te pregunto:

* ¿Hasta cuándo vas a decidir dejar de rechazar tu vida? El rechazar o luchar con la historia de tu vida es rechazarte a ti mismo.
* ¿Por cuánto tiempo más estás dispuesta (o) a seguir cargando dentro de ti culpa, vergüenza, ira por lo que sucedió?

Sé que el vivir en este lugar es castigarte, restarte vida y alegría.

Cuando vivimos experiencias traumáticas inconscientemente buscamos quién va a pagar por lo que sucedió. Con el tiempo no buscamos quién la hace, sino quién la paga y como pocas veces podemos resarcir el daño, con quien terminamos cobrándonosla es con nosotros mismos, vivimos castigándonos constantemente sumergidos en la culpa, la vergüenza o teniendo conductas nocivas y tóxicas.

Te cuento que el fuego dejo de arder en mi cuerpo, hoy llega la incomodidad de vez en cuando, sé que cuando llega es un mensajero, viene a decirme que hay algo que necesito escuchar o mirar.

Hoy te invito a mirar, a tomar acción trabajándolo por ti, para ti, para poder llegar a aceptar e integrarlo todo, como fue, como es. A tu tiempo, despacito si es preciso, pero andando.

Te dejo esta invitación:

¿Hasta cuándo vas a dejar de resistir y vas a comenzar a existir?

Quiero compartirte tres herramientas poderosas que me sirvieron durante este proceso.

1. **Detente, respira, reconócete, comienza a vivir en ti:** quien aprende a respirar, aprende a vivir y esto lo descubrí al convertirme en maestra de meditación y *mindfulness*. Atrévete a habitar tu cuerpo en su totalidad, reconoce el espacio maravilloso que ocupas en este mundo. A menudo no habitamos nuestro cuerpo porque no lo reconocemos como un lugar seguro para vivir.

   Intenta con pasos pequeños, una respiración a la vez, lento, profundo, cierra tus ojos, imagina que inhalas amor, un amor divino, cálido, imagina que llenas todo tu cuerpo, respira lento, inhala por tu nariz y exhala por tu boca. Al exhalar, imagina que sueltas aquello que te estresa, lo que quisieras cambiar.

   Si notas tensión o resistencia, repítete a ti misma (o), de manera amorosa, «suavízate, suavízate», repítelo y observa cómo la suavidad llega. Repítelo las veces que necesites, siéntete completamente, si la mente se vuelve más activa solo obsérvala, no te pongas a conversar con ella, a quererla cambiar, solo observa y respira, la respiración se convertirá en tu camino de regreso a ti. Si te da miedo o ansiedad cerrar los ojos, descansa la mirada y conforme vayas practicando y sintiéndote más segura (o) comienza a cerrarlos.

2. **Colador de emociones:** ¿Ya descubriste cuál emoción o experiencia te resistes a explorar? Si es una experiencia, explora la emoción que evoca esa experiencia, la emoción es la que trabajarás. Una vez que la tengas, escríbela, tómate el tiempo para hacer este ejercicio porque comenzarás a escribir y no dejarás la pluma o el lápiz hasta que sientas que has terminado.

En mi caso le escribí a mi enojo, escribí toda la furia que sentía, sí, hubo malas palabras, reclamos, dije lo que nunca me atreví a decir, ¡todo! Como si vomitara todo aquello que traía atorado en el estómago, el corazón, la garganta o en mi caso, todo el cuerpo.

Esto no es para ir a buscar culpables o mantenernos en un espacio de víctima. Es para vaciar lo que hay adentro que está evitando nos llenemos de cosas nuevas y maravillosas. Esto lo vas a hacer sin juicio, sin culpas, sin remordimientos, es como sacar la basura, cuando tiras la basura no piensas ¡ay, pobre señor de la basura! Mejor me quedo con ella, ¡¿no, verdad?!, simplemente la sacas, porque si no la sacas, comienza a apestar. Lo mismo con estas emociones, si no las pasamos por el colador, si no las sacamos, nos apestan la vida.

Tal vez venga el llanto, permítelo, si tienes que detenerlo y esto es muy fuerte, tómate el tiempo. Si es necesario busca a alguien con quien puedas hablar (un profesional o alguien que te escuche y entienda, no que quiera cambiar lo que sientes) y después regresa y escribe. Por favor, hazlo con papel y pluma, nada de computadora, al escribir estas moviendo la energía de tu cuerpo y trabajando a nivel neuronal. Todas nuestras emociones necesitan ser reconocidas, validadas y procesadas, especialmente las que nos cuestan más trabajo.

Yo había hecho cartas de gratitud, de perdón, con respecto a mis experiencias, pero descubrí que no puedes saltar de la experiencia del trauma al perdón y a la gratitud, hay otras emociones que necesitan ser *validadas, reconocidas, liberadas para poder conectar de manera genuina y en su totalidad con la gratitud.*

Nuestro cuerpo tiene memoria y las emociones no procesadas se quedan estancadas provocando malestares y enfermedades, así que saca el colador y comienza a colar esa emoción que te viene haciendo ruido y vives resistiendo.

3. **Transforma la narrativa de tu historia:** las palabras tienen poder y la manera en cómo tú te cuentas y cuentas tu historia tiene impacto directo en tu calidad de vida. Al hablar de ti, de tu historia, ¿usas palabras que te están catapultando o te están sepultando? ¿Te mantienen en el cuento de «Rosa, la *victimosa* o Rosa, la victoriosa»? Comienza a escuchar cómo te expresas de ti, de tu vida, tu diálogo interno. Sin juicio, no te culpes por pensar o por hablar de cierta manera, por utilizar palabras que tal vez ni son tuyas, que escuchaste en tu ambiente, las creíste e hiciste tuyas.

Si encuentras palabras duras, críticas severas, humillantes o que te hacen sentir sin valor, lanza esta pregunta poderosa, ¿Qué interesante que piense que soy

_____? ¿De dónde viene esto? Ponte atenta(o) por que la información te va a llegar. Invita a la curiosidad. Escríbelas y busca palabras que pudieran describirte mejor, palabras que vayan más con la versión actualizada de ti, con lo que has superado, logrado, aprendido o que quieres ser. Incluso, busca palabras empoderantes que te recuerden tu valor.

No olvides que tú eres el escritor, director y protagonista. Tú eliges qué quieres escribir en el guion, eres director de casting y eliges a las personas a quien vas a darles los papeles de villanos o de maestros, de héroes o heroínas.

Mi frase

Yo soy la creadora y protagonista de mi historia. No hay en el mundo nadie como yo. Reconozco mi grandiosidad, mi poder, me rindo y libero. Hoy elijo dejar de resistir y comenzar a existir.

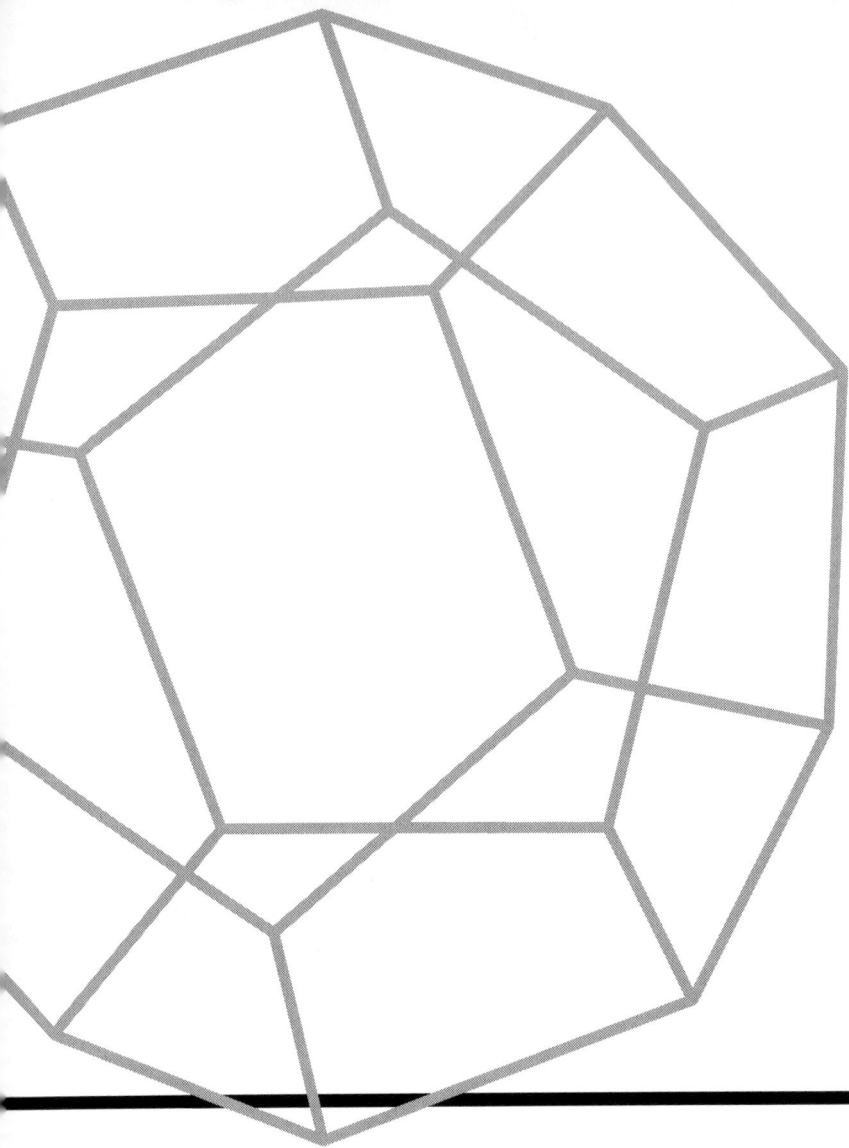

KEICHA
NEGRÓN

[Instagram] @keicha.negron
[Instagram] @neuroplasioficial
[Facebook] Keicha Negrón – **Neuroplasi**
[YouTube] @keichanegron.neuroplasi
[LinkedIn] Keicha Negrón

Puertorriqueña, madre y esposa, es una destacada *coach* de mentalidad empresarial con más de tres años de experiencia. Ahora se estrena como coautora del libro *Aprende a Decir No para Decirte Sí a ti*. Formada en Programación Neurolingüística, vida y liderazgo, neuroplasticidad, EFT *tapping* y *mindfulness*, ha ayudado a emprendedores y profesionales a alcanzar su máximo potencial. Con experiencia en ventas y mercadeo, Keicha ha demostrado ser una experta en estrategias efectivas y transformación personal.

Como creadora del aclamado *podcast Reconectando-SER* y fundadora de la práctica privada de mentoría con *coaching* integral, Keicha se ha consolidado como una figura influyente en el ámbito del desarrollo personal y profesional. Además, su academia *online* Neuroplasi ofrece formación especializada para aquellos que buscan mejorar sus habilidades y conocimientos en diversas áreas del crecimiento personal y empresarial.

Con más de veinte años de experiencia en emprendimiento, combina su vasta experiencia y conocimientos en diversas disciplinas para ofrecer un enfoque integral y transformador. Ayuda a sus clientes a reconectar con su verdadero ser y lograr el éxito en sus negocios y vidas personales. Ha guiado a muchos a alcanzar sus metas y superar sus límites, redescubriendo su verdadero potencial y logrando el éxito integral en todas las facetas de sus vidas.

Los tres No

Nací un viernes y los doctores les dijeron a mis papás que no pasaba con vida del siguiente domingo.

A los treinta y dos años tuve un accidente de tránsito donde el auto fue declarado pérdida total, con cristales rotos por donde quiera y capota completamente doblada. Los testigos presentes no podían creer que yo aún seguía con vida. Y allí estaba yo, preguntándome una y otra vez, *¿Para que yo estaba viva?*

Desde muy pequeña crecí con muchos pensamientos y creencias limitantes:
* «así nacimos»,
* «así somos»,
* «esto fue lo que nos tocó».

Pero muy dentro de mí sabía que allá afuera debía haber un mundo lleno de posibilidades diferentes; algo más para mí.

Crecí en un hogar donde mi papá era el que se iba a trabajar para proveerle a su familia, mientras mi mamá se quedaba cuidando de mis hermanos y de mí. No éramos pobres, pero tampoco estábamos cómodos financieramente hablando. Mis hermanos y yo nos teníamos que acomodar a nuestra realidad. No había lujos y el único programa de televisión que se veía era uno local y con suerte.

Me casé muy joven. Pensaba que estaba enamorada. Para ese tiempo «lo normal» era «cásate joven, ten tus hijos antes de los treinta y tres años y sé la mejor ama de casa».

Ya a los veinte años estaba casada legalmente y a los veintiocho años estaba divorciada y con una niña de casi tres años. Me sentía perdida, sola y vacía. Hasta ese momento lo único que sabía hacer era ser ama de casa, mamá y vendedora en una red de mercadeo donde casi ni tenía ventas.

Retomé mis estudios universitarios y logré obtener, con muchos sacrificios, dos grados en una de las universidades más importantes de Puerto Rico. Pensaba que estudiar y tener un título universitario lo era todo. Al menos esa era la creencia con la que la sociedad me enseñó, en aquel entonces.

Pensaba que me daría: la seguridad, el poder y la felicidad que tanto buscaba. Pero, no fue así.

Tenía muchos miedos. Muchas creencias de que yo no era capaz, no era suficiente, pensaba que había mejores que yo en la industria (aunque siempre fui una estudiante de esas que eran unas duras en lo que hacía). Rechacé buenas oportunidades de empleo por los miedos, inseguridades y porque no sabía cómo salir de mi zona de comodidad.

La palabra que siempre me rodeaba era «terror» a lo desconocido.

Al tiempo me enamoré. Estuve envuelta en una relación narcisista. Me alejé de las personas que amaba, de las cosas que me gustaban. Me alejé también de mis sueños y mis prioridades.

Dejé de ser quien era yo, para ser quien él quería que yo fuera.

Comencé a vestir como él quería. Dejé de tener mi propia voz. Mi autoestima desapareció, mi personalidad no era la misma, las infidelidades llovían y aún con evidencia se las perdonaba una y otra vez, mi vida giraba solo en complacerlo.

No me sentía segura de mí misma y aprendí a depender de sus aprobaciones y validaciones. Todo lo que hacía era para hacerlo feliz a él. Y muchas personas se preguntarán: «¿Pero y por qué no reaccionaste y saliste de esa relación tóxica?»

Y lo voy a contestar lo más sencillo posible: Porque cuando una está en una relación como esta, no sabes que estás en una relación narcisista y todo lo ves que está bien y que ese es tu nuevo «normal».

Vivía para complacer a los demás.

Mi prioridad era que todos estuviesen bien y felices. ¿Pero y dónde estaba mi felicidad?

Al final, esta relación tóxica terminó en el momento que él decidió comenzar otra relación con otra persona. Sí, porque seguramente si no fuera así, quién sabe y yo seguiría en esa relación por mucho tiempo más.

Acabando de salir de esta relación, le quitan la vida a un amigo que quería como si fuera mi propio hermano. Y se combinaron dos dolores (aunque distintos, pero similares a la vez) dentro de mí. Sentía que me rompía por dentro.

Recuerdo que en ese momento di mi primer **No** para decirme **Sí** a mí misma. Nunca voy a olvidar ese momento, arrodillada en la sala de mi casa, ahogada en llanto, sumergida en el dolor, tratando de comprender por qué estaban pasando tantas cosas y le pedía a Dios que me diera un norte. Que me enseñara qué debía hacer.

Tuve una conversación íntima con mi **ser superior**, en donde entendí que necesitaba tiempo para mí misma, no sabía estar sola, buscaba llenar vacíos emocionales en las personas y lugares incorrectos.

Me di un Sí para sanar, para reencontrarme conmigo misma, para perdonarme y para aprender a amarme una vez más. Le dije que No a las relaciones enfermizas, le dije que No a lo que no me gustaba, le dije que No a lo que no me hacía sentirme plena y me dije Sí a mí para sanar y perdonar.

Seguí un proceso de sanación largo y difícil porque me seguían pasando situaciones que no podía comprender. Tú sabes, a veces creemos que cuando todo se endereza, **todo** será fácil y color de rosa. ¡Qué gran mentira nos han vendido! Porque ahora sé que las situaciones difíciles seguirán llegando, la diferencia está en cómo reaccionamos y cómo lo manejamos desde ese punto en el que nos encontramos.

Hubo un tiempo en que todo me salía mal. ¿Nunca has sentido como si tuvieras una nube negra sobre tu cabeza y nunca para de llover? Así mismo me sentía yo. Y me seguía preguntando «¿Para que sigo viva?». Soy una persona buena, con buenas intenciones, pero tenía personas alrededor que me querían hacer daño.

Estaba muy molesta con Dios. Estaba resentida y no podía entender por qué todas esas cosas me estaban pasando.

Hasta que un día estaba en el lugar correcto a la hora correcta. ¡Ay, caramba, no sabes como ahora sí creo en esto! Me invitaron a pasar por unos minutos a una inauguración de una librería cristiana.

Imagínate el panorama. Aquí estoy yo, llegando a una reunión profesional y me invitan a acompañar a estas personas. Ya sabes, esta que está aquí, molesta con Dios porque todo me estaba saliendo mal, en una inauguración donde iban a predicar la palabra.

Me senté en la parte de atrás, tú sabes, para esperar que hicieran la oración e irme rápido. No puedo negar que el lugar se sentía diferente. Se sentía liviano, se respiraba paz. El pastor comienza a dar palabra. Todo está fluyendo muy bien y llega el momento en que él le pide a todas las personas que necesitaban oración que pasaran al frente para orar por ellas.

Te soy bien honesta, yo quería pasar al frente, porque, aunque estaba en «guerra» con Dios, dentro de mi corazón necesitaba paz.

Muchas personas pasaron al frente, pero yo no me atreví.

Ahora, esto que te voy a contar, estoy segura de que no lo vas a ver venir.

El pastor comienza a orar por todas estas personas que pasaron al frente y dice en voz alta «A ti, que te quedaste en la silla, pídele al Señor. Háblale que Él te escucha». Y en esos precisos momentos yo comencé a retar a Dios. Sí, lo leíste bien, reté al Señor. ¡Qué atrevida! ¿Verdad?

Con los ojos cerrados, las lágrimas bajaban por mi rostro y le dije: «Señor si realmente tú estás aquí como dicen y si realmente eres real, yo te reto a que alguien venga ahora mismo a orar por mí porque yo necesito oración».

¡Y no me vas a creer!

¡En ese preciso momento, el pastor estaba frente de mí! No fueron cinco segundos después, ¡no! Justo en el momento que yo dije: «Yo necesito oración», el pastor estaba frente de mí, diciéndome «Dios me dice que tú le acabas de pedir que alguien ore por ti».

¡Yo estaba «gritando» a todo pulmón dentro de mí! ¿Quéééé está pasando aquí? ¡Ya te podrás imaginar el estado de shock en el que yo estaba! De verdad que Dios es misericordioso y compasivo.

El pastor sigue diciéndome:

Dios dice, «Me has preguntado muchas veces y yo te he escuchado en silencio. (Y así mismo lo sentía)., Pero hoy yo te voy a hablar para que sepas que soy real. Has pasado por momentos complicados, pero es solo porque los mejores árboles, los más fuertes, están en medio de la tormenta. Eres un roble.

Y dice Dios: «Te puse en medio de la tormenta porque sé de la madera que estas hecha. Te puse en la tormenta porque tú serás testimonio para otros que pasarán momentos similares al tuyo. Te puse en la tormenta porque tú darás herramientas para que vean que yo soy real, para que vean que yo estoy dispuesto a bendecir, para que vean que yo estoy dispuesto a restaurar, para que vean que estoy dispuesto en hacer todo en favor de mis hijos. Por cuanto me busques, verás mejores resultados. Por cuanto decidas entregarte a mí como lo haces, como te entregas a todo lo demás, verás resultados extraordinarios».

¿Sabes qué? A lo mejor después de esta experiencia pude haber preguntado «¿Pero por qué quieres que yo pase la tormenta y sea testimonio para otros? Yo ya estoy agotada».

Pero en ese momento lo entendí todo y di mi segundo **No** para decirme **Sí** a mí.

Le dije **No** a que me afectara las acciones de esa persona que me estaba haciendo daño, le dije **No** a sentir que tenía una nube negra sobre mi cabeza y ver que todo era negativo en mi vida. Comencé a darme un **Sí** a mí misma, a aceptarme y entender que todo lo que ocurre a mi alrededor es de bendición y lo que me atrasa y no me gusta, yo tengo el poder y la capacidad de cambiarlo. Me dije **Sí** a confiar más en mí y en lo que Dios tiene para mí.

Y desde ese día camino sabiendo que Dios está junto a mi en cada paso que doy. Y que todos mis sueños y proyectos se los entrego para que Él haga de ellos total bendición.

Ya te conté mis primeros dos No que han sido muy importantes en mi vida.

Pero me falta contarte el tercero, y el que considero que fue el **No** que vino a darle la transformación completa a lo que estaba para mí en esta vida.

Ya se acercaba cumplir mis cuarenta años. Sí, ya pasé los cuarenta y sigo siendo joven je, je, je. Aún seguía en esa búsqueda del «para qué» yo vine a este mundo. Cuál era mi propósito de vida. Yo sabía que seguía en esta tierra para algo, pero no sabía cuál era ese para qué.

Desde los catorce años emprendo. Me encanta este mundo donde las posibilidades son infinitas. Justo antes de cumplir mis cuarenta años quedo embarazada de mi segundo hijo. Luego de catorce años de haber tenido a mi hija mayor, esperábamos a nuestro bebé. Para entonces estaba emprendiendo en una red de mercadeo de la cual estoy agradecida porque despertó ese algo que estaba dormido dentro de mí.

Comencé a trabajar más en mi desarrollo personal; y a raíz de esto comenzaron a invitarme a dar talleres de cómo trabajar y fortalecer la mentalidad.

Fue ahí cuando estaba viendo el para qué yo había venido a este mundo. Me llenaba de satisfacción poder ayudar a otros en sus transformaciones personales y profesionales.

Nace mi bebé hermoso, saludable y grande (casi 9 libras). Comenzó una etapa nueva en mi vida y con ella llegó el cansancio y la tan conocida depresión postparto.

Estábamos en plena pandemia del virus COVID-19 y yo creo que esto aumentó mis síntomas de depresión postparto. El estar aislados, no poder disfrutarme esta nueva etapa con mi bebé de forma «normal», estar sola con mi bebé todo el día en la casa, con miedo de sacarlo y que se enfermera, levantarme a cada hora en las madrugadas para alimentarlo, entre otras cosas.

Yo lloraba a cada segundo, no me importaba mi higiene personal y mucho menos quería arreglarme. Tenía pensamientos de arrepentimiento, pensamientos que ya no quería seguir viviendo, pensaba que mi bebé se podía morir en cualquier momento, no quería manejar mi auto porque entraba en pánico pensar que íbamos a tener un accidente y mi bebé se iba a morir.

Me sentía sola estando con mis seres queridos. Me sentía presionada porque mi bebé tuviese una relación con sus seres queridos que no estaban presentes. Mi pareja no sabía cómo ayudarme porque realmente no tenía las herramientas para poder hacerlo. ¡Es más! ¡Ni yo misma las tenía!

En esos momentos entendí que estaba pasando por un proceso de depresión postparto y estando en plena pandemia no sabía a dónde recurrir. Así que comencé a buscar información para entender por lo que estaba pasando y cómo yo misma me podía ayudar.

Y aquí llegó mi tercer **No**.

Fui poco a poco entendiendo a mi mente y mi cuerpo. Comencé a tomar cursos y talleres. Empecé a educarme sobre el tema, a entender cómo trabajaban mi mente y mis emociones. Aprendí herramientas y métodos que me ayudaban en momentos para manejar ataques de ansiedad o cuando llegaban los pensamientos limitantes.

Poco a poco comencé a ver la luz al final del túnel. Y déjame decirte, hay que tener los pantalones y las faldas bien puestos para tomar una decisión que te puede cambiar la vida, pero cuando la tomas, grandes cosas comienzan a suceder.

Le dije **No**:

* A las personas que no me ayudaban a crecer,
* A las personas que vivían en un mundo de victimismo y manipulaban las situaciones para hacerme sentir mal.
* A los lugares y circunstancias que no me hacían bien.
* A los familiares que no estaban presentes y entendí que no era mi responsabilidad que mis hijos tengan una relación con ellos.
* A lo que no me hacía feliz.

Y me di un **gran Sí** a mí misma a:

* Permitir una transformación en mi vida personal, espiritual y profesional.
* Ir por el camino que yo elijo.
* Pensar diferente y en positivo.
* Lograr mis metas y sueños, sin importar lo que los demás piensen.

* Trabajar con mi mente y entender que no soy responsable de los demás, sino de mi vida completa.
* Que todo lo que pasa a mi alrededor es 100 % mi responsabilidad y que no puedo controlarlo todo. Y lo que no está bajo mi control y no me gusta, simplemente controlar cómo gestiono mis reacciones, emociones alrededor de ello y de cómo voy a actuar de ahora en adelante.

Le di un **Sí** bien grande a permitirme sentir la felicidad con lo que hago. Y todo esto lo hice poniendo límites saludables, teniendo conversaciones con las personas que realmente me interesa estar rodeada, entre otras herramientas que te estaré contando.

Estudié y me certifiqué como *coach* para poder llevar a cabo mi «para qué».

Para ayudar a otros a transformar sus vidas como yo lo he hecho con la mía.

Yo no solo te acompaño desde lo que sé y en lo que me he formado. Yo te acompaño desde mi experiencia. He estado en tus zapatos, sé cómo te sientes, sé en qué piensas, conozco las emociones que estas sintiendo.

Todo lo que pasas en la vida, sea positivo o no tan positivo, tiene un propósito a cumplir. Si estás pasando por un momento difícil, da gracias abundantes porque Dios te está preparando para lo que por derecho te pertenece. No desistas. ¡Tú puedes!

Tú eres capaz de lograr todo lo que deseas, basta con que confíes en el proceso, aprendas a dar los **No** para darte los **Sí** bien grandes a ti.

Si no existiera **nada** que te pueda detener, ¿Qué sueño estarías dispuesta (o) a trabajar si estuvieses segura (o) de que al final del camino lograrás todo lo que está para ti? Créeme, te sorprenderás de tu propia respuesta. ¡Te abrazo!

Mis tres herramientas para ti:

1. **La oración y meditación:** me ayudan a llevar mi mente a la calma y conectarme más con mi **ser superior**. Me permite sentirme alineada a todos los sueños que Dios pone en mi corazón.

2. **Técnicas de PNL- Programación Neurolingüística, EFT *Tapping* y *Mindfulness*:** me han ayudado a seguir trabajando en la transformación de mi **ser**, a trabajar mi mentalidad, tomar decisiones y poner límites sanos desde la consciencia, sin sentir culpas.

3. **Visualización creativa:** me lleva a lugares, proyectos y sueños que tengo en mi corazón y que ya existen para mí. Me ayuda a sentir como si ya estuviese materializado cada sueño. Vivo y siento mis sueños materializarse antes de que lleguen a mí.

Mi frase

Te presto mi frase de anclaje que me ha ayudado en todo este proceso:

Yo soy poderosa, yo soy capaz.

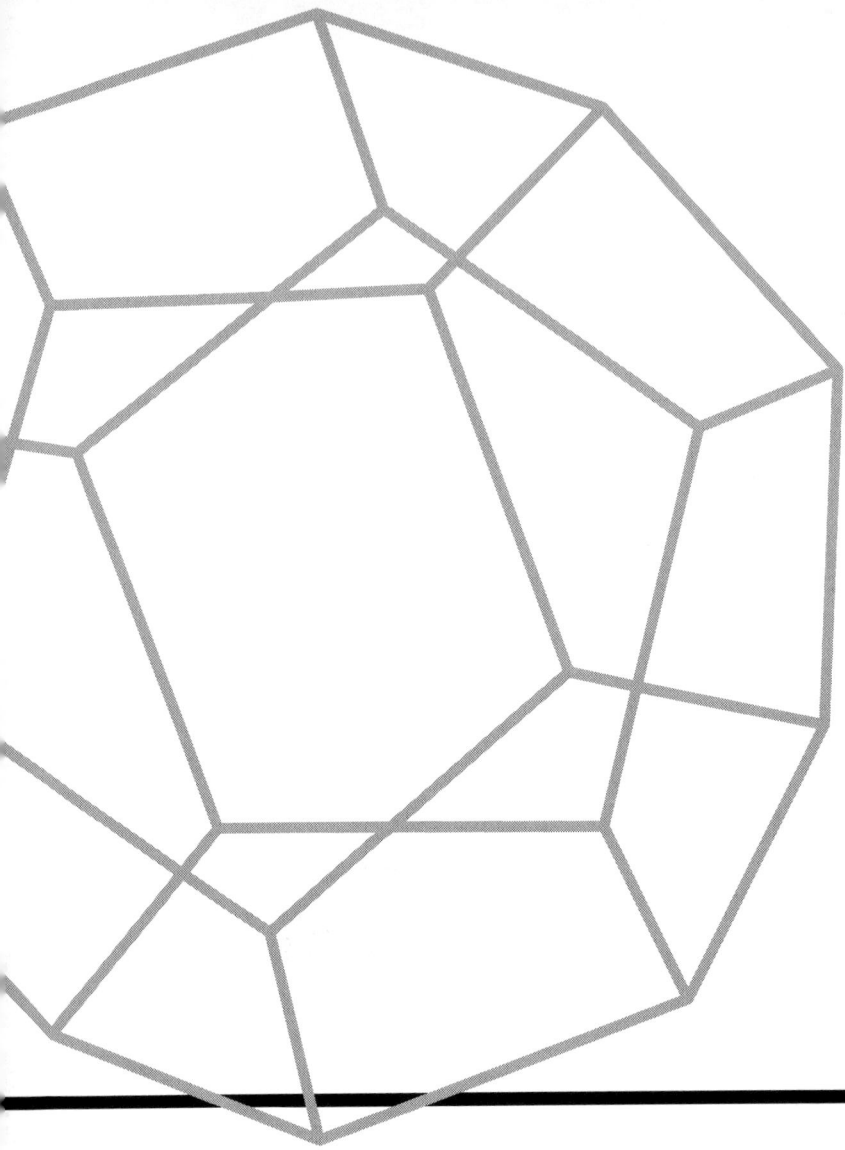

ELINA A.
REES

- 🌐 www.CertificacionPNL.com
- 📷 @Elina.Rees
- 📷 @ReseteatePNL
- ⓕ PNLTrainTheTrainer-ElinaRees
- ▶ Elina Rees Reseteate
- ▶ (@elinareesreseteate)
- 𝕏 Elina Rees
- 𝕏 (@elinaantonieta)
- in Elina A. Rees

Conferencista, autora, creadora del Programa Resetéate® PNL Train the trainer (Programación Neurolingüística), terapeuta, especialista en manejo de duelo, *coach*, educadora, exejecutiva del mundo corporativo. Nacida en Venezuela. Inició su carrera sanando sus propias heridas emocionales y se convirtió en una carrera al servicio de la comunidad. Ha escrito para periódicos y revistas locales en Houston, Texas. Invitada por la red de televisión Univisión al programa Despierta América. Colaboradora de TUDN Radio, USA. Ha trabajado con empresas como Shell, Johnson & Johnson, Spring ISD (Houston TX), Zermat USA, Felco México, Cámara de Empresarios Latinos Houston, TX, ejecutivos de la industria del petróleo, empresarios y profesionales. Ha impactado a cientos de miles de personas y su comunidad en las diferentes plataformas es de +50K personas en todo el mundo.

Su libro *Resetéate: reinicia tu mente y transforma tu vida ¿Que te atreverías hacer si no tuvieras límites mentales?*, se ha convertido en un manual que entrega plantillas de trabajo, 67 Ilustraciones, +60 herramientas de reseteo mental con 23 historias de la vida real, traducido al idioma inglés. Ha presentado este libro en: Madrid, New York, Calgary, Miami, Houston TX y Buenos Aires.

También es coautora del libro *Elígete a Ti: 75 herramientas para priorizarte ¿Qué sucedería si no te dejas de último en tu lista?* Escrito en coautoría con 24 estudiantes egresados de su escuela virtual Resetéate®.

Hoy en día ofrece una diversidad de clases *online* en su escuela Resetéate ®, su principal clase de programación neurolingüística nivel Practitioner, donde los estudiantes les dan una actualización a sus programas mentales, sanan su abundancia, y viven en propósito.

Su intención es llegar a más personas para que adquieran el valor de **compromiso propio**, *reseteen* su mente, transformen sus vidas, vivan en paz y plenos.

Con Resetéate® ahorrarás años de terapia, energía y dinero. Este método lo he aplicado con miles de personas y todos han obtenido el mismo resultado en común: resetear sus vidas.

Los No que me sanaron

Perdí la cuenta de las veces que me dije **No** a mí, para complacer al mundo.

La palabra **No** era de uso exclusivo solo para mí misma. En mi comunicación no existió la palabra **No** para decírselas a otros hasta aproximadamente el año 2008. La connotación que yo tenía de decir **No** era totalmente negativa.

Te cuento, crecí escuchando de mi familia que las personas que decían **No** a otros eran:

* Mala gente
* Envidiosos
* Cizañeros
* No les gustaba trabajar en equipo
* Egoístas
* Egocentristas
* No compartían lo que les funcionaba
* Les gustaba mantener secretos
* Se creían más que otras personas
* Eran estrategas para su beneficio propio
* No les importaba la otra gente

Adicionalmente escuché cosas como:
* A los mayores no se les replica.
* Los niños no dicen nada a los adultos.
* Los niños guardan silencio.
* A la gente no se le puede decir **No.**

Ahora, imagínate cómo yo, la Elina buena ¿iba a ser todos esos calificativos? Jamás, primero muerta, antes de que me catalogaran así.

Adicionalmente, gran parte de mi vida estuve buscando ser aprobada, querida, aceptada, reconocida, cuidada y proveída de amor por mi padre.

Como por muchos años no lo logré ¿sabes qué sucedió? Desde muy joven comencé a buscarlo de manera inconsciente, en cada una de las relaciones que tenía. Deseaba que alguien fuera de mí llenara eso que yo carecía y que creía que merecía. No importaba el género, pudiese ser amigas, amigos, novio, vecinos, quien fuera y yo lo demandaba.

En esta búsqueda, llegue a tener varios novios oficiales y extraoficiales. Hoy me causa gracia, pero en esos momentos era frustrante. De hecho, mi familia bromeaba y me decían cosas como: «la novia fugitiva» y cuando tenía un novio nuevo decían, «este no sabe que solo durará dos o tres meses» y así.

Ellos pensaban que yo era muy exigente con referencia a tener un novio, cuando realmente lo que sucedía era que tenía una gran herida dentro de mí, lo que no me permitía establecer una relación estable y atraía personas que reafirmaran mi herida con la intención de que la trabajara. Pero, mi nivel de conciencia no llegaba allí. Yo estaba en nivel de víctima, de culpar al otro, excusar mis conductas y encontrar defectos en los demás, jamás en mí. Yo era doña perfecta.

Tenía comportamientos muy inconscientes, dado que mis reacciones salían en automático. Una vez que comenzaba la relación con un novio, todo iba bien y tan pronto yo percibía algún indicativo que se parecía a algunos de los comportamientos que yo creía que mi padre poseía como, por ejemplo: *abandonador*, mujeriego, bebedor de alcohol, despilfarrador, mentiroso, sin percibir el compromiso de sostener una relación y que no estaba llenando mis carencias emocionales, los dejaba sin justificación alguna. Es decir, me iba de la relación y no explicaba nada, la comunicación de mí hacia el otro era nula.

A veces la persona no tenía ninguno de estos comportamientos, pero según yo, me hacia la película mental, sacaba conclusiones rápidas y ya. Ninguna explicación era válida ante esta creencia sembrada en mí.

Hubo un momento que llegué a pensar que me estaba vengando de ellos. Aunque en realidad, era una constante venganza hacia mí misma. No permitía que me quisieran, pero tampoco yo me permitía querer, vivía a la defensiva.

Realmente lo que buscaba era la atención de mi padre. Así pasaron años, negándome la oportunidad de que me quisieran. Me preguntaba:

¿Por qué soy así?, si yo solo quiero tener una pareja para establecer una relación seria.

Con los años me di cuenta de que este patrón de comportamiento se estaba afianzado. No solo con mis parejas, sino con amistades, pero estas sí me comenzaron a doler cuando por alguna razón teníamos que alejarnos.

También me di cuenta de que me costaba tener amistades femeninas, casi todos mis amigos eran masculinos.

Yo lo justificaba diciéndome: es que las mujeres son muy dramáticas y yo no soy así.

Esto no era más que una gran mentira, que me estaba contando para reafirmar a mi ego de que tenía la razón.

Me dediqué a cuidar a mis dos únicas amigas de ese momento, Lesbia y Leny. Ellas me aceptaban como yo era, nunca me juzgaron, eran amorosas y cuidaban de mí. Nosotras comenzamos a estudiar juntas en el turno diurno en la universidad. Al pasar los meses, yo «tuve que» cambiarme al turno nocturno, en contra de mi voluntad porque según yo «tenía que» trabajar para sostener económicamente a mi familia. Mi padre se había ido de casa. Importante, nadie me pidió que yo desempeñará ese rol, yo lo asumí solita.

Ese cambio nos separó un tiempo. Al estudiar de noche aflojé muchísimo mis estudios, me costó acostumbrarme a las rutinas, y culpaba a mi padre del por qué yo tenía que pasar por todo eso tan difícil.

Aunque después encontré mi manada de estudio, rumba, sabor y conga y juntos, logramos graduarnos de contadores públicos. Allí, en ese momento conocí amigos maravillosos que hasta el sol de hoy iluminan mi vida con su presencia.

Al estudiar en el turno nocturno me permitió encontrar un empleo de tiempo completo como auditor. Era el empleo de mis sueños. Allí conocí a la que es mi hermana de vida, y hasta las dos nos llamamos Elina (es su segundo nombre).

Cuando conocí a Yenny, la amé como a nadie (la amo), éramos super parecidas. Compartíamos opiniones, gustos y puntos de vista similares y me dije: a ella nunca la voy a perder. Hasta que se fue a trabajar a otra ciudad, a ocho horas de distancia. Dios mío, eso fue un duelo, porque por primera vez sentía que tenía a mi alma gemela amiga, hermana que hacíamos todo juntas y se había ido. La herida de mi padre se abrió en mi corazón: el abandono. Me alegré por ella, aunque hubiese preferido que se quedara por siempre conmigo.

Mis relaciones con los chicos duraban cada vez menos tiempo. Yo rompía y me rompían el corazón. ¡Ah! Obvio, yo me hacía la víctima. Mis ganas de búsqueda de aprobación paterna, de sentirme incluida, aceptada, aprobada y que pertenecía, no habían cesado, no habían sanado.

Te advierto, lo que vas a leer a continuación puede ser fuerte, para mí está más que sanado, si no, no te lo compartiera. Mi intención contigo, es que, si te identificas con parte de mi historia, es que entiendas que ya todo eso pasó, ya no es, ni será y que, si ya lo sanaste maravilloso y si no, no esperes más y dite sí a ti y sánalo, si no, va a estropear tu vida presente.

Un poco de historia, para que puedas identificar dónde nacieron esas heridas emocionales que generaron en mí ciertos comportamientos:

* Mi relación con el sexo masculino se desvirtuó siendo aún una niña. Tenía ocho años cuando unos familiares jóvenes me enseñaron a hacerle a un hombre, lo que ninguna niña debería aprender. Eso inconscientemente se guardó allí. Hoy en día, estoy segura de que ellos fueron abusados de alguna manera y de que no tenían la más mínima consciencia de lo que hicieron y seguro que se arrepienten de corazón.

* A los once años había salido de mi última cirugía de reconstrucción de mis pies (nací con los pies equivo-

caros severos) y me desperté en la sala de recuperación del hospital, con un padre de la iglesia católica tocándome mi pechito. Entre la anestesia y un dolor de garganta que tenía comencé a quejarme e inmediatamente llegó una monja y el señor se fue.

* Luego, a mis catorce años mi papá se fue de casa, dejándonos desprotegidos a seis hijos y una esposa, ninguno de nosotros trabajábamos. Allí se profundizó una herida que tenía de más pequeña, el abandono. Pues, no recuerdo haber visto a mi papá en el hospital en once años que pasé entrando y saliendo (tal vez sí fue una o dos veces, pero, mi mente registró fue su ausencia).

Inconscientemente, tenía heridas contra el sexo masculino especialmente en contra de mi padre. Yo no sabía qué sucedía dentro de mi mente, lo supe, solo cuando fui a terapia y, poco a poco, ese dolor, rabia acumulada y vacíos emocionales comenzaron a sanar. Te sigo contando.

Me dije mi primer Sí

El cambio de trabajo de mi amiga Yenny repercutió en mí, me dije: «yo seguiré sus pasos. Me iré a otro corporativo que me ofrezca un buen paquete laboral». En un año, más o menos, lo logré. También me mudé de ciudad, comencé a vivir sola y a experimentar qué era vivir con Elina, con mis miedos, risas, qué quería, qué no quería. Me compré el libro de Luisa Hay, *Usted puede sanar su vida*. Me dediqué a mirar hacia dentro de mí por primera vez, sin tener que cuidar directamente de otros. ¡Ah! Y no tenía novio.

Así me prometí tener un año sabático, para dedicármelo mí, sin distracciones.

Me gustó lo que descubrí de mí misma. Aunque al principio lloré, me sentía muy sola y era que nunca había estado conmigo misma.

Ya luego comencé a decirme: «después de todo, no es tan mal estar sola, puedo hacer o no lo que desee, sin tener que pedirle permiso o buscar la aprobación de nadie». Así comencé un romance conmigo misma.

* Aprendí a decir mis primeros **No** a otros, a mi alrededor. Sobre todo, al sexo masculino si se acercaban con intenciones de una relación, conseguían un **No** rotundo, pues yo elegí mi soltería para sanar.
* Comencé a hacer cosas que disfrutaba, como leer, meditar, orar, pasear.
* Empezaba a valorarme y a respetarme.
* Me atreví a llamar a mi padre que tenía años sin conversar con él, aunque fuera corta la conversación, fue el inicio de algo grande. Lo llamaba solo para decir hola y bendición. Muchas veces la bendición no me la respondía, me cambiaba el tema. Eso no me detuvo llamarlo de vez en cuando. Rezaba a Dios que me guiara.

Así al casi terminar mis doce meses sabáticos, llega a mi vida mi marido. Recuerdo que rezaba por él, antes de conocerlo. Le pedía a Dios que él también estuviera en su proceso de sanación para que eso permitiera conocernos y crear una relación hermosa. Le pedía que fuera un hombre sincero, familiar, trabajador, sin vicios, fiel, estable económicamente y con aspiraciones de crear una vida mejor en pareja y en abundancia a todo nivel, basado en mis valores de aquel momento. Tenía mucha fe en lo que pedía. El universo me estaba escuchando con atención plena.

Llegó David a mi vida, mi alma y el universo habían llegado a un acuerdo. Era él. Nos hicimos novios y a los pocos meses ya vivíamos juntos.

Nunca dudé, si llegaba alguna duda lejana esta desaparecía instantáneamente, al sentirlo tan comprometido con la relación, ambos queríamos estar y dar lo mejor. Luego, yo me fui por tres meses a experimentar la vida en Inglaterra y a conocer a su familia. En ese momento me dije otro gran **Sí**, y le dije **No** a mi último exnovio antes de David, que de pronto apareció de la nada. Me sentí orgullosa de mí en ese instante, con un gran gozo dentro de mí que se expandía, deseaba vivir plenamente el momento presente. Entregada 100 % a que me amaran y a amar.

Pensé que después de estar tres meses allá y ya con dos años de noviazgo, me iba a pedir matrimonio y ¿Sabes qué pasó? No lo hizo. Eso me destapó la herida paterna, que seguía sin sanar al 100 %. Pero, esta vez no sentía ganas de venganza, ni ganas de salir corriendo sin justificación. Lo amaba y si la relación se tenía que acabar yo podía aceptarlo, con dolor, aunque se abriera la herida paterna que aún no estaba consciente de que la tenía.

Ante ese escenario, yo no estaba dispuesta a ser la novia eterna. Pues tenía la creencia limitante de que hay que casarse después de cierto tiempo de novios.

Por esa creencia casi que pierdo la oportunidad de ser feliz junto a mi esposo. La gente se casa cuando así lo desee, por voluntad propia de lo contrario si se casan obligados será el comienzo del fin. Esto me lo ha reafirmado años como terapeuta.

Bueno, llegó el fin de mis tres meses de vacaciones en Inglaterra. Él me acompañó de regreso a mi país y yo con toda la intención del mundo, le dejé una carta debajo de su almohada para cuando regresara sin mí, la leyera. Allí le agradecía todo lo que habíamos vivido por dos años y por haberse comportado como todo un caballero y amarme. Pero todavía no era el momento de que él la viera.

Llegamos a Venezuela juntos, fuimos a Choroní, un hermoso pueblito pesquero, la pasamos hermoso, éramos el uno para el otro. Era el momento de su regreso solo a Inglaterra y en lo que llegó a su casa leyó la carta, habló con sus padres, y me llamó para pedirme matrimonio. Y claro que le dije sí, inmediatamente.

Puse mi renuncia en el corporativo y comencé a hacer mis preparativos para mi gran mudanza al Reino Unido, sin boleto aéreo de regreso.

Luego de unos días, llamé a mi papá para decirle la nueva noticia, de que me iba a casar, su respuesta fue: «es tu vida hija. Tú haces lo que quieras con ella».

Cosa que era verdad, pero yo estaba esperando otra respuesta. Seguía con altas expectativas hacia él. Mi herida paterna volvió a salir, sentí un nudo en la garganta y ganas de llorar, quería que él me dijera:

«Qué bien hija, te felicito, estoy muy orgulloso de ti».

No pasó, sentí que se me desgarraba el corazón, nuevamente. Mi papá no me reconocía, según yo.

Nos casamos y a los meses le escribí una carta manual a mi papá y se la hice llegar a su casa. Le pedí perdón por haberlo juzgado por tantos años y haberlo categorizado como un mal padre, por el solo hecho de haberse ido de casa, sin haber escuchado su versión de los hechos.

Entendí que su relación con mi madre era diferente a la mía como hija. Le dije que me había creado una imagen de él, que tal vez no era la correcta y que seguro él tenía muchas cosas buenas que yo aún no había descubierto.

Le pedí que me diera la oportunidad de conocer como era él realmente. Nunca recibí respuesta, ni tan solo una llamada telefónica. Sentí un gran alivio en mi corazón.

Pasaron los años y, por una u otra razón, las veces que yo visitaba Venezuela él y yo nunca coincidimos. Comenzamos a conversar un poco más seguido, después que nació mi hijo. Mi actitud hacia él ya era distinta, era más positiva.

Elegí ir a terapia porque yo estaba muy mal conmigo y con todo el mundo, me había perdido de mí misma, (en mi libro *Resetéate: reinicia tu mente y transforma tu vida* te cuento todo y te entrego herramientas de cómo recuperarte a ti) y casi mi matrimonio acaba. Me estaba ahogando en el dolor, pues amaba a mi esposo con el alma (¡lo amo!).

Ir a terapia fue un gran Sí para mí, le dije no más al abandono, al drama y a ser la ambulancia de todos.

Hoy ya todo lo anterior es historia, tengo una excelente relación emocional con mi padre, conmigo misma, con mi esposo e hijo. También con mis hermanos, familiares y amistades. Me siento muy bendecida por Dios, que me permitió sanar y evolucionar. Permitiéndome vivir en propósito creando estos espacios para compartirlos contigo con la intención de aportar a tu crecimiento personal consciente.

Mis tres herramientas que me ayudaron a decirme **Sí** a mí y **No** a otros fueron:

1. **Sanar la relación con el hombre más importante de mi vida: mi padre.**
2. **Tomarme un tiempo para dedicármelo, sin distracciones**.
3. **Ir a terapia y sacar todo lo que dentro de mí no me servía.** Concientizando patrones de conducta repetitivos, entendiendo que no eran los otros, era yo.

Mi frase

Mi compromiso soy yo.

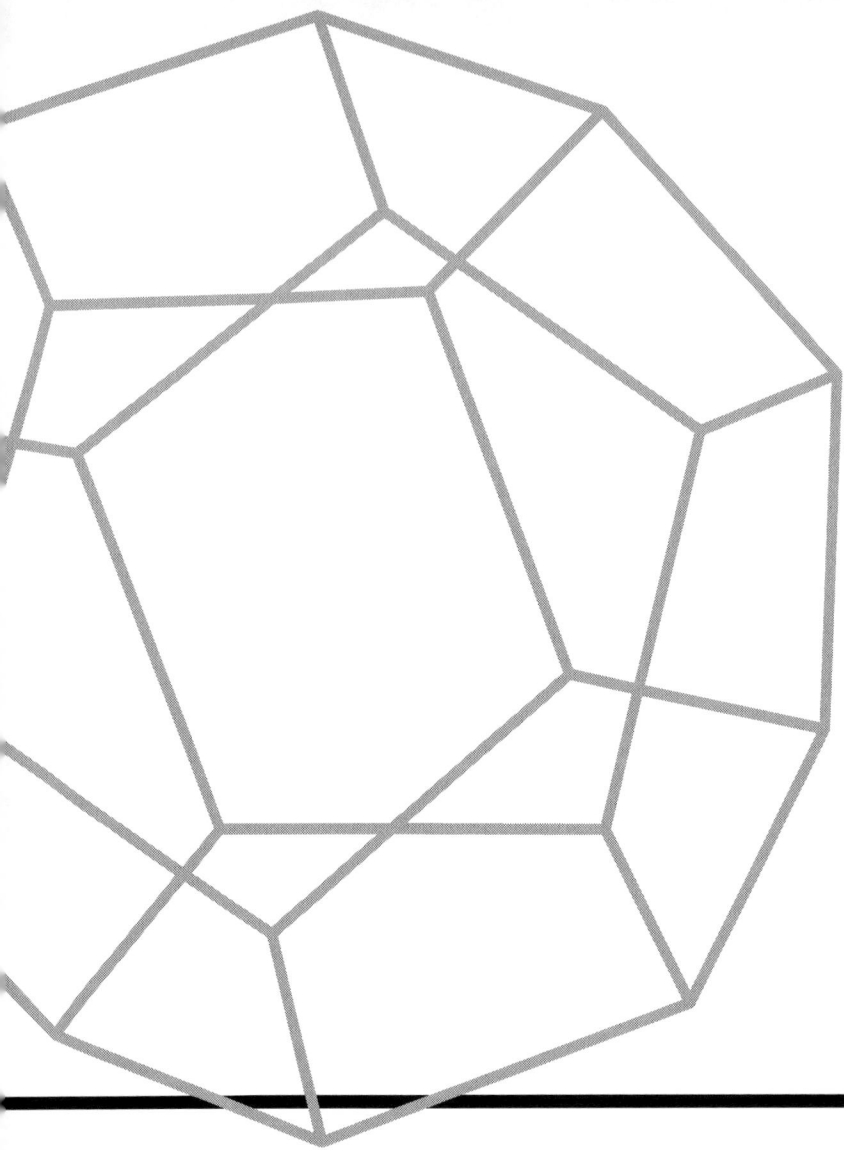

25 FRASES
QUE TE RECUERDAN DECIRTE SÍ A TI
A DIARIO

1. «El que se rinde nunca gana y los que ganan nunca se rinden». Mario
2. «Dios, creo fielmente que me trajiste a este país para sanar y con un firme propósito. Aún sigo trabajando». Celsa
3. «Yo tengo el poder de llegar a mi verdad y no lo que dicen o creen los demás». Danitza
4. «Gracias a la magia del perdón, hoy puedo disfrutar una vida con propósito». Estefani
5. «¡Me tengo a mí y soy suficiente! ¡En mis decisiones diarias está mi grandeza!». Erika
6. «Me pueden quitar todo, pero nunca voy a negociar mi paz». Ruben
7. «Tu paz interior depende de la interpretación que le das a tu historia de vida». Esmeralda
8. «Señor, tu plan deseo más que el mío, sé que todo sucede en tu momento y tiempo perfecto. Todo está bien». Gaby
9. «Le digo No a mis pensamientos limitantes y Sí a buscar las oportunidades para lograr mis sueños». María

10. «Agradezco a Dios por mantener mi mente clara haciéndome un instrumento para mi paz». Richard

11. «Tu versión sana es tu versión real». Nataliz

12. «Soy suficiente y tengo habilidades extraordinarias para superar cada desafío que la vida me presente» Betty

13. Que el acto de decir No, no sea visto como una señal de arrogancia y rebeldía, sino como tu signo de fuerza y sabiduría». Luis

14. «Me elijo a mí. Quiero, puedo y me merezco. Tengo el poder de elegir lo que es correcto y agradezco lo que puedo hacer por mí». María Fernanda

15. «Nací otra vez cuando dejé de culpar a los demás y me responsabilicé de mí misma, sanando y dejando ir cada trauma en mi interior, centrándome en el presente y dejando ir el pasado». Verónica

16. «Que la vida es transitoria y solo la muerte es la verdad ya que de ahí venimos y allá vamos, porque muriendo a cada instante es que volvemos a renacer y de allí surge la vida eterna». Rossy

17. «Yo alimento mi fortuna». María Eugenia

18. «Dios es mi amparo y fortaleza. Mi pronto auxilio en las tribulaciones, por tanto, no temeré mal alguno porque mi Dios estarás conmigo». Salmo 46. Ana

19. «Vivo la vida como un aprendiz, sintiendo mi intuición, la misma que me conecta con el poder de Dios». Mariela

20. «Hoy elijo tenerme compasión, quererme y celebrar mis logros de este día». Joanna

21. «Conquistarme a mí misma es una aventura de por vida». Adalgiza

22. «Soy abundante y próspera en todas las áreas de mi vida y disfruto de una vida felizmente plena en armonía, salud, amor y paz». Jennifer

23. «Yo soy la creadora y protagonista de mi historia. No hay en el mundo nadie como yo. Reconozco mi grandiosidad, mi poder, me rindo y libero. Hoy elijo resistir y comenzar a existir». Liliana

24. «Yo soy poderosa (o), yo soy capaz». Keicha

25. «Mi compromiso soy yo». Elina

Resumen de herramientas que usaron los autores para Decir No Amablemente

Miedo a perder, sin saber que ya había perdido. Por: Mario Andino.
* Me valoro.
* Me amo.
* Me respeto.

Los seres humanos merecemos vivir una vida que nos haga feliz. Por: Celsa Vélez Lamus.
* Reconocer la situación que nos afecta e incómoda. Aceptarla y buscar la ayuda o apoyo con profesionales en salud mental, necesario para afrontarla.
* Accionar con las herramientas adquiridas.
* Dar la respuesta que te haga sentir bien a ti mismo.

A nadie le importo: desmontando mentiras y reconectando con tu esencia. Por: Danitza Perdomo.
* La mentira personal.
* El darse cuenta.
* Aceptación.

La magia del perdón. Por: Estefani Sante.
* Beneficios del perdón.
* Suelta tu pasado tormentoso.
* Límites sanos.

Viviendo desde el agradecimiento con actitud y fe. Por: Erika Cervantes.

* Ten fe y confianza en Dios.
* Tú decides con qué actitud vives tu historia de vida.
* Agradecer lo bueno y no tan bueno que estás viviendo.

Lo que la disciplina me entregó. Por: Ruben García Amezquita.

* Disciplina.
* Fe en Dios y en mí mismo.
* Decisión.

Fantasmas mentales. Por: Esmeralda Villarreal.

* Reiki
* Fui honesta conmigo misma.
* Reconocer y aceptar mi realidad.

Redescubriendo mi voz: del silencio a la sanación. Por: Gaby Alarcón.

* Escucha de devocionales diarios, meditando y escribiendo sus enseñanzas.
* Tiempo para mí misma.
* Espacio para tomar decisiones y sopesar mis opciones antes de comprometerme.

Le dije No a la muerte para decirle Sí a la vida. Por: María Bracho.

* Ashtanga yoga.
* Meditación.
* Programación Neurolingüística.

Cinco encuentros fueron suficientes. Por: Richard Vargas.
* Elegirme a mí.
* Buscar a Dios.
* Repetir lo anterior tantes veces sea necesario.

La intervención divina me salvó. Por: Nataliz Salcedo.
* La educación.
* Valentía.
* Fe en Dios y en la divinidad.

Despertando del eclipse: iluminando las sombras de un perpetrador emocional. Por: Betty Mahecha.
* Resetéate®.
* Neurocoaching- Neurofeedback.
* Comunidad Damas de Titanio.

La armadura de un caballero. Por: Luis Lucena.
* Conecta con esa nueva versión de ti.
* Vuélvete consciente, analiza si lo que vas a hacer, decir o pensar está alineado con tus valores.
* Alimenta tu vida con una cápsula de ACME (Agradecimiento, Coherencia, Meditación, Ejercicios) a diario.

Abraza tus alas, la magia de transformarte. Por: María Fernanda Arrazola - Jabs.
* Establecer límites sanos.
* Trabajar con disciplina por mis sueños.
* Respiración consciente con reconexión.

Rescatando a mi niña interior herida. Por: Verónica Villatoro.
* Autocompasión.
* Practico la atención consciente.
* Practico afirmaciones poderosas junto con el agradecimiento.

El No que me llevó a una nueva oportunidad: mi autenticidad. Por: Rossy J. Arias.
* Reconociéndome en todo momento a través de mis decretos.
* Haciéndome preguntas poderosas.
* Escuchando la voz de mi intuición que nunca me falla, a través de la meditación y, ante todo, no cerrar mis ojos a Dios y sus grandes trabajadores de luz.

El mejor regalo. Por: María Eugenia French.
* Autoconocimiento.
* Relación con la madre Tierra.
* Pregunta poderosa usando el para qué.

Yo no soy la mujer maravilla, soy una maravilla de mujer. Por: Ana Guerrero de Vargas.
* El silencio.
* El autocuidado.
* Las afirmaciones positivas.

El arte de aprender a amarte. Por: Mariela Ramirez.
* Romper con el «deber ser».
* Aprendí a amarme.
* Cree y siente en el poder de tu intuición.

El poder liberador del No: el camino para serte fiel. Por: Joanna Bustamante Rodríguez.
* Decirme No a mí misma, me pongo límites sanos.
* Digo No desde el respeto, cuido mi lenguaje y mis reacciones.
* Me hago preguntas poderosas.

Vive a plenitud. Por: Adalgiza Cabral.
* No asumas y no te tomes nada personal.
* Sana tu pasado y la relación con tus padres.
* Mantén tu copa llena de amor.

¿Es posible decirle No al ego? Por: Jennifer J. Dietsch.
* Vivir en gratitud.
* Juzgar menos, comprender más.
* Ser coherente.

El arte de dejar de resistir y comenzar a existir. Por: Liliana Beverido.
* Detente, respira, reconócete, comienza a vivir en ti.
* Colador de emociones.
* Transforma la narrativa de tu historia.

Los tres No. Por: Keicha Negrón.
* La oración y meditación.
* Técnicas de PNL, EFT Tapping y mindfulness.
* Visualización creativa.

Los No que me sanaron. Por: Elina A. Rees.

* Sanar la relación con mi padre.
* Tomarme tiempo para dedicármelo, sin distracciones.
* Ir a terapia y sacar todo lo que dentro de mí no servía.

Importancia del para qué aprender a decir No

1. Es una forma de prevenir cualquier tipo de abuso.
2. Es una manera de honrar tu voz y sentir que vales.
3. Es una manera de mostrarte a ti y al mundo, respeto.
4. Un No dicho a tiempo, salva vidas, relaciones, tiempo, energía y dinero.
5. Decir No puede ser el acto más amoroso hacia ti y hacia otro.
6. Cuando aprendemos a tolerar los No que nos dice la vida, bien sea una oportunidad o una relación, se te abre la posibilidad de alquimizarlo, es decir, de transformarlo en otra cosa.
7. Aceptar los No que otros te dicen, te desarrolla la persistencia y el estudio de otras alternativas.
8. Si entendemos que los No son atemporales, te das cuenta de que pueden suceder en un futuro y de una mejor forma.
9. La palabra No es de connotación negativa, es la negación hacia algo que puede abrirte puertas y ventanas a muchos Sí.
10. Agradece cada No que te han dicho y que tú te has dicho, para que puedas apreciar el aprendizaje que viene detrás de ello.

Te regalo una técnica Resetéate® de autorreconocimiento:

Quiero que veas hacia el pasado e identifiques todos los **No** que te has dicho ti mismo e identifiques qué aprendiste y a qué estás dispuesto a decirte **Sí** a ti.

Completa la plantilla con preguntas poderosas:

Me he dicho que **No** a:

Aprendí de cada **No** que me dije:

A partir de hoy me diré **Sí** a mí en cuanto a:

Un mensaje final para ti

Personas interdependientes combinan sus propios esfuerzos con los esfuerzos de otros para conseguir sus mayores éxitos.

Stephen Covey[1]

Dijo: «Sumando el trabajo individual de varias personas, lograremos entre todos, completar un trabajo mucho más grande e importante».

Gracias por leernos, por tomar tu tiempo en finalizar este maravilloso libro cocreado en equipo, el cual tiene un alto propósito de aportar a nuestro mundo. Deseamos que te sirva como guía de consulta, de inspiración y de aplicación de las herramientas a situaciones de vida diaria para priorizarte y aprender a decir No.

Creamos este libro pensando en ti, esperamos haberte dejado una inmensa sensación de amor hacia a ti y que a partir de ahora te coloques de primero en tu lista de cosas por hacer y aprendas a decir No a otros para decirte Sí a ti.

Por favor, sería muy valioso tú aporte a la divulgación de nuestro mensaje y que nos compartas una opinión en Amazon para continuar con nuestra misión.

---

1 **Stephen Richards Covey** (Octubre 24, 1932 – Julio 16, 2012) fue un educador americano, autor, empresario y conferencista, su libro más famoso fue *Los 7 hábitos de la gente altamente efectiva*.

También puedes contactarnos y seguirnos en las redes sociales.

Conoce más de la autora Elina A. Rees

Me dedico a:
Resetear Mentes

Por medio del Programa Resetéate®:

* Libro Resetéate: reinicia tu mente y transforma tu vida Amazon. Traducido al inglés.
* Certificación en Programación Neurolingüística (17 clases continuas)
* Curso online: Abundancia y merecimiento (12 horas)
* Curso online: Cobra sin culpa, ni vergüenza (12 horas)
* Reto online: Resetéate® en 5 días 20 minutos diarios.
* Curso online para coaches e inspiradores, El cómo hacer una práctica abundante (18 horas) (12 horas conmigo en las que te revelo todo sobre una práctica exitosa con plantillas, más 8 horas con expertos en legal, branding, copy, marketing, marca personal)
* Reto para Mentes no reseteadas (4 días). Gratis
* Comunidad en Patreon.
* Sesiones individuales, grupales y de pareja.
* Conferencias, charlas, talleres.

Sígueme:

* YouTube: Elina Rees Reseteate
* IG@Elina.Rees/@ReseteatePNL
* Info: reseteatepnl@gmail.com
* www.certificaciopnl.com
* www.linkedin.com/in/elina-rees/

Resetéate

SISTEMA INTEGRAL
ELINAREES

Made in the USA
Columbia, SC
25 May 2025

58267495R00233